近世略縁起論考

石橋義秀
菊池政和　編

和泉書院

まえがき

『近世略縁起論考』を刊行するにあたって、編集者の意図するところを少々申し述べることにしたい。

そもそも「略縁起」についての解釈は研究者により一様ではなく、その定義付けは簡単ではない。一般には、寺社の縁起・由来を記した「本縁起」（広縁起）を簡略にまとめたものと考えられるが、「本縁起」「略縁起」の名称も一定ではなく、多岐にわたる「縁起」資料をどう蒐集・整理・分類し、体系的に考察し、定義付けるかは、難しい問題である。

また、名称やその範囲のみならず、「略縁起」の機能も多様なものであり、それは、絵・開帳・芸能・説話・文学などの多面的な文化に機能したといえよう。

要するに、いろんなかたちの「略縁起」が数多く存在するが、その成立事情については、それぞれの資料により異なる。当然、その時代性、資料の個別性などを考慮しなければならない。

本論文集は、かかる諸問題を内包する「略縁起」を、近世という多様な時代の中で、「略縁起」の見せる諸相を執筆者それぞれが真正面から捉えよう、という目論見である。

「略縁起」の研究を省みると、簗瀬一雄・中野猛・稲垣泰一・志村有弘の諸氏らの基礎的な翻刻・紹介に始まるが、こんにち国文学分野のみならず、多分野・各方面から「略縁起」研究が積み重ねられている。しかし、まだ未解決の問題も少なくない。今回、その研究の現況を踏まえ、本論文集を刊行することになったが、本論文集は、今後の「略縁起」研究に一石を投じることができるものと信じている。

寄稿論文を左記のような順に配したが、その配列の意図および各論文の内容を概観しておく。

まず、志村有弘「「略縁起」についての二、三の考察　付　翻刻『九郎本尊略縁起』」は、略縁起についての総論的な内容を含んでおり、本論文集の巻頭に掲載した。

以下の論文は、略縁起についてそれぞれの立場で考察されているが、論文内容や時代性などを考慮して、次のように配列した。

加藤基樹「近世寺社法宝物略縁起の生成と展開―『四天王寺霊仏霊宝略縁起』をめぐって―」は、近世的なダイナミズムの中で、略縁起の成立と発行について、四天王寺霊仏霊宝略縁起を中心に据えて論じている。

松本真輔「橘寺の略縁起と聖徳太子伝」は、略縁起作成についての論を深化させ、聖徳太子伝の利用の様相について、橘寺の略縁起を用いて考察する。

橋本章彦「略縁起の平家物語―縁起化する文覚発心譚―」は、略縁起を推進させる道具（物）をキーワードにして、略縁起が縁起化することへの一視点を文覚発心譚を中心に鋭く分析・論及する。

菊池政和「親鸞伝承の変改と略縁起をめぐって」は、信仰上における高僧の名が、近世という時代における利用のされ方を主に出版のあり方とそれが時代や社会と連動する様を考え、親鸞の伝承と略縁起を一例として論じた。

渡辺信和「天保年間巡拝記録の意義と略縁起」は、略縁起の諸相を真宗の巡拝記録の中からあぶり出し、存在するはずの略縁起を想定する重要な一視点を提示する。

和田恭幸「略縁起と仏教版画」は、略縁起の受容の有りようについて論及する。例えば、勧進の際の便宜を考えて作成された略縁起や、木版の絵像と共にある略縁起、略縁起と御影が同居するもの、あるいはパロディー化された略縁起、浮世絵になった略縁起など、仏教版画を紹介しつつ具体的に考察する。

末松憲子「青蓮院門跡の略縁起―出開帳とその周辺―」は、略縁起と出開帳との関係を論ずるが、さらに歌舞伎と略縁起との関係についても考察し、寺社の側から歌舞伎に影響を与えるだけでなく、逆のこともあり、相互関係をもっていたと論ずる。

三野恵「高野山麓の苅萱伝承群―略縁起から近代資料へ―」は、略縁起を場の問題と捉え、その場において展開する苅萱伝承の有りようを、あえて近世後期から近代へと視点の幅を広げることにより鮮明化しようとする新しい試論である。

以上の各氏の諸論文により、略縁起の内包する問題が、かなり明確に浮き彫りにされたといえよう。

後の三編は、資料の紹介と解説、あるいは資料をめぐっての考察である。

堤邦彦「『開山呑龍上人略伝除雷名号縁起』と呑龍信仰―付、翻刻」は、浄土宗十八檀林の一つである群馬県大光院の開山・呑龍の史伝をめぐり、一宗の高僧伝が名号信仰と結び付いて現世利益的な性格を強めて行くプロセスに注目したものである。

石橋義秀「大谷大学博物館蔵・「神田家記録」『鳴滝御坊縁起』と『鳴滝御坊略縁起』について」は、とかく概念的になりがちな本縁起と略縁起のあり方を具体的な資料を通して比較・検討し、本縁起・略縁起とは何かを問いかける。

稲垣泰一「『日本最初馬櫪神御由来記』について」は、まだよく知られていない奥州宮城の馬櫪神についての由来記であるが、守護神の由来記としてのあり方と附録をつける形式に注目すべき点がある。

簡略ながら本論文集に収録した十二編の論文と資料紹介の内容を概観し、編集担当の意図するところを提示した次第である。

なお、本書に引用した著者名・編者名・研究者名の敬称は全て省略したことをお断りしておきたい。

平成十九年一月十日

石橋義秀
菊池政和

目次

「略縁起」についての二、三の考察

付　翻刻『九郎本尊略縁起』

志村有弘

一　説話資料としての「略縁起」

築瀬一雄は、碧冲洞叢書第六一輯に収録した『説話資料集』第二冊（昭和四十年十月）の「はしがき」で、「社寺の縁起と傳説の由来記とを飜刻する」と述べ、

かうしたものは、いづれも片々たる小冊子で、参詣遊覧の折の土産として販売せられたものであり、散佚しやすいものであるから、今のうちになるべく蒐集保存しておくべきであると考へるのである。

記事の内容はおほむね神異・霊験を語るものであり、その記述は形式的に類似してゐるが、今後の説話研究に参考すべき種々の要素を含んでゐると思はれるのである。

と記している。築瀬の言うように、確かに「略縁起」は「片々たる小冊子」であるけれど、「説話研究に参考すべき種々の要素を含んでゐる」のである。ある意味で江戸期の説話文学研究を行うことは泥沼の中に足を踏み入れるのに等しいかも知れない。説話は伝承という特性を持っているから、期間が長くなればなるほど、伝承の経路等を把握することが困難になるからである。概して「略縁起」は江戸時代末から明治時代にかけての刷り物が多く、あ

るいはその世界に入り込むことは深いぬかるみの中に入り込むことになるのかも知れない。

「略縁起」の大半は一枚刷りのものが多いことからどうしても散佚してゆく傾向がある。しかも、繰り返し繰り返し刷られているからか、中には摩滅して判読できかねるものもある。それだけに粗末に扱われることが多かったといえる。

簗瀬は碧冲洞叢書の第六八輯『説話資料集』（昭和四十一年十一月）第四冊の「はしがき」に「第二冊をつぎ、社寺の縁起と由来記を集めたものである」と記して、「嫁威肉附面畧縁記」や「新州筑摩郡木曾上松駅寝覚浦嶋太郎畧縁記」などを収録している。さらに簗瀬は、同叢書第七八輯『説話資料集』（昭和四十二年十月）第五冊の「はしがき」では、

> 説話資料集の第五冊として、最近蒐集した、第四冊と同系の社寺縁起及び霊験記の類二十二部を収録する。この様なものは、いづれも参詣者が土産として買ひ貰つたものであらうが、片々たるものである為に残るものは必ずしも多くはない。私の家は新家であつた為に佛壇も新しく、かうしたものを見かけることは無かつたが、郷里の本家には佛壇の引き出しに納められてゐたことを覚えてゐる。少年時代のかすかな思ひ出である。それらは大切にせられた筈であるが、いつの間にか紛失してしまつてゐるのはどうした訳であらうか。かうしたものの始末としては、所謂もつたいないと云ふことから、お寺へ神社へ収めてしまふ習慣があつた。さうすると寺や社では、これを集めて焼いてしまふのである。恐らく他の地方でも、かうしたもの丶受ける運命は似てゐたと思はれる。

と記している。その通りである。「略縁起」の多くは寺社の歴史や霊験を伝える貴重な文献であるにもかかわらず、「片々」たる存在であるからか、いつのまにか姿を消してしまうという不幸な運命を持っていたのである。以前、私は宮本瑞夫・矢代和夫と共編で小冊子『略縁起集』（宮本記念財団、平成二年）を刊行したことがあるが、その背

景には「略縁起」研究の先達簗瀬一雄の『説話資料集』の存在が心に残っていたからに相違ない。

「略縁起」を収集し、読んでゆくと、例えば道成寺の安珍・清姫伝説を例にした場合、「紀伊国日高郡道成寺略縁起」の後半部分と「安珍清姫畧物語」とで、僧の名が安珍（道成寺略縁起）と「安鎮」（畧物語）の相違があるけれど、一つの物語の生成・発展の姿を見ることができ、そこに謡曲〈道成寺〉を介在させ、「略縁起」である「道成寺鐘略縁起」・「道成寺今在妙満寺和解畧縁起」と並べてみると、道成寺の縁起、安珍・清姫の伝説、道成寺の鐘にまつわる伝説という一つの流れをたどることができるのである。「安珍清姫畧物語」には「紀州日高川鐘巻道成寺」の印が刻されているから、大胆な推測をすれば、この地方で伝えられている伝承をも含み込まれている可能性も考えられる。

ところで、「略縁起」成立の背景には、無論、寺を例とした場合、その寺の伝承をもとに作成する場合もあるが、江戸時代の作家が書いた文学作品を利用するようなこともあったらしい。しかし、その寺に伝承されている話を根幹として作成されたときは、他の文献の内容とは異なることもあって、それが貴重な説話資料となることがある。中世女性の日記『とはずがたり』巻五に見える足摺山金剛福寺の補陀落渡海説話などは、地名起源説話であると同時に寺の歴史の一端をも伝えている。この話などは「略縁起」とは直接には無関係であるけれど、作者が誰かに聞いたことを記述した可能性もある。

二　「略縁起」の表題

言わずもがなのことだが、一般的に主として寺社の由来を記したものが「縁起」なのであるが、その記述を簡略化したものが「略縁起」である。周知の如く、続群書類従巻第六五（第参輯神祇部）に収録されている「大和国城下郡鏡作大明神縁起」・「菅神初瀬山影向記」は「略縁起」であり、巻第六六収録（第参輯神祇部）の「霊安寺御霊大明神略縁起」は「略縁起」とはいうもののそれなりの長編であり、「誉田八幡縁起」は「略縁起」と称して然るべきである。「足助八幡宮縁起」・「曾我両社八幡宮并虎御前観音縁起」・「伊予三島縁起」などは「略縁起」と称するには中編のそれであり、「北野天神御縁起」もやはり中編といえる。

同じく続群書類従巻第七八〇（第貳拾七輯釈家部）収録の「澄心寺縁起」、巻第七八六収録の「大雲寺縁起」・「鞍馬蓋寺縁起」・「大悲山寺縁起」、巻第七九〇収録の「二尊院縁起」・「西方寺縁起」、巻第七九一収録の「即成院縁起」・「羽賀寺縁起」は「略縁起」であり、巻第七八三収録の「誓願寺縁起」、巻第七八四収録の「真如堂縁起」、巻第七八五収録の「壬生宝幢三昧寺縁起」、巻第七八八収録の「高山寺縁起」・「清涼寺縁起」、巻第七九三収録の「東大寺縁起」は中編の「縁起」となっている。こうした書名を見ると、「縁起」も「略縁起」も明白に意識して区別されていなかったように考えられる。

「略縁起」の大半は江戸時代後期から明治にかけて刷られた一枚から多くても数枚のものが多い。寺社が出した場合、その寺社の歴史が記されていることから、説話関係の記述が認められることが多い。寺社の場合は、「縁起」とか「略縁起」の語を付けるものが多い。だが、物品や樹木に関する内容（由緒書）は、それも広義の「縁起」・「略縁起」に属するものと考え得るのであるが、概して「縁起」・「略縁起」の語を付けることは少ない。

ここで比較的入手しやすい「略縁起」あるいは「略縁起」の中に含めてよいかと思われるものの呼称を考察してみたいと思う。次に記すのは「略縁起」（あるいは「略縁起」の中に含めてよいかと思われるもの）の中から、著名なもの、特殊なもの、この中には「略縁起」として扱うべきではないものも含まれているけれど、ともあれ、その題名のみを記す。「略縁起」（畧縁起）は木版で印刷されたものだけでなく、手書きされたものも含めることにした。

＊略縁起………西国二十三番摂州勝尾寺略縁起・義仲寺略縁起・上醍醐寺略縁起（写本）・鳳凰山甚目寺畧縁起・三河国八橋略縁起・善光寺如来畧縁起・乙山畧縁起・矢田地蔵尊略縁起・摂州兵庫築嶋寺畧縁起・信州筑摩郡木曾上松駅寝覚浦嶋太郎畧縁起・目白不動明王畧縁起・当麻寺案内略縁起・五智如来略縁起・西国巡礼縁

起・瀬踏阿弥陀如来略縁起（写本）・水戸磐船大網山御坊霊宝略縁起・大和国霊鷲山世尊寺略縁起・豊川閣妙厳寺畧縁起・三山略縁起・遠州秋葉総本殿可睡斎略縁起（昭和七年）・八房梅御旧跡畧縁起・聖衆来迎山永観堂顧本尊略縁起・釈迦如来栴檀瑞像畧縁起・親鸞聖人八十九歳魚垢寿像略縁起・越後国魚沼郡庄千手堂町長徳寺本尊千手観世音畧縁起

＊畧御伝記………山城国石清水八幡大菩薩畧御伝記幷御詠歌・龍田神社畧御伝記・京都太秦広隆寺聖徳皇太子畧御伝記

＊伝畧…………宮比神御伝畧

＊縁起…………御摺袈裟縁起・勢州白子山子安観音縁起・嵯峨清凉寺釈迦如来牛皮華鬘縁記・大蛇御済度縁起

＊御伝記鈔………鎌倉宮御伝記鈔

＊由来略縁起……石山寺由来略縁起・数珠掛桜由来畧縁起

＊縁起畧記………御嶽神社縁起畧記（冊子。明治十六年）

＊略縁起幷由来…略縁起幷古跡由来美濃国不破郡青墓宿弘誓山円願寺

＊略誌…………羽黒山湯上神社略誌（昭和十二年六月）

＊略記…………高砂社相生松畧記・播磨国石宝殿畧記・吉野山金峯山図絵畧記

＊由緒記………縣社本住吉神社御由緒記（大正五年）

＊由来…………播磨国曾禰霊松の由来・播州高砂尾上相生古松之由来・尾上のかね由来・蓮如上人御腰掛石由来・遠州小夜中山夜啼之石孕婦男子音八敵討之由来・小山団扇の由来

こうしてみると「略」の文字を使うか「畧」の文字を使うかは別として、「略縁起」と表記するものが圧倒的に多いようである。大概は一枚刷のものが多いのであるが、「乙山畧縁起」・「西国巡礼縁起」・「善光寺如来畧縁起」・

「寝覚浦嶋太郎畧縁起」・「鳳凰山甚目寺畧縁起」・「目白不動明王畧縁起」・「矢田地蔵尊略縁起」などは仮綴ながら表紙に表題を付した冊子の体裁になっている。「女化稲荷縁起」は同じく仮綴ながら一六丁の長編の「縁起」で、これなどは「略縁起」の部類に入れるべきではないと思われる。また、「由来」を純粋な「略縁起」として扱うには違和感を感じないでもないが、この種の物は相当数出されている。その意味で、橋本章彦が「新しい縁起研究に向けて」(『寺社縁起の文化学』、株式会社森話社、二〇〇五年十一月)の中で、

> では、縁起研究においては、如何なる「視座」が想定し得るであろうか。それは「由来」である。むろんここで言う「由来」とは、由緒書のような具体的な文献を想定しているわけではない。あくまでも視座としてのそれである。かかる「由来」に関わる言説のすべてを広義の「縁起」と捉えることで、対象は、「縁起と名付けられた前近代の文献」という頸木から解放されて、それを包含しつつも、しかしはるかに拡大されることになるはずである。そうした対象の拡大は、そのまま知見の広がりを促し、従来の縁起研究において得られたもの以上の知見を我々に与えることになるに違いない。

と述べているのは、傾聴に値する主張と言えるであろう。しかし、このことに関連して、例えば「西国二十三番摂州勝尾寺略縁起」の中に「観音ノ縁日ヲ十八日ト定メタルヿハ抑当山観音ノ由緒ナリ其由縁ヲ言ヘハ」と「由緒」「由縁」という言葉を使用していることも付記しておきたい。

話を元に戻すが、「豊川閣妙厳寺略縁起」は一枚刷りのものではなく昭和に入ってから作成されたと思われる小冊子である。「三山略縁起」(宮下正勝編輯、三山神社社務所発行、明治三十三年)は、山形の月山・羽黒山・湯殿山の三山の縁起を記したもので「略縁起」と銘打っているものの、序文部分を除いて五九丁から成り、本の体裁をしている。

なお、略の文字は付けずに冊子の体裁で表に題を記した「加太淡島神社縁起」(一三頁)・「龍口寺御法難縁起」

（三七頁、明治二十六年）などは「略縁起」というのではなく、「縁起」の部類に入れるべきであろう。「鎌倉宮御伝記鈔」は八頁の小冊子の体裁で造られているが、内容は「略縁起」となっている。また、明治三十六年三月六日に発行された「穴守稲荷神社縁起」は、七二頁の冊子（袋綴）である。

「略縁起」は、ときおり個人の趣味で合綴の形で残されていることがあるが、これは、ある個人がそれまで収集した「略縁起」を一冊としたものが多い。明治二十四年に千葉県下埴生郡成田町の新宮沖之助が発行した「成田山大縁起」は、「不動明王大縁起　附タリ将門調伏由来」・「天国の宝劔の由来」・「荒海左衛門戦場にて利益を蒙る由来」・「道誉上人鈍血の衣の由来」・「海上郡椎名内大錨の由来」・「支那人眼病を治したる由来」の他に「新勝寺宝物」の項があり、そこには「霊宝　不動明王の面天下一出目作」・「霊宝　唐皮の鎧　田原藤太秀郷の所持」・「霊宝小烏丸の太刀」・「霊宝　野太刀一振藤原秀郷より寄附す」・「霊宝　酒酔天神の由来」・「霊宝　浪切不動尊の由来」が付されている。この場合の「大縁起」の「大」というのは、編者の崇敬心を示すものであろう。

この他、越後国府御坊光源寺や天ノ岩戸観慶山の「縁起」のようにただ「畧縁起」と記されているだけで表題に寺名等は記されていないもの、「桓武天皇平安城遷都　伝教大師偉功紀念塔」と題して「紀念相輪塔建設略縁起」（明治二十九年）というのもある。

「播磨国石宝殿畧記」は「播磨国石宝殿社真景」という絵図もあり、これはセットで出されたものであろう。同じようなものとして、「石山寺由来略縁起」の他に「石山寺名所之図」や「石山寺源氏間紫式部影讃」というものもあるが、「名所之図」と「紫式部影讃」は「石山寺由来略縁起」とは別にセットで印刷配付されたものと考えられる。同様なものとしては、奈良の如意輪寺が発行した「如意輪寺真景図」がある。これは裏側に「畧縁起」と宝物目録が刻されている。如意輪寺のものと同種のものと考えられる奈良東大寺のものは、近代に作成されたものらしく、表に「大仏殿略縁起」があり、裏側に大仏殿正面の写真と本殿間敷・尊像寸法等が記されている。

三　越後国と「略縁起」

忘れてならないのは、「略縁起」が多数出された地域があるということである。親鸞は周知の如く、越後国の国府に配流の身となった。梅原隆章が「越後配流時代の親鸞」（『現代語訳しんらん全集　伝記』普通社、昭和三十三年七月）の中で「大衆路線へのり出す実践的布教法は、越後の配流時代をすてて考えることはできない。和讃のなかにも、善光寺如来に関する五首があることによっても、抽象的な弥陀信仰を現実的な民間信仰として、すでに形をとっていた善光寺如来という具体的なものにむすびつけて、浄土真宗への手がかりとしたのである」と述べている通りである。一部に親鸞や恵信尼の布教活動の足跡とも関連があるのかも知れないが、たとえば「越後国頸城郡米山畧縁起」、越後国頸城郡の安国山国分寺の「五智如来御胎籠畧縁起」・「五智如来略縁起」、越後国頸城郡柿崎駅扇谷山井上浄福寺の「渋々宿御旧跡　畧縁起」、「越後国頸城郡国府竹内御配所御旧跡御形見　祖師聖人御木像略縁起」、越後国蒲原郡白川庄小島村の「御旧跡数珠掛桜由来畧縁起」、「越後州蒲原郡保田之郷孝順寺霊宝旧跡畧縁起」、越後国蒲原郡小島村の「八房梅御旧跡畧縁起」、越後国蒲原郡小杉村の中川甚左衛門が出した「親鸞聖人禿御影畧縁起」、越後国如法寺村西澤左内の「如法寺村火之略縁起」のように越後国頸城郡と蒲原郡ゆかりの「略縁起」が注目される。但し、このうち、安国山華蔵院国分寺（新潟県上越市五智）は行基開山といわれる天台宗の寺院で「五智如来略縁起」があり、この「縁起」には行基のことが記されていて親鸞のことには触れていないが、上杉公の時代までは往昔と変わりがなかったけれど、徳川の時代にたびたび火災に見舞われ、規模が小さくなったことを記している。

「御旧跡数珠掛桜由来畧縁起」（梅御寺）は、越後国国府に流罪となっていた親鸞が許されて、赦免の使者が来たときのことを伝えている。親鸞は「衆群化益」のために蒲原郡今津庄に滞在し、近郷を経廻して小島村に来た、そして小島を発つときに手に持っていた数珠を桜に掛けて「我が弘る御法がいつわりなくんば花ふき数珠の如くならん」と語ったところ、この桜は不思議なことに誓いの言葉に随従して薄紅の花が咲き、数珠の房を掛けたようで、今なお咲いているのは親鸞の「御威徳」だ、と記している。「八房梅」も「数珠掛桜」もいずれも梅御寺ゆかりのもので、親鸞にまつわる越後七不思議伝説の中のものである。国府といえば、前掲の越後国国府御坊の光源寺の「畧縁起」は、光源寺の「御真影」が親鸞上人三十九歳のおりの「御姿」であることを伝えている。

「背踏阿弥陀如来略縁起」は「祖師聖人」が越後より関東へ抜ける途中の奇瑞を伝えたもので、この阿弥陀如来は「祖師聖人」が笈の中に安置しておいた尊像である。「聖人が信州の丹波嶋の川を越えようとしたとき、洪水で川を渡るのに逡巡していると、一人の童子が現れて『我れこの川の瀬踏をしよう』と言って川に入った。聖人は童子のあとをついて向こう岸に渡り着くことができた。そのとき、童子は光明を放って笈の中に飛び入った、聖人は奇異に思い、笈の中を見ると、阿弥陀如来は水の中に入ったかの如く濡れていた」という内容である。ここに登場する「祖師聖人」とは親鸞である。この瀬踏阿弥陀如来は、長野県松代町の本誓寺（ほんせいじ）（浄土真宗）に安置されているものである。「瀬踏阿弥陀如来略縁起」については、奥谷美友紀の論考があり（『略縁起　資料と研究2』勉誠出版、平成十一年一月）、そこではこの「略縁起」は「個人が略縁起を収集する中で書写したものであると推測されるが」『二十四輩順拝図会』と、記述がかなりの部分で重なることを指摘しておく」と述べている。これなどは、寺社が発行した「略縁起」ではないが、奥谷の推測を敷衍すれば、おそらくある「個人」が趣味的な立場で作成した「略縁起」ということになるのであろう。なお、「祖師聖人」が渡りわずらった「川」は『二十四輩順拝図会』によれば筑摩川であり、本「略縁起」は事件の舞台が越後ではなく信州であるが、親鸞が越後から関東へ抜ける途中の出来事として紹介しておきたい。

また、「略縁起」ではないけれど、一枚刷の越後国頸城郡風巻神社の図が作成されていたり、越後の頸城郡は宗教色の強かった印象を受ける。ともあれ、越後国は親鸞関係に限ったことではなく、「略縁起」が多数作られているように思う。乙宝寺の「乙山畧縁起」もそうだし、「越後国魚沼郡妻有庄千手堂町長徳寺本尊千手観世音畧縁起」（文政元年再版）も越後国ゆかりのものである。

四　『武陽増上寺九郎本尊略縁起』（『九郎本尊略縁起』）

「縁起」・「略縁起」の中には、当然のことながら、刷られたものではなく書かれた、あるいは書写されたものもある。つまり「縁起」・「略縁起」の原本（原形）というべきものである。架蔵の「上醍醐寺略縁起」（元禄三年に證全の署名がある）や「瀬踏阿弥陀如来略縁起」は、あるいは版本を書き写したものかもしれないが、ともあれ写本である。

次に翻刻する『九郎本尊略縁起』は、三冊の縁起から抄出して構成したものというが、手書きのものであり、全文を記しておきたい。

『九郎本尊略縁起』は、縦二二・八cm、横一六・三cm、袋綴、墨付一〇丁、半丁一〇行の写本である。紫色表紙の題簽は「九郎本尊略縁記　全」と記されている。本文の冒頭には表題として『武陽増上寺九郎本尊略縁起』と記され、こちらは表紙の題簽と異なり「縁起」と記されている。

武陽増上寺九郎本尊略縁起

抑徳川家ノ一流ハ恭シク清和ノ皇胤ニシテ直ニ源家ノ正流ニシテ父御廣忠母ハ傳通院とト申テ天文十一壬寅年極月廿八日岡崎ノ城ニテ竹千代（家康公ノ御事）ヲ誕生シ玉フ

慶長十八丑年観智国師ト云僧ニ家康公御相談ニハ我レ生ナガラ権現ト成テ下野日光山ニ住ミ西国ヲ一目ニ詠（ママ）テ

松平弓矢ノ守護神トナラントノ御談シ其中国師ノ答言ニ生キ乍ラ神トナラバ実者ノ神ト云テ永劫苦海ニ沈玉フテ自身スラ安穏ナラス争カ他ノ苦悩ヲ救ヒ玉ハン故ニ往生浄土ノ願ヲ遂ゲ還来穢国和光同塵メ権現ト仰カレ玉フベシ是ヲ権者ノ神ト申奉ルト答ヘ玉フナリ公大ニ御感悦在テ然ラバ我レ他界ノ節ハ国師ニ引導頼ミ置クトテ其ノ坐ヲ離別有リ　偖翌年慶長十九年大坂合戦ノ事御企有リケルガ彼ノ大坂ノ城ハ名城ナレバ容易ニ落ヘキ様ナシトテ先茶臼山ニ陣ヲ取リテ時節ヲ待チテ攻ントテ蜜(ママ)々其ノ催シニ及ヒケル其冬大坂ヨリ和ヲ乞フ然ル処ニ心イツハリナキ験トテ堀ヲ埋ムコレニ依テ公大ニ御休神ニテ御陣ヲ引カレ明クレバ元和元年時ニ公七十四歳又軍勢ヲ催テ大城(ママ)ヘ御寄有リケル其ノ中国師ノ弟子了的廓山ト云両僧御供有リテ云フ容ニハ此度陣中ニ不思議ノヿアラバ早々国師ヘ告グヘシト公御承諾有ッテ戦場ニ仏祖ヲ構ヘテ九郎本尊或ハ云フ黒本尊ト謬之ヲ安置メ念仏ノ勤メ懈怠ナク有リケル然ルニ或日彼両僧ト御物語遊バシケルニ味方ノ陣中ヨリ注進有ルヿニハ常ニ見馴ヌ黒法子黒装束武者出テ、身命ヲ惜マスシテ働ク者ノ(モ)一人有リ誠ニ凡人トハ思ハレス此ノ法子ニ向者コソ不運実ニ不思議ノ武者ナリト公聞召如何ナル武者ナラント思召ツヽ仏祖ノ厨子ヲ開キ見給ヘハアラ不思議ナルカナ只臺坐ト後光計ニテ仏像在〱サズコレニ依テ本尊ノ御加勢ナルヿヲ知リテ公始メ両僧及ヒ皆々聞ク者歓喜ノ涙ヲ流サヌハ无ク爰ニ於テ公ノ仰セニハ今日ハ出陣セヌハ本尊ノ御夢告ニ依テナリトテ其儘ワツト喜ヒ涙ニムセビ玉ヒテ後チノヿハ仰せ玉ハヌヿナリト云云此ノヿ翌日早々国師ヘ報告セヨトテ両僧ヲ使トシテ東京ヘ遣ハシ玉フト云云其レヨリ後ハ公益々此ノ本尊ヲ御信仰有テ身ヲ離レ玉ハザリケル

秀忠公モ又深ク此本尊ヲ帰依在〱テ御本丸ノ内ニ安置在〱スニ俗家ノ恭敬宜シカラストテ天徳誓願西福等住僧ヲ恭敬者トシ玉フ後駿府ヨリ天徳寺ヘ移サレテ五十石御寄付有リ其後家光公増上寺ヘ移シ玉フトナリ

公元和二丙辰年四月十七日駿城ニテ御寿七十五歳ニテ御他界アリ則チ国師ノ御導師ニテ久能山ニ葬リ後チ日光

山へ移サレ奉ル御法号ハ
安国院殿一品徳蓮社崇誉道和大居士ト申奉ル也
元和三丁己年二月廿一日　勅　東照大権現ト神号
同三月九日　賜　正一位
同四月　日光山鎮座
縁(マヽ)山安国殿神影御鏡ノ御影ハ神君七十歳ノ御像ニシテ公ノ髪毛爪牙ハ其像ノ腹内ニ収メ公御存生ノ時手ヅカラヲ以テ御恰好ヲ移シ在〳〵テ常ニ御座ノ間ニ据ヘ玉ヒケル御遺言ニハ此ノ像ハ縁山本堂ノ真後ノ山際ニ影堂を建立シテ本堂後内ヨリ直ニ回廊ヲ掛ケ住持ノ知識勤行度毎ニ我カ為ニ影堂ニ来リテ回向セラレンヿヲ乞フト云云

この書は虫損があり判読しかねる部分もあるのだが、末尾に「山城国宇治大塚邨」の僧である真神元風（判読困難）が、「明治十七申年五月九日　縁起三冊より移鈔ス」と記されている。（但し、本文の筆者と真神某のそれが同筆であるかどうかは判断できない）

元和元年（一六一五、大坂夏の陣）の戦いのおりに、徳川家康のもとに味方の陣中から「見馴れぬ黒法子黒装束の武者が出てきて、身命を惜しまず働いた。この武者と戦う敵の者は不運。不思議な武者だ」という知らせが届いた。家康は奇妙に思い、厨子の中をのぞくと不思議なことに台座と後光ばかりで仏像がない。それで本尊の御加勢であると皆は歓喜の涙を流したという。徳川秀忠もこの本尊に帰依して本丸に置いていたが、後に駿府から天徳寺へ移され、その後、徳川家光が増上寺に移した。

これが『九郎本尊略縁起』の主たる部分の梗概である。黒本尊が徳川将軍家の守護仏として崇敬され、やがて増上寺に安置されるまでの経緯を伝えている。

五　「黒本尊霊験略記」と『重修黒本尊縁起』

簗瀬一雄は『社寺縁起の研究』（勉誠出版、平成十年二月）の中で、明治四年四月に増上寺護国殿守護所が出した「黒本尊霊験略記」を翻刻しているが、『九郎本尊略縁起』とは内容が異なる。「黒本尊霊験略記」は、『重修黒本尊縁起』のストーリーに類似する。

ところで、『九郎本尊略縁起』には注記の形で、「黒本尊の謬りか」と記されている。確かに「九郎」と「黒」とは訓の上でまぎらわしいものがある。『重修黒本尊縁起』は、万延元年四月に増上寺大僧正慧厳の書いた前書、安政六年八月に「護国殿守護職天光院第十八世観磧誌」と記した序が付いている。慧厳の前書・観磧の序によれば、黒本尊無量寿尊は恵心僧都の彫像で、家康の念持仏であるという。観磧は、前守護職源興院了瑩が編纂したものに不満足を覚え、同じ宗派の学僧に相談して、余分なものを削除し、不足のところを補って刊行したと記している。

言葉を補いながら『重修黒本尊縁起』の梗概を記す。

源満仲は出家したのち、朝家と家門の繁栄を祈るため、恵心僧都源信に本尊彫刻を依頼した。源信は阿弥陀如来を一刀三礼に刻んだ。これが黒本尊である。満仲が死去したあと、本尊は頼義が伝持し、陸奥へ下って戦ったときは本尊を陣中に安置していた。後三年の戦いのおりは、義家も陣中に祀っていた。義家の子の為義は保元の乱のおり、新院方につくことにしたので、「本尊は嫡家に伝えるのが先祖からの定め」と言って義朝に渡した。義朝が謀殺されたあと、本尊は義朝の八条の邸にあったのを平重盛が小松殿に迎えて供養し、重盛が他界したのちは清盛が西八条の邸に移し、別殿で供養した。だが、この本尊が源氏重代の所伝であることを聞いて疎ましくなった。

義朝に嫁していた常磐には三人の男の子がいた。清盛は常磐が美貌であることを聞いて、召したいと思った。常磐は三人の子が無事であるならば推参する旨を返答し、三人の子を出家させる条件で清盛のもとへ行った。やがて、清盛の寵がさめて退出するとき、常磐は本尊を清盛に懇望して貰い受けた。常磐の末子の牛若は鞍馬山の僧の弟子となっており、本尊は牛若に授けられた。

牛若は平泉に下る途中、三河の国額田郡の矢作（やはぎ）長の家に宿り、そこで元服して九郎義経と名乗った。義経は長に「この弥陀尊は形像が大きいので遠路護送するのは難しい。志を遂げるまで汝の家に留め置いてほしい」と告げた。長は承諾して本尊を持仏堂に安置した。

長が本尊に願いごとをすると全てが成就し、家門は次第に広大となった。長は大江郡司元長と称し、矢作の郷の長者として威勢も盛んになり、その家があったところを長者屋敷と言った。長の娘が尼となって住んだ寺が光明院である。長の家は元長、元久、元勝と続いたが、本尊の供養を怠らなかった。

念信房蓮慶という僧が一宇建立の祈願を立てた。元勝が相当な喜捨をし、新しい寺が出来上がった。元勝はあの阿弥陀如来を送り、寺の本尊とした。寺は初め明眼寺と称し、後に妙源寺と書くようになった。

黒本尊と称したのは、星霜を経るにつれて名香の煙によって金泥の光が次第に黒くなったのでそのように称するようになったという。また、東照神祖（家康）は持仏を数体所蔵していたが、金色の鮮やかなものを白本尊と称し、それに対して、これを黒本尊と呼んだのだという言い伝えもある。また、九郎義経の守り本尊であったので九郎本尊と言ったのを「九郎」の音便から「玖漏（くろ）」と言い、「黒」の字を当てたのだともいう。

以下、「黒」の字が仏教の理論の深甚なる意味を有していること、代々の源氏がこの本尊を尊崇したこと、神祖（家康）は本尊に「信を凝らし」厄難を逃れたこと、一向宗の「乱逆」も神祖が本尊に祈念すると降参したこと、家康は本尊を岡崎に移すことを願ったこと、武田信玄との戦いにも自害せずに済んだこと、黒本尊は家康の家臣た

ちをも守護したこと、本尊は江戸に移され増上寺に安置されたこと、神祖は念仏を尊んだことなどが記されている。そして末尾に、

　大樹寺に納め給へる御文に。我雖生弓馬之家。寄身お軍陣。会度々危難。以九郎本尊之慈悲免矣。実広大無辺之仏恩也と載せ給へるは。古今に貫ける証文。実に珎宝とこそ云べけれ。是なむ此縁起の成れる故なりける

と記されている文は、『黒本尊縁起』成立の背景を伝えていて貴重である。

　ところで、「如来名義」の条で、「さて其黒といふ名に付て。深き縁由ある事ぞかし。是吾宗の深秘にして。容易く世間に見はすべきならねども、此ノ本尊の貴き縁由を知らしむためにこゝに述べし」と記し、「黒色は凡夫単信の当相を示し、また果分不可説言思路絶を表すとも言ひつべし。今現に香煙に黶る黒相は、凡夫済度の色形にして。末代を利益し給ふ悲願の表示と云べし。此ノ黒といふ事は。神祖の常に言はせし称号也」と記しているのである。

　黒本尊の名称は、仏教に照らし合わせて「黒」の文字を尊び、それが「黒本尊」という名称に落ち着いた理由であろうが、三河の国に残した九郎義経の仏ということも捨て難いものがある。九郎義経の本尊と黒本尊という名称のあいだには、まだ不可解な点が残されている。

　「黒本尊霊験略記」は、『重修黒本尊縁起』を簡略化した形跡がある。但し、ここには九郎義経の本尊ということは記されていない。「満慶入道卒去の後尊像展転として三河国に移らせ給ひ矢作長が家にて守護し奉りしを。後蓮慶といふ僧桑子村に明眼寺を立て安置し奉る」と「展転」という言葉で表現して、義経のことは書いていないのである。おそらく、増上寺の黒本尊と家康との縁由だけを重視したものであろう。一つの仏像をめぐって、このような「縁起」「略縁起」があることを知る。

近世寺社法宝物略縁起の生成と展開
――『四天王寺霊仏霊宝略縁起』をめぐって――

加藤基樹

一　はじめに

近世の寺社では、○○略縁起（略縁記や略記）、○○由来、○○物語、○○縁起抜書、あるいは○○縁起抄などと称し、「略縁起」が盛んに発行された。それはやがて寺社を離れて書肆より商業出版へと展開した例もみられる。「略縁起」の形態は、一枚刷りや数葉の木版であることが多く、巻子装にされたものはほとんどみられない。「略縁起」の名前の由来を尋ねる時、文字通り「本縁起」に対する「略縁起」という内容が確かに認められるものもあるが、大半の「略縁起」では「本縁起」と異なる説記や話材が展開し、または対象とされるべき「本縁起」がもとより存在しないなど、必ずしも「本縁起」に対する「略縁起」とは言えない。簗瀬一雄や菊池政和などの研究によると、むしろ「略縁起」という名称が、独立した出版物の形態として再び誕生したと評価されている(1)。つまり〈略〉や〈抜書〉というのは、単にダイジェストを意味するのではなく、権威化として捉えられ、またこれまでに〈無いもの〉を「略縁起」は〈本物〉へと転換する機能を果したと言われている(2)。

今日、近世に発行された「略縁起」の多くは単体で伝来しているが、大阪府立中之島図書館朝日文庫蔵の『諸国社寺縁起』をはじめとして、『社寺縁起綴』(上田市立図書館花月文庫蔵)、『神社仏閣縁起集』(宮内庁書陵部蔵)、『日本諸国寺院縁起集』・『神社縁起集』(慶應義塾図書館蔵)、『縁起』・『諸国寺社諸縁起』・『諸国寺社略縁起』(国立国会図書館蔵)、『印本諸寺縁由』(彰考館蔵)、『諸国略縁起』(神宮文庫蔵)、『畿内社寺縁起類』(内閣文庫蔵)、『寺社縁起集』(日本大学黒川文庫蔵)などは、諸国の寺社略縁起が蒐集され、それぞれ外題を付して伝来している。一方、単体の「略縁起」であっても、大谷大学神田文庫や楠丘文庫に伝存する複数の「略縁起」のように、合綴されなくとも確かにある時期に「略縁起」を蒐集し、保管されたことが知られる事例も多い。これらの蒐集・編纂時期や意図については必ずしも一律ではないかも知れないが、近世後期から近代に様々な性格の「略縁起」が蒐集・保管され、全国諸寺社の「略縁起」が一つの集合体として認識され、その保存につとめた段階があることは研究史として重要であろうと思われる。

しかし、長らく寺社縁起研究において「略縁起」は、寺社の「本縁起」から〈略〉され、〈抜書〉された「本縁起」の一展開形態であり、新しく混入した内容も荒唐無稽な内容として評価され、その数も膨大で希少価値もなく、「略縁起」自体、全く無価値なモノと見なされてきた経緯がある。近年になって、ようやく「略縁起」そのものの研究を意図した目録作成や翻刻出版の成果が備わってきた。(3) こうした段階を経て、今日では「略縁起」を活字で比較的手軽に読めるようになっている。このように「略縁起」は特に文学研究や説話文学研究の立場から飛躍的に分析が進み、特に個別の「略縁起」の内容が読み込まれ、「略縁起」の世界が明らかになりつつあるが、やはり中世縁起を起点とする改変論でとらえる視点が今なお研究史的には主流であろう。また「略縁起」には成立年月日が記されていないものが多く、そのためその史料的取り扱いには慎重にならざるを得ず、今日でも歴史学的立場からはあまり活用されていないのが現状である。

けれども、「略縁起」は近世以降に展開するものである以上、「略縁起」に近世的ダイナミズムを見いだす研究が必要であると思われる。言い換えれば、「略縁起」を近世史料・近世寺社史料の一つとして今一度見なおされなければならない。それは「近世という時代」だけ、あるいは「略縁起とはなにか」を明らかにすることだけにとどまらず、時代や文化などと連動する寺社の「縁起」の世界を究明する分析視覚の一つになるものと思われる。

その意味で昨年発行された『寺社縁起の文化学』[4]の研究史的意義は大きい。この中で堤邦彦は、近世以後の寺社縁起を考究する場合と断ったうえで、「宗門公認の歴史的、正統的な「縁起」の概念にとらわれることなく、いったん従来型の縁起の枠組みを外してみる必要があるのではないか」と述べている。つまり〈縁起的なるもの〉は口頭伝承や生活文化、文芸、芸能、大道芸、絵画など俗間の表現文化全体に含まれており、それらとの関わりにおいて表出する「縁起」とその系統論について問題提起する。この提言は、近世における知識人の擡頭や「イエ」の成立に象徴的な民衆自律論を踏まえ、新たな「縁起」形成の近世的ダイナミズムを明らかにする上で極めて重要な問題提起であるといえよう。「略縁起」研究によって、「略縁起」は、今や宗教研究上の補助資料から解き放たれ、ひろく「文化」として位置づけ可能な資史料へと昇華した段階を迎えている。

「略縁起」に様々な形態があることについてはすでに触れたが、話材や展開なども様々である。本稿で取りあげる『四天王寺霊仏霊宝略縁起』は、四天王寺（現大阪市天王寺区）の霊仏霊宝目録にそれぞれの「縁起」を簡単に書き添えたものである。一見して単なる「法宝物目録」であり、霊仏霊宝開帳の場に備わった、いわば開帳のための目録である。しかし「略縁起」と題されている以上、「略縁起」研究の深化のために見逃せないだけでなく、この種の「略縁起」の性格分析は文化史的見地からも重要である。そこで以下、『四天王寺霊仏霊宝略縁起』の内容を精査し、成立論をはじめ、「略縁起」発行の意味についても言及してみたいと思う。

二　『四天王寺霊仏霊宝略縁起』の諸本と異同

まず『四天王寺霊仏霊宝略縁起』の諸本について確認しておこう。今日管見の限りでは『四天王寺霊仏霊宝略縁起』と称するものは次の三例がある。

〈a〉日本大学総合図書館黒川文庫蔵本

〈b〉大阪府立中之島図書館朝日文庫蔵本

〈c〉簗瀬一雄氏蔵本

まず〈a〉は『寺社縁起集』[5]に所収されるもので、形態は三丁の版本。奥書には「寛保四甲子載春三月　大衆等　公文所」とある。〈b〉は『諸国社寺縁起』[6]に所収され、形態は写本である。内容的に〈a〉とほとんど同じで、奥書も「寛保四甲子載春三月　大衆等　公文所」と見えている。そして〈c〉は簗瀬一雄氏の所蔵になる『四天王寺霊仏霊宝略縁起』で、簗瀬編の『社寺縁起の研究』[7]に翻刻所収されている。原本は実見に及んでいないが形態は版本であると報告されている。ただし奥書に年記は入っておらず、〈a〉〈b〉のものと様子が異なっている。

では手順として、〈a・b〉の「略縁起」と〈c〉の「略縁起」の異同について見ておくことからはじめたい。

まず「略縁起」の発給者（作成者）の問題である。〈a・b〉は「大衆等　公文所」であるが、〈c〉には明記されない。成立年月日にしても〈a・b〉には「寛保四甲子載春三月」とあるが、〈c〉には見えていない。さらに法宝物点数は〈a・b〉では一九点[8]であるが、〈c〉では二一点と増加している。けれども符合する法宝物の記載順をみると〈a・b・c〉とも同順であり、〈c〉には「御珠数」と「千手観音」が付加されるというものである。つまり〈c〉は発給者（作成者）・成立年月日が不明であるが、法宝物の点数が増加していること、またその増加した法宝物は、別立ての箇条書きスタイル（「〇」を記しその下部に縁起文を書き添える）で、新たな追記とみられることから、〈a・b〉をベースに二点の法宝物を付け加えたものと考えられ、成立の順序として〈c〉は〈a・b〉より後に成立したものと思われる。

次に縁起文の内容に言及したい。以下に五ケ所の異同を挙げた。まず聖徳太子の「十六歳真容」については次のようにある。

〈a・b〉「略縁起」（引用は〈a〉本）

同十六歳真容　　同外陣中尊也

御ン父用明天皇御悩平愈の御ン為天に向ひ御祈誓あらせ玉ふて自雕ませ玉ふ尊像也末世に伝へ来て孝養の尊像と称讃し奉るなり　日光御門主の厳命によつて此度開帳已後ハ常に秘密するなり

〈c〉「略縁起」

同十六歳真容　　同外陣中尊也

御ン父用明天皇御悩平愈の御ン為天に向ひ御祈誓あらせ玉ふて自雕ませ玉ふ尊像也末世に伝へ来て孝養の尊像と称讃し奉るなり日光御門主の厳命によつて常にとざすといへども此度結縁せしむる也

〈a・b〉には、「日光御門主の厳命によつて此度開帳已後ハ常に秘密するなり」とあるが、〈c〉では「日光御門主の厳命によつて常にとざすといへども此度結縁せしむる也」と、日光山輪王寺門主からの指示と、それへの対応に変化がみられる。〈a・b〉では、この度の開帳以後は常に秘仏とすることが明記され、〈c〉では、常に秘仏とするのであるが、この度は開帳し結縁させるといって厳命に背く内容へと変化していることが確認できる。

次に聖徳太子「四十九歳楊枝之御影」である。

〈a・b〉「略縁起」（引用は〈a〉本）

同四十九歳楊枝之御影

此真影ハ皇太子御入滅も近つかせ玉ふ故に末世化縁の為則　当寺亀井水に向はせ楊枝を以て自　画き玉ふ尊影
是によつて楊枝の御影と称し奉る今に至て亀井水に影向の間拝に上檀あり則チ此度其ところに安置し奉り拝見
せしむるなり

〈c〉「略縁起」

同四十九歳楊枝之御影
此真影ハ皇太子御入滅も近つかせ玉ふ故に末世化縁の為則　当寺亀井水に向はせ楊枝を以て自　画き玉ふ尊影
是によつて楊枝の御影と称し奉る今に至て亀井水に影向の間拝に上檀あり今目録に載るといへとも内陣中尊四
十九歳御自作おがましむるゆへニこれを除く也

まず〈a・b〉では、「則チ此度其ところに安置し奉り拝見せしむるなり」とあるのが、〈c〉では「今目録に載るといへとも内陣中尊四十九歳御自作おがましむるゆへニこれを除く也」となっており、〈a・b〉では「聖徳太子四十九歳楊枝之御影」を開帳して諸人に「拝見させる」のであるが、〈c〉では、目録に載っているとはいえども、聖霊院「内陣」の中尊、聖徳太子四十九歳御自作像を拝見させるので、「楊枝之御影」は開帳しないとしているのである。

また「如意輪観音尊像」についても次の通りである。

〈a・b〉「略縁起」（引用は〈b〉本）

一　如意輪観音尊像
百済国より将来すなはち皇太子御本地なり

〈c〉「略縁起」

如意輪観　音尊像

是ハ皇太子御本地佛也観世音菩薩の垂跡なれハ手づから此尊像を彫刻し玉ひ当寺ニ安置し玉ふ其時太子四
十二歳の御時也故に厄除の観音と称じ奉り祈をなすにたがふ事なし

ここでは、〈a・b〉は「百済国より将来すなはち皇太子御本地なり」とあるのが、〈c〉では「是ハ皇太子御本地佛也観世音菩薩の垂跡なれハ手づから此尊像を彫刻し玉ひ当寺ニ安置し玉ふ其時太子四十二歳の御時也故に厄除の観音と称じ奉り祈をなすにたがふ事なし」と、〈a・b・c〉ともに皇太子の本地仏であることは同様ながら、〈a・b〉は百済国将来仏の像であるのに対し、〈c〉では、皇太子は観世音菩薩の垂迹なのでそれは皇太子の手になる自刻像であると変化する。さらに太子が四十二歳の時であったので、「厄除の観音」として祈れば違いなし、とも記されている。このような縁起文の付加は、巷の信仰を吸収して、寺院側の縁起として提供するものと考えられる。

さらに「京不見御楽笛」にも異なりが見られる。

〈a・b〉「略縁起」（引用は〈a〉本）

京不見御ン楽笛
皇太子の御製作也此笛を以て音楽をなし常に三宝を供養し玉ふ也然るに此銘の所以に後花園院　御宇当寺霊
宝叡覧あらんとて禁門に召る時、此御ン笛箱の中にて自然と破壊せり帰山するに至て全く旧のごとくなれハ
此由を奏す則　叡感あつて是を銘して京不見の笛と名づけ玉ふ

以上

〈c〉「略縁起」

京不見御ン楽笛
皇太子の御製作也此笛を以て音楽をなし常に三宝を供養し玉ふ也然るに此銘の所以ハ後花園院　御宇当寺霊

宝叡覧あらんとて禁門に召る時に此御ン笛箱の中にて自然と破壊せり帰山するに至て全く旧のごとくなれハ此由を奏す則 叡感あつて是を銘して京不見の笛と名づけ玉ふ故に其後京都へ持参せず今に毎春二月廿二日
皇太子御忌法事の時此笛を以て舞楽を奏し奉る也

「京不見御ン楽笛」とは、皇太子が制作した笛で、この笛で音楽を奏じ、常に三宝を供養したものとされる。この笛の名前の由来は、室町時代の後花園天皇の時、四天王寺の霊宝を叡覧なさるとあり、禁門に召された時、この笛は箱の中で自然と破壊した。そして四天王寺へ帰ると、笛は全く元の通りとなっており、このことを院に奏すると、叡感があってこれを「京不見御ン楽笛」と名付けたというものである。異同を見れば〈a・b〉では「…京不見の笛と名づけ玉ふ／以上」と括っているが、〈c〉では「…京不見の笛と名づけ玉ふ」の後に続けて、「故に其後京都へ持参せず今に毎春二月廿二日皇太子御忌法事の時此笛を以て舞楽を奏し奉る也」という文言が加わり、既存の縁起にちなみ、〈c〉には、その後は京都へ持参せず、毎春「聖霊会」の際に笛を用いて舞楽を奉納することが付け加えられている。(9)

そして奥書の異なりにも言及しておくと、〈a・b〉ではすでに示したように「寛保四甲子載春三月」と見えるが、〈c〉では「右各 皇太子の御手に觸給ふ所の霊宝也。然に往古当寺を御建立し給ふ事、世に知るごとく、十六載の御時、守屋大連と合戦し、四天王へ請ひ末世の今までも人々仏法の妙理を知り善を行ひ悪を避ること偏に太子の高恩也。此時、四天王へ御願有て当寺を建立し玉ふ故、四天王寺といふ。是故に当寺の堂宇に多く四天王を安置し玉ふ。就中此度拝見せしむる尊像ハ常に寚蔵に奉安置所の霊像にて、世に拝見するもの甚稀也。このゆへに今度拝見せしむ。深く信を起し祈誓するに奚其功空しからん。粗ゆへを知らしめんがために于茲誌す者也」とある。〈a・b〉では成立年が明記されているが、この「寛保四年」（一七四四）というのは、二月二十一日に「延享」に改元しているので、本来ならば「延享元甲子載春三月」と記されるべきところである。この表記問題は、「略縁起」の作製にはあらかじめ版を作るなど時間がかかり、その内容もよく吟味する時間があったことをよくあらわしている。また略縁起の作製にかかったのは大衆等と公文所であったことがわかるが、公文所といえば秋野家が代々継承する組織である。このことについては後にふれることにする。長文が付された〈c〉には、太子の手に触れた「霊宝」であることを強調しており、合わせて四天王寺建立由来、守屋との合戦、四天王の加護、四天王信仰の唱導を展開している。ここでも縁起に巷の信仰の吸収による信仰の提供（還元）がみられるのではないかと思われる。

以上、『四天王寺霊仏霊宝略縁起』と称する〈a・b・c〉の「略縁起」について、記述内容の異同を確認した。まず〈a〉と〈b〉は奥書が共通し、内容も同じである。異なる点を挙げても、①版本〈a〉・写本〈b〉、②ルビ有り〈a〉・無し〈b〉、③一つ書の体裁をとらない〈a〉・とる〈b〉という程度である。よって〈a〉と〈b〉は同縁起としてよい。両者の成立関係について、写本〈b〉は〈a〉の草稿本と考えられなくもないが、本稿では、〈b〉は〈a〉の書写本としておきたい。一方、〈c〉は〈a・b〉と同じ外題といえども、①奥書あり〈a・b〉・なし〈c〉、②目録所載点数が一九点〈a・b〉・二一点〈c〉、③五箇所の異なる記述が認められるなど、〈c〉は〈a・b〉とは異本であるといえよう。そうすると〈c〉は、〈a・b〉とどのような関係にあり、いつ成立した略縁起なのであろうか。両者は目録所載点数の差だけでなく、特に聖徳太子の「十六歳真容」、「四十九歳楊枝之御影」、「如意輪観音尊像」に見られる大きな縁起の異なりには、文化史的な意味があると思われる。

三　近世四天王寺組織と公文所秋野家

では、〈c〉「略縁起」の成立年を考える上で近世四天王寺組織から確認していきたい。元和五年九月十五日の御朱印に「四天王寺領摂津国東成郡之内、都合千百七拾七石余目録在別紙事令寄附之訖。全寺納不可有相違者也。修理勤行等不可有懈怠之状如件」とみえ、近世四天王寺の石高は、ほぼ安定して一一七七石余であった[10]。本末関係については、元和元年（一六一五）十一月の『四天王寺法度』に「一、寺務自今以後南光坊大僧正可為下知事[11]」と示され、南光坊天海が四天王寺の事務を下知するところとなり、これより代々輪王寺宮（日光山輪王寺門跡）支配となった。寛政年間の寺院末寺帳（水戸彰考館本）では、東叡山寛永寺末となっているが、依然として東叡山寛永寺住持も兼帯した日光輪王寺宮支配を意味している。

このことを受けると、前にみた略縁起の聖徳太子「十六歳真容」の記述に、「日光御門主の厳命によつて」というのは、権威付けの一種とみられるが、史料に即して言えば、これは本山からの厳命であり、開帳の際にはその内容について本山の介入があったことが知られて興味深い。

近世四天王寺の寺院内組織については、次にあげた『天王寺公文所考[12]』（巻八「役人記」※句読点により改行、筆者）に詳しい。

寺僧　十二坊　往昔ハ員数多少有リ。慶長五年、寺務公海大僧正ノ命ニ依テ、十二坊ニ定メ、一﨟ヲ一ノ舎利出ト号シ、二﨟ヲ二ノ舎利ト号シ、三﨟ヲ芹田坊ト云フ。

三綱　公文所　両職秋野、之ヲ任ンス。両職ノ任、委ク編年録ニ載ス。

院家　二人　聖霊院付キノ之役人、故ヘニ院家ト号ス。太子堂勤行役。

堂司　四人　法事ノ荘厳等ノ役、聖　四人　香花灯明掃除役、楽人　三拾人、沙汰人　二人　沙汰者、楽人ノ使役。

公人　三拾二人　公人ハ者、守屋臣ノ之従類ノ之裔、上世禁裡ニ召シテ爵ヲ賜ハル（編年ノ下ニ在リ）。太子御幸供奉等ノ之勤役

堂仕　拾三人　鐘撞其ノ外諸役有リ。院家下職　十人　太子堂鐘撞、堂家下職　五人　聖霊会造花ノ役、安居

天神別当　秋野兼帯

同社禰宜　一人、神子　一人、今宮神主　一人、十五社神主　一人、同禰宜　一人、神子　一人、宝蔵鑰取
二人、御供所役人　一人、経書堂役人　一人、元三大師堂役人　一人、燈明役　一人、庚申堂役人　一人、勝
鬘院役人　二人、検断　一人　法事ノ刻限、楽人江催促ノ役人、正大工　一人、権大工　一人、小預　二人
舞楽装束ノ支配、出鉾　二人　馬ノ役人、供御人　八人　太子御膳仕立ノ之役、承仕　四人　講宴配膳ノ之役、
番人　七人　大太鼓出入役人、林ノ者　十六人　菩薩師子等役人、谷ノ者　六人　亀井水守等ノ役、相坂ノ水
守　一人、

以上、今マニ現在スル役人

右ノ外、今ニ断絶スル往古ノ役人

執行、執行代、執当、執当代、堂僧、堂家、在庁、権官、太子堂ノ雑仕

ここに挙げたとおり近世四天王寺は、寺僧が十二坊、三綱・公文所の両職を秋野家が兼ね、院家以下、役職は詳細に別れていたことがわかる。〈a・b〉「略縁起」の奥書にみえているように、「略縁起」の作成に関わった「大衆等」と「公文所」とは、「大衆等」は四天王寺一山の衆徒を、そして「公文所」は秋野家を示している。つまり、〈a・b〉の『四天王寺霊仏霊宝略縁起』は、一山の総意として公文所秋野家が作成した「四天王寺一山総意の縁起」であり、寺としての公式的な認識を示すものといえよう。

『摂州四天王寺之記録』（『四天王寺楽人林家楽書類』第六四冊、京都大学図書館蔵）の「秋野家由緒書」（第四二代秋野盛順）によると、公文所の秋野家は、小野妹子の臣の余流で、推古十一年に天王寺所司に任職以来、聖徳太子随侍の譜代家であるという。中世を通じて秋野家は執行職であったが、『四天王寺公文所考』によれば、宝永元年（一七〇四）、天台座主一品法親王公弁により、秋野家は四天王寺公文所職に任じられた。『四天王寺公文所考』には、公文所としてのその職掌を全うするためには、一寺の故実を知ることが必要であるとし、史書雑録、諸家の旧

記、四天王寺の旧録家伝、故老の所伝などを博捜して寺史を編んだことが知られる。このことは前掲の「秋野家由緒書」にも、公文所職は公儀と俗諦の諸役を勤務し、寺内の故実に精通した人物をその所司に任じると示されている。故実に通ずる職という意味では、当然、縁起や由緒などについても含まれる。「秋野家由緒書」は、四天王寺伽藍の修復願のために江戸へ下向の時、寺社奉行所より、天王寺由緒書の提示を仰せつけられたことにより、寺の由緒書とあわせて幕府に提出したものである。つまり伽藍修復や勧化願など、公儀との様々な交渉を取り持つ際には、その縁起や由緒などが検証されるので、故実に精通し、わが寺社の縁起を十分に認識している必要があったのであろう。

四　『四天王寺霊仏霊宝略縁起』の成立過程

『四天王寺霊仏霊宝略縁起』の成立過程について検討する際の論点の一つとして、成立背景としての四天王寺の勧進活動や開帳の歴史との関係について検討しておくことがあげられる。近世四天王寺の勧進と開帳の様子はおおよそ次のとおりである。[13]

【勧進略年表】

享保十四年(一七二九)二月十六日	四天王寺修復のため、金三〇〇〇両を下付される。
享保十五年(一七三〇)十二月二十八日	幕府、天王寺修補のため明亥年より諸国勧化のことを許可する。
享保十九年(一七三四)五月	幕府、大坂四天王寺伽藍修復に付、日本国中寺々へ寄進を仰せ付けられる。
寛保二年(一七四二)三月	享保十九年亥年より行われていた天王寺修復のため勧化、今年まで日延で行われた。
延享元年(一七四四)三月二十日	幕府、四天王寺の塔社修復相整わざるにより、再度勧化寄進を決めて触れる。
延享元年(一七四四)四月十二日	四天王寺勧化のことを触れる。
安永元年(一七七二)一月二十日	二十カ国勧化を御免仰せ付けられる。

安永三年（一七七四）二月十一日	幕府、四天王寺伽藍修復の助成として、武蔵国など二十カ国に勧化を許可する。
天明五年（一七八五）十二月六日	幕府、四天王寺諸堂修復のため、山城以下二十カ国に勧化を許可する。
天明八年（一七八八）十一月六日	幕府、重ねて四天王寺二十カ国勧化を仰せつける。
〔関連〕享和元年（一八〇一）十二月五日	落雷にて四天王寺伽藍四二箇所焼失

【開帳略年表】

元禄二年（一六八九）二月一日	二月一日より同二十二日まで、聖徳太子開帳。
元禄十三年（一七〇〇）春	六時堂本尊薬師仏開帳。
元禄十三年（一七〇〇）春	庚申堂、千年記念として尊像を開帳。
享保四年（一七一九）二月一日	今日より二十二日まで、聖徳太子一一〇〇回御忌法事を太子堂において修す。
享保四年（一七一九）二月二十二日	四天王寺において聖徳太子像（十六歳像）開帳。
享保十六年（一七三一）三月三日	講堂において矢田開帳。
元文五年（一七四〇）一月七日	今日より五〇日間、庚申開帳。この日より開帳法事あり。〔『開帳差免帳』にあり〕
寛保三年（一七四三）四月二日	天王寺聖徳太子、湯島天神境内で開帳のため、江戸へ向けて出立。
寛保三年（一七四三）六月	天王寺聖徳太子、江戸湯島にて開帳。
延享元年（一七四四）三月三日	今日より五月六日まで、天王寺聖徳太了像及び霊宝開帳。
寛延二年（一七四九）二月	四天王寺聖徳太子一一三〇年忌。御影霊宝開帳（三七日）。
宝暦三年（一七五三）七月二日	今日より八日まで、江戸茅場町薬師境内にて、大坂天王寺南谷宝泉尼寺の聖徳太子開帳。
明和六年（一七六九）二月一日	二月二十二日まで、太子堂において皇太子一一五〇年聖忌の法事・開帳。
安永二年（一七七三）七月一日	江戸湯島天神社内にて聖徳太子開帳
寛政元年（一七八九）二月二十三日	聖徳太子一一七〇年忌。皇太子開帳（三七日）。庚申本尊も開帳。
寛政十二年（一八〇〇）三月三日	天王寺庚申堂六一年目開帳。

〔中略〕この間、一〇年ごとの年忌法要に伴う開帳のほか、江戸回向院での出開帳や、境内での富つきやおどけ開帳など。
嘉永二年（一八四九）二月十二日　聖徳太子一二三〇年忌。閏三月二十三日まで聖徳太子開帳。

略年表から〈a・b〉「略縁起」は、享保十五年以降行われた四天王寺伽藍修復勧進に伴い、延享元年三月三日より五月六日まで開催された四天王寺居開帳の際に発行された「略縁起」であることが改めて確認できる。〈c〉「略縁起」の成立に関しては、右に〈a・b〉「略縁起」より後に成立したものと推定した。後掲の【表】は秋野由順「宝物記」（宝永四年〈一七〇七〉成立）、〈a・b・c〉の『四天王寺霊仏霊宝略縁起』、『四天王寺宝物』（明和六年二月成立）、『四天王寺法宝目録』（嘉永二年二月成立）、そして明治二十六年成立の「宝器宝物」（『四天王寺由緒沿革記』）を元に、それぞれの目録に掲載された法宝物の一覧である。これによると、それぞれの史料的性格の差の問題があるものの、明和六年、皇太子一一五〇年聖忌法事（二月一日〜二十二日）における開帳では、実に多様な法宝物が開帳されていたかがわかる。

では、〈c〉「略縁起」の成立について、いまだその根拠に乏しいが、その年代を想定しておきたい。まず、〈a・b〉に比して、霊仏霊宝の順が同じで、「御珠数」と「千手観音」の二点が〈a・b〉「略縁起」の追記とみられることから、〈c〉は〈a・b〉よりも後の成立と考えられる。〈c〉の縁起文や奥書から、「略縁起」が摺版されたのは出開帳の際ではなく、四天王寺にて開帳が行われた居開帳の際の「略縁起」と思われる。史料的には延享元年以降、居開帳が行われたことがわかるのは寛延二年（一七四九）、明和六年（一七六九）、寛政元年（一七八九）と続く。なお、明和六年二月には、前掲の『四天王寺宝物』（写本）が成立している。

そこでいま〈c〉「略縁起」と『四天王寺宝物』の項目と内容で、聖徳太子に関係する法宝物を比較すると、〈c〉「略縁起」の増加した二点だけが、『四天王寺宝物』と合わない。またその二点を除けば、『四天王寺宝物』が

「講堂表霊宝」、「六時堂宝物」、「太子堂聖霊院」の開帳箇所による項目立てになっているとはいえ、〈c〉「略縁起」と『四天王寺宝物』の「霊仏霊宝」の記述の順は、ほぼ一致している。さらに前にみた「如意輪観音尊像」の縁起文については、『四天王寺宝物』では、〈a・b〉「略縁起」を踏襲する「百済国より将来」という内容で、「太子四十九歳の自刻」、「厄除の観音」とはなっていないのである。以上から〈c〉「略縁起」の成立は、明和六年（一七六九）より時代が下ると考えられ、居開帳に伴う「略縁起」ということからすれば、寛政元年（一七八九）以降の成立で、「霊仏霊宝」がさらに増加する嘉永二年（一八四九）以前の成立ではなかろうかと推定しておきたい。

五　『四天王寺霊仏霊宝略縁起』発行の意味

『四天王寺霊仏霊宝略縁起』をもとに、「略縁起」発行の意味について考えておくことにしたい。

まず『四天王寺霊仏霊宝略縁起』が成立した延享元年三月以前にも、四天王寺で開帳は行われていたが、管見する限りでは、その開帳場で頒布された「略縁起」は発見されていない。〈a・b〉「略縁起」は、ひろく衆庶にまで四天王寺の法宝物に関する縁起が寺院から公開された初見史料と位置づけられる。

次に、四天王寺で「霊仏霊宝」とは何を指すものであるのかについても考えておく必要もあろう。次頁の【表】には、「霊仏霊宝」と「宝物（法宝物）」があり、両者は聖徳太子有縁の品に限るか否かでその概念は異なるものである。このことに注意した上で、以下、目録所載の法宝物増加について考えてみると、『天王寺誌』（宝永四年〈一七〇七〉年頃成立）の「宝物類」項には、「聖徳太子楊枝之御影」・「同写」、「扇面法華経」、「庚申祭典像」（青面金剛像）、「千本ノ琴」、「仏舎利」を含む一八点があがっている。この史料は当時の公文所の秋野第四一世由順が書いたものとされており、公文所における四天王寺法宝物に対する認識をあらわしている。

また繰り返し示しているように〈a・b〉「略縁起」は総数一九点の霊仏霊宝を掲載している。「聖徳太子四十九

表〔近世四天王寺の法宝物〕

id	名　称	伝承・伝来	秋野由順「宝物記」（宝永4年）	「四天王寺霊仏霊宝略縁起」（寛保4年）	「四天王寺霊仏霊宝略縁起」（築瀬一雄氏蔵）	「四天王寺宝物」（明和6年2月）	「四天王寺法宝目録」（嘉永2年2月）	「宝器宝物」（明治26年）
1	聖徳皇太子四十九歳尊像	太子御自作		○	○	○		
2	聖徳皇太子十六歳真容	太子御自作	○	○	○	○		
3	太子四十九歳楊枝之御影	太子御自画	○	○	○	○	○	○
4	聖徳太子影向之御影　写	住吉法眼筆	○					○
5	本願縁起（御手印縁起）	太子御自筆	○	○	○	○		○
6	御手印縁起写（後醍醐天皇・写）	後醍醐天皇御宸翰	○	○	○	○	○	○
7	御守	太子護持	○	○	○	○	○	○
8	小字法華経	南岳大師御筆	○	○	○	○	○	○
9	小字法華経　御記文	梶井宮忠雲座主御筆		○	○	○	○	
10	扇面法華経	太子自筆	○					○
11	緋御衣	皇太子御服	○	○	○	○	○	○
12	丙毛槐林之御剣	守屋退治	○	○	○	○	○	○
13	六目鏑矢	守屋退治	○	○	○	○	○	○
14	七星御剣	皇太子御所持	○	○	○	○	○	○
15	京不見之笛	後花園院勅名	○	○	○	○	○	○
16	毘沙門天像	皇太子御作	○	○	○	○	○	
17	千本之琴	楠正成奉納	○			○	○	
18	閻浮檀金弥陀三尊	両脇木像鳥仏師作	○	○	○	○	○	○
19	如意輪観音像	百済国より将来。皇太子本地仏也。		○	○	○		○
20	四天王尊像	当寺宝庫に安持し奉る		○	○	○		
21	佛具六字名号	太子自筆		○	○	○		
22	番匠六字名号	太子自筆		○	○	○		
23	青面金剛像（庚申祭尊像）	豪範感得	○					
24	仏舎利	太子二歳湧出	○					
25	御数珠	太子所持			○			
26	千手観世音	推古天皇守本尊、太子自作			○		○	
27	三神（伊勢・八幡・春日）木像	傳教大師作				○		
28	皇太子御行状ニ繪傳幷十二天像画	狩野三楽筆				○		
29	後醍醐天皇綸旨	権中納言藤房御筆				○	○	
30	細字法華経	菅相丞御筆				○	○	
31	凌王納曾利之古面	濱王作				○	○	○

32	箱千手観世音	坂上田村麻呂護持、弘法大師作				○	○	○
33	文台硯	当山西門花表之古木ヲ以所造				○	○	
34	造営奏状	忍性菩薩筆				○	○	
35	天台大師像	兆殿司筆				○	○	
36	浄土板曼荼羅	楠正成奉納				○	○	
37	十六羅漢図	唐筆（元顔輝筆）				○	○	
38	天龍八部古面	源頼朝卿寄付				○	○	
39	涅槃像	狩野永徳筆				○	○	
40	漢代古鏡	東山殿奉納				○	○	
41	山王権現之尊影	慈鎮和尚筆				○	○	
42	紫藤之琵琶	源頼朝卿寄付				○	○	
43	佛面之鈴	善無畏三蔵筆				○	○	
44	皇太子二歳尊像	太子御自作（もと定朝作）				○	○	
45	勝鬘夫人尊像						○	
46	張子出山釈迦之像	和泉式部作				○	○	
47	関帝之像	源義経護持　笈厨子入り				○	○	○
48	皇太子御褥之残切					○	○	
49	唐桑之琵琶	通俊奉納				○	○	
50	金剛頂経	慈覚大師筆				○	○	
51	皇太子拾九歳尊像	百済国善信作				○	○	
52	紫石硯	酒井修理太夫忠直寄附　東山殿愛玩					○	
53	釈迦三尊	曇鸞筆					○	
54	七宝念珠	推古天皇護持				○		
55	金銅五鈷	弘法大師護持				○		
56	御経三種	幸芸僧都筆				○		
57	龍施本起經	智證大師筆				○		
58	大般若経残巻	聖武皇帝御護持				○		
59	普賢經	光明皇后宸翰				○		
60	称讃浄土經	中将法如筆				○		
61	弥陀三尊踊歓喜像	百済善信作				○		
62	皇太子御一生画傳	土佐将監光信筆				○		
63	草書送別傳	唐張旭古蹟				○		
64	墨繪傳濱千鳥	故法眼元信筆				○		
65	釋迦文殊普賢	牧渓筆				○		
66	不動講式	定成筆				○		
67	普門品	平相国清盛筆				○		
68	不動尊	録磨法眼筆				○		
69	維摩像	法印守信筆				○		

70	釈尊涅槃木像	定朝作				○		
71	天竺仏如意輪像	善無畏三蔵将来				○		
72	三種御舎利	後醍醐天皇賜　千葉之助者				○		
73	草書古訓	宋程明道筆				○		
74	殷雷紋號食觚	宋薇宗帝御府物				○		
75	坐禅義	夢窓国師筆				○		
76	大清宮編鐘	唐土玄宗帝勅作				○		
77	栴壇香	唐土玄宗帝勅作				○		
78	綴繡佛像	明朝官女織造				○		
79	足助治郎御旗					○		
80	佐々木四郎高綱御旗					○		
81	赤松円心書翰					○		
82	赤松則祐制札					○		
83	赤松性松書翰					○		
84	源空上人授清經名号					○		
85	赤松則祐御旗					○		
86	能登守教経御旗					○		
87	備後三郎御旗					○		
88	未来記傳義	楠正成筆				○		
89	金瘡秘方書	楠正成筆				○		
90	三面大黒天	傳教大師作				○		
91	觀宣二大字	佐理卿筆				○		
92	黒絵羅漢	雪舟筆				○		
93	墨画羅漢	雪村筆				○		
94	六字名号	多田満仲護持				○		
95	浄土曼荼羅	慧心僧都筆				○		
96	庭訓法帖	尊朝親王御筆				○		
97	廿五三昧私記	尊鎮親王御筆				○		
98	黎漢石硯	東山殿愛玩				○		
99	文殊大士像	兆殿司筆				○		
100	花鳥画	巨勢行忠筆				○		
101	弥陀三尊	恵心僧都筆				○		
102	十三仏像	恵心僧都筆				○		
103	樂太鼓	頼朝奉納				○		
104	鈴	禁裏御所御寄付					○	
105	皇太子三十五歳絵像（勝蔓経講讃カ）	太子御自画（もと作者未詳）				○	○	○
106	御経切	皇太子御筆					○	
107	後光厳院之勅定						○	
108	二品尊朝親王之廳宣						○	

109	正親町院勅宣						○	
110	寿量品	光明皇后御筆					○	
111	金字普門品	桜町院御宸翰					○	
112	源氏物語	後醍醐天皇御宸翰					○	
113	試観世音						○	
114	踊躍観喜三尊	鳥仏師作					○	
115	計都星						○	
116	北辰妙見						○	
117	羅喉星						○	
118	吉祥天						○	
119	鉄燈籠	釜師与四郎作					○	
120	金銀橘折杖	京極殿御寄付					○	
121	両部大日如来	紀州宰相殿御寄付					○	
122	秀吉公五重塔引移下知状						○	
123	弁財天女像	弘法大師作					○	
124	秋萩状	小野道風筆					○	
125	六時堂本尊　薬師如来	傅教大師作					○	
126	信長公制札						○	
127	秀吉公寄付状						○	
128	右京太夫制札						○	
129	慈眼大師之書翰						○	
130	古筆手鑑						○	
131	皇太子図伝	土佐将監光信筆					○	
132	大成宮鐘						○	
133	法華経	元三大師筆					○	
134	元三大師護持之鈴						○	
135	皇太子廿五歳尊影	秦河勝筆					○	
136	後奈良院御宸翰詩歌						○	
137	後陽成院御宸翰詩歌						○	
138	後小松院御宸翰和歌						○	
139	西三条逍遙院御筆						○	
140	漢唐緞子幕	秀吉公御寄附					○	
141	紺紙金泥五部大乗経						○	
142	綸旨	藤房卿筆					○	
143	伊奈卿銅盤							○
144	龍神面	弘法大師作					○	○
145	花鳥之図	戴文進筆				○		
146	弥陀三尊像	曇鸞大師筆				○		

歳像」（聖霊院本尊）、「如意輪観音」（金堂本尊）、「妙典記文」、「仏具六字名号」、「番匠六字名号」が加えられている。これは四天王寺聖徳太子開帳に伴い、聖徳太子に直接関わるものを中心に選定し、確定したものであろう。

〈c〉「略縁起」は〈a・b〉「略縁起」に加えて、二一点があがり、「御珠数」と「千手観音」が追加される。「御珠数」は、「是ハ皇太子四天王寺伽藍建立の後、西大門へ推古天皇行幸し給ひ、一七日の間此所にて念佛百万遍執行し給ふ時、御所持の御珠数也。則弥陀如来影向を垂れ本願を示めしたまふ。太子自ら西門の壁に躰相を写し給ふ。今に影向の弥陀と称し西大門の壁にゑかき有也。右の御珠数も太子手つから天皇へ奉給ふ所也」（句読点筆者）とみえ、「千手観音」は「是ハ人皇卅四代推古天皇御生涯の御守本尊千手観音の尊像也。則太子の御伯母君なれバ手つから彫刻し奉り給ふ。往昔より堅く秘し置諸人の拝見に及ぼす事なしといへども、此度所謂有テちかく結縁せしむる也」（句読点筆者）とある。ここでは、推古天皇を通した聖徳太子との関わりを示す「霊仏霊宝」が新たに追加されたのではないかと考えられる。

『四天王寺宝物』（明和六年二月成立）には、九八点もの法宝物が開帳されている。この頃より聖徳太子に直接関わる「霊仏霊宝」以外に、開帳品目が爆発的に増加したといえようが、〈c〉「略縁起」の成立時期を想起すると、全開帳品目の中の「霊仏霊宝」の抜書が〈a・b〉「略縁起」であったとも考えられ、一概にそう言うこともできない。

そして幕末期の『四天王寺法宝目録』（嘉永二年二月成立）には七八点が連ねられる。法宝物の数が多い点で明和六年の『四天王寺宝物』と共通しているが、それと比べて大きく内容は入れ替わっている。霊仏霊宝の細部をみれば明和六年には「定朝作」とされていた「皇太子二歳像」が、「太子自作」と変化している例もある。また従来伝えられていればこれまでの目録にも必掲されていたであろう「太子自画」の「皇太子三十五歳絵像」や「太子自筆」の「御経切」なども出現する。このように内容に入れ替わりが認められるが、基本的には〈a・b〉「略縁起」

に掲載されたものはあまり変化していない。

四天王寺でいう「霊仏霊宝」とは、もとより聖徳太子に関係する法宝物を指し、『四天王寺霊仏霊宝略縁起』では、当然ながら全て聖徳太子に関係するものばかりである。しかし、かかる「略縁起」の成立以前に太子自筆とされていた「扇面法華経」が「霊仏霊宝」から漏れはするものの、明和六年の開帳以後は、わずかではあるが聖徳太子に仮託され訛伝された「霊仏霊宝」が出現するなど、近世四天王寺における「霊仏霊宝」は穏やかに増加傾向にあった。このように新たな縁起が生成されたことについては、今後も検討が必要であるが、当該期における四天王寺に対する庶民信仰の影響を受けての仮託である可能性を想定しておきたい。

ここで興味深い事例を一つあげておこう。「楊枝之御影」に見解の相違が見られる点である。

公文所秋野家が宝永年間頃に綴ったといわれる『天王寺誌』や『天王寺公文所考』（巻三）によると、「楊枝之御影」の本来の名称については「聖徳太子影向之御影」であるとし、「今マ楊枝ヲ以テ画ク故、楊枝ノ御影ト号ストハ、甚タ誤ナリ。影向ト楊枝ト其ノ音、相似タリ。因テ近世其ノ号ヲ誤ルナリ」と批判し、公文所では名称も「楊枝之御影」とは称さない立場としているのである。しかし、大衆等の総意を反映する形で公文所が作製した〈a・b〉「略縁起」では、それを「楊枝之御影」と称して、縁起文に批判が加わっていない。ここに公文所秋野家の認識に差が見られることは興味深いが、このことは「略縁起」を発行する際、その内容をして当該期の社会的状況を鑑み、十分吟味して巷の信仰や俗説を吸収した証左であると言えよう。ゆえに以降の法宝物縁起ではそれはすべて「楊枝之御影」と称し、通俗呼称が完全に寺院縁起に取り込まれた過程を垣間見ることができるのである。このような「縁起」の継承は、『四天王寺宝物』（明和六年二月成立）において、法宝物の列挙順やその内容は、〈a・b〉「略縁起」を完全に踏襲したものとなっている。

『四天王寺霊仏霊宝略縁起』は、四天王寺において霊仏霊宝開帳の際、単にそれぞれの縁起を説き、参詣者に結縁を勧めるだけの役割を果たしただけではない。一見すると単なる「法宝物目録」であるが、その作成には四天王寺公文所、衆徒等の縁起認識が反映され、一山熟考の上に成立した「略縁起」といえよう。すなわちそうした「略縁起」は、公儀（寺社奉行）との交渉や渦巻く巷の言説（庶民信仰も含む）などとの関わりの中で、近世的寺院として、堂社伽藍を修復し、法義を継承していく上での戦略的な装置の一つであったと考えられる。そしてさらに「霊仏霊宝目録」を「略縁起」として版にして参詣者に頒布するという行為は、一山内外に四天王寺霊仏霊宝の認定とその正統的見解を公表することを意味するであろう。

六　まとめ

以上、従来検討されることがなかった『四天王寺霊仏霊宝略縁起』の性格について、可能な限り周辺状況を確認しながら検討してきた。ひろく「略縁起」研究のなかで、多様な性格の略縁起の分析を通して近世的現象としての略縁起世界を究明する意図から、あえて文学性に乏しい目録的な「略縁起」を検討することにした。その結果、『四天王寺霊仏霊宝略縁起』に関することと、その考察を通して明らかにしえたことなどを整理しておきたいと思う。『四天王寺霊仏霊宝略縁起』については、大きく二種類が伝存し、それぞれ聖徳太子に関係する霊仏霊宝の居開帳の際、延享元年〈a・b〉と寛政元年以降〈c〉に成立したものと考えられる。作者は公文所秋野家で、「一山総意の縁起」として版行されたものである。延享元年成立の『四天王寺霊仏霊宝略縁起』〈a・b〉には、改元以前の「寛保四年甲子載春三月」という奥書があることから、「略縁起」の作成には数ケ月を要したことが知られ、略縁起研究としても貴重な史料の一つといえよう。〈a・b〉と〈c〉とでは、宝物の点数が異なることをはじめ、五カ所の異同があり、特に「如意輪観音尊像」については、その縁起が全く異なっていたことが確認された。このことは近世後期における聖徳太子信仰にとどまらず、厄除や四天王に対する庶民信仰との関わりをうかがうことができよう。

また、近世四天王寺において聖徳太子有縁伝承を有する霊仏霊宝に注目すると、時代を下るごとに太子に仮託された「御珠数」や「千手観音」、さらに「皇太子二歳尊像」や「皇太子二十五歳絵像」、「御経切」などが出現し、「霊仏霊宝」は緩やかな増加傾向にあったことがわかる。さらに『四天王寺霊仏霊宝略縁起』の考察を通して、この種の「寺社宝物縁起」が開帳に際して成立し、「霊仏霊宝」として掲載されたとしても、「聖徳太子四十九歳楊枝之御影」や「本願縁起」などのように、実際は開帳されないというものもあり、「略縁起」のなかでも「寺社宝物縁起」の意味や位置づけについては、さらに注意が必要である。

近世において寺社が発行する「（略）縁起」には、いわば「俗説糺し」の装置としての機能を含むものもある[14]。しかしその俗説の内容が、寺社への信仰を喚起し、一山内の秩序に混乱を生じさせるものでなければ、当該寺社と社会との共通認識を獲得・維持するために、俗説はむしろ積極的に取り込まれたものと考えられる。四天王寺でいえば「聖徳太子四十九歳楊枝之御影」や「如意輪観音尊像」などはその典型といえよう。

近世四天王寺は庶民信仰寺院として展開していくが[15]、その傾向は庶民信仰に一方的に飲み込まれて起こったのではなかった。「霊仏霊宝」においては、『四天王寺霊仏霊宝略縁起』の発行によって四天王寺として社会との認識共有を達成し、さらに庶民信仰を喚起するものであったと思われる。しかしながら、こうした議論をさらに展開する場合、やはり当該期における庶民信仰の実態との突き合わせが不可欠であろう。その意味で、文化史的背景として、芸能や唱導文芸など表現文化との照合、そして近世聖徳太子信仰の「霊仏霊宝」という観点として、近世法隆寺や橘寺などの法宝物縁起との相関関係など、いまなお検討すべき問題が残されているが、これらの議論は他日を期すことにしたい。

注

（1）簗瀬一雄『社寺縁起の研究』（勉誠社、一九九八年二月）。菊池政和も「清凉寺縁起管見―本縁起と略縁起というもの―」（日本宗教民俗学会、二〇〇三年三月例会報告）などで傍証する。

（2）以上、佐谷眞木人、久野俊彦らの見解。シンポジウム「寺社縁起の文化学―新たな縁起研究をめざして―」（二〇〇六年三月）におけるコメントより。

（3）中野猛編『略縁起集成』（勉誠社、一九九五年二月〜）、稲垣泰一編『寺社略縁起類聚』（勉誠社、一九九八年一月）、略縁起研究会『略縁起　資料と研究』（勉誠社、一九九八年）、前掲簗瀬など。

（4）徳田和夫・堤邦彦編『寺社縁起の文化学』（森話社、二〇〇五年十一月）。

（5）日本大学総合図書館黒川文庫蔵『寺社縁起集』所収、『四天王寺霊仏霊宝略縁起』。

（6）大阪府立中之島図書館朝日文庫蔵『諸国社寺縁起』所収、『四天王寺霊仏霊宝略縁起』。

（7）簗瀬一雄『社寺縁起の研究』（勉誠社、一九九八年二月）。

（8）〈a・b〉「略縁起」に掲載される法宝物を順に示しておく。聖徳太子四十九歳尊像、同十六歳真容、同四十九歳楊枝之御影、閻浮檀金阿弥陀仏、如意輪観音尊像、四天王尊像、御守、毘沙門天像、本願縁起、縁起御写、小字法華経、妙典記文、緋御衣、丙毛槐林之御剣、六目鏑矢、七星御剣、仏具六字名号、番匠六字名号、京不見御楽笛、以上一九点。

（9）四天王寺楽所内では、聖霊会にて演奏する「京不見御楽笛」をめぐり、元禄五年（一六九二）以降、争論が起こっている。京都方楽人家山井家と天王寺方楽人家の岡家・東儀家の間で、「京不見御楽笛」の演奏権をめぐる舞楽争論で、宝永六年（一七〇九）十二月には日光山御門主より裁許が下っている（「四天王寺舞楽之記」『四天王寺楽人林家楽書類』、京都大学図書館蔵）。この争論の経緯や背景問題、あるいは関連史料などについては、南谷美保『清文堂史料叢書71　四天王寺楽所史料』（清文堂出版、一九九五年二月）、同「「京不見御笛」当役をめぐる争い―江戸時代の天王寺楽所における笛の家―」（『四天王寺国際仏教大学紀要』42、二〇〇六年七月）などに詳しい。

（10）この後も寛永十三年、寛文五年、貞享二年、享保三年の朱印状すべて同じ石高が認められている。

(11)「摂州四天王寺之記録」(『四天王寺楽人林家楽書類』第六四冊、京都大学図書館蔵)。
(12) 刈谷市立図書館蔵、宝永五年(一七〇八)五月成立、秋野興順著。
(13) 棚橋利光編『四天王寺年表』(清文堂、一九八九年六月)より。『摂陽奇観』巻二九によると、寛延二年(一七四九)二月に「四天王寺聖徳太子千百卅年忌ニ付三七日御影霊寶開帳」とあるが、棚橋は年忌による年代推定から、これを延享二年(一七四五)の事として修正している。ここでは、『摂陽奇観』の記述に従い、寛延二年(一七四九)二月に開帳が行われたものとしておきたい
(14) 拙稿「近世寺社縁起の戦略性―三河国鳳来寺縁起を事例として―」(徳田和夫・堤邦彦編『寺社縁起の文化学』所収、五五頁、森話社、二〇〇五年十一月)。
(15) 川岸宏教「近世初期の四天王寺―堂塔の被災と再建―」(『四天王寺国際仏教大学紀要』人文社会学部43、二〇〇二年三月)。

橘寺の略縁起と聖徳太子伝

松本真輔

一　はじめに

本稿は、橘寺の略縁起作成における聖徳太子伝利用に関する考察である。

奈良県明日香村に位置する橘寺は、太子誕生の地、あるいは、太子勝鬘経講義の場として知られる古代寺院である。橘寺の創建年代は正確にはわからないが、『日本書紀』天武天皇九年（六八〇）四月一日条に、橘寺が焼失したという記事があり、それ以前に建立されたと推測されている。その後、平安時代から鎌倉室町時代にかけては、火災や戦乱による焼失が相次ぎ、荒廃した状況が続いていた。これは、江戸時代に入っても同様で、近世前半は、講堂と往生院が残されるのみの小寺院であったようだ。橘寺が本格的な復興を遂げるのは、十八世紀に入ってから。この時期、本格的な勧進活動とともに、復興計画が起こされたようで、幕末から明治にかけて現在の姿を整えていったとされている。(1)

このように長い歴史を誇る橘寺ではあるが、実は、根本縁起と呼ぶべき古縁起を有していない。寺の沿革を伝えるものとしては、古くは中世に編纂された聖徳太子伝や諸寺縁起集の記事があるものの、これらを紐解いても、

「(古)縁起云」といった表現は出ておらず、根本縁起と呼べるような縁起の存在が確認できない。橘寺に関連する単独の縁起が登場するのは、遥かに時代は下って、十八世紀になる。だが、これらの略縁起についても、その原型となるような根本縁起の存在は見いだせない。

では、この略縁起は、どういった資料をもとに作られていたのか。

そこで注目されるのが、聖徳太子の伝記、いわゆる太子伝である。太子伝は、平安時代に編纂された『聖徳太子伝暦』(以下『伝暦』)を出発点にして、中世から近世にかけて、そこから派生する数多くのテキストが編纂されていた。『伝暦』を基礎にした物語太子伝や『伝暦』注釈などがそれにあたる。そして、橘寺の略縁起を紐解いていくと、これらの太子伝が、縁起作成に際して積極的に利用されていたことがわかる。

そこで本稿では、橘寺の略縁起と太子伝の関係、特に、中世に編纂された太子伝に採られた説話がどのように略縁起に取り込まれていったかを検討し、略縁起の生成過程、太子伝の受容・流布といった問題に切り込んでみたい。同時代的な問題よりは、太子伝を媒介として、中近世を貫く、いわばタテ糸とでも言うべき問題に取り組もうというのが、本稿の目論見である。

二　近世地誌に見える橘寺

橘寺の略縁起を検討する前に、ここではまず、近世に入って編纂された地誌を検討し、何を根拠に橘寺の沿革を記しているのかを確認しておきたい。根本縁起を持たない橘寺の由来が、略縁起作成以前に、どのように把握されていたのかを知るためである。

まず、延宝三年(一六七五)に刊行された、『南都名所集』を見てみよう。

橘寺　　　南方七里半

仏頭山上宮王院橘寺は、推古天皇の御宇に御建立有しなり。本尊は尺迦の三尊なり。太子伝にいはく、推古天皇十四年秋七月に、天皇、聖徳太子に詔して宣はく。勝鬘経の説をよろしく朕が前にして講説し給へ。其時太子、高座に登り、麈尾をとりて、三日講じ玉へり。其終る夜、蓮花ふる。花の長さ二三尺にして、あたり三四丈の地にみてり。明る朝、此よしを奏し奉ければ、天皇行幸有て、其地に寺堂を造立し給ふ。橘寺これ也。此時の御布施にとて、播磨国の水田三百六十町を奉らせ給ふ。是を法隆寺へ寄給へり。太子卅五の御時なり。橘寺は菩提寺ともいえるよし、太子伝にあり。此辺に王の岩屋というふあり。武烈天皇を入奉りたりと云所とぞ。本尊かけよ橘寺にほとゝぎす(2)

一読して、勝鬘経講義の場面を中心として橘寺の創建を解き明かしていることがわかるが、この記事に関しては、武烈天皇に関する記述以外は、ほぼ全面的に『伝暦』に依拠した記述になっている。実は『伝暦』において橘寺が明示されるのは、この場面と太子建立寺院に名前が挙げられているだけで、『南都名所集』の記事も、『伝暦』に沿って記述されていることがわかる。『伝暦』は、中近世にかけて、太子伝の根本テキストとして最もよく知られたものであっただけに、橘寺の寺誌を記す際に、『伝暦』が用いられたのであろう。

しかし、『伝暦』の記事だけでは、書くことができないような内容をもつ地誌が存在する。それが、『南北二京霊地集』と『和州寺社記』である。まず、『南北二京霊地集』を見てみよう。傍線部は、『伝暦』では確認出来ない内容である。

橘寺者、菩提寺ト号ス。推古光玄二年丙寅皇居ヲ寺トス。其故ハ、同秋七月帝ヨリ太子ヲ（三十五歳ナリ）請シテ勝鬘経ヲ講セシム。太子袈裟ヲ著テ、麈尾ヲ握リ今見ルニ柄香爐ト（念珠ナリ）師子ノ座ニ坐シテ、儀式沙門ノ如シテ講シ玉フコト三日、回向ノ日、蓮華大サ三尺計天ヨリ雨テ、庭上ニ積コト三四尺、太子其花ヲ集テ石櫃ニ納メ地ニ沈メ、其上ニ金堂ヲ立玉フ。残ル所ヲハ傍ニ押寄、吉野河ノ小石ヲ召テ、自ラ一字一石ノ法花ヲ書キ、上ニ覆玉フ。（石経ノ初ナリ）御説法ノ時、庭前ノ南ノ清涼山ニ釈迦弥陀弥勒等ノ千仏来リ、唯頭ノミ顕レテ聴聞シ玉フ故ニ仏頭山ト名ク（山ノ高サ十余丈、昔ノ檮ノ樹今ニ一本残レリ）太子此地ハ過去諸仏ノ説法所ト言。（以下略）(3)

そして、同じ説は、『和州寺社記』下にも見える。

仏頭山上宮王院菩提寺は世に橘寺と云へり。推古光玄二年丙丑皇居を以て寺とし給ふ。其故は、帝、聖徳太子を請し給ひ説法を称し給ふ。

太子御袈裟をかけ給ひ麈尾を握り獅子の座に坐し、儀式沙門のことくして勝鬘経を誦し給ふ事三日三夜、廻向の日、大さ三尺計の蓮華降り下り庭上に積る事三四尺也。太子其花を集め給ひ、石櫃に納め、地に沈め其上に金堂を建、残る花を傍に押寄せ、吉野川の小石を召てみつから一字一石の法花経をあそはし、其上に覆ひ給ふ。是石、経の初め也。御説法の時、庭前南の清涼山に尺迦阿弥陀弥勒等の諸仏来光し給ひ、唯頭のみ顕れて聴聞し給ふ故に、仏頭山と号す。（以下略）(4)

注目すべきは、独自の年号と、吉野川の小石を集めて法華経を書いたという箇所（傍線部）である。この記事の出典となるのは、『伝暦』ではなく、文保本と呼ばれる、中世（恐らくは鎌倉時代末期）に編纂された物語的な太子伝テキストである。(5) 文保本は、絵解きなどとも関連が深いことから、中世太子伝の中では比較的よく知られていたようだが、そこには、いくつかの私年号が用いられており、文保本の伝本の一つである『聖法輪蔵』には、勝鬘経講義記事の冒頭に「年号ハ光宛元年」(6) と記されている。若干の字句の相違があるため、完全な出典は確認できないものの、これに近い系統のテキストを参照したものと思われる。

また、川砂の話に関しては、文保本の一伝本である輪王寺蔵『太子伝』に、次のような記述が存在する。

彼ノ古ヘノ清涼殿ハ、橘寺ノ今ノ七間四面ノ大講堂是也。丈六ノ尺迦ノ三尊ヲ為ニス本尊ト。昔ノ清涼殿ニテ、従リ欽明天皇ノ御代一、人皇六十五代其ノ年記七百三十七年也。彼ノ伽藍共未二タ更ニ朽傾一カ。昔ノ清涼殿マテ侍ル也。彼ノ大地ニ雨リ積ミ侍リケル。花ヲ納二石ノ唐櫃一ニ埋二大地ノ底一ニ、其ノ上建二テ金堂一ヲ給ヘリ。文。其余ノ残ノ花ヲハ、方四丈ノ庭上ニ押寄積置キ、吉野河ノ底ノ沙ノ石ヲ召シ集メテ、太子自法華経ノ文字ヲ毎石一句ツ、書写シ御シテ、庭面方四丈ノ地ノ土ニ並ヘ置キ給ヘリ。一千仏御涌出ノ此ノ山ニハ立二テ、鳥居一ヲ、仏頭山ト云額全銅ニ被レタリ打レ。従二リ欽明天皇一至テ推古天皇、五代ノ皇居也。(7)

細かい表現に違いはあるものの、同系統の『聖法輪蔵』や寛文版本（近世太子伝の中では最も広く流布していたもの）にも、ほとんど同じ文章がつづられていることから、『南北二京霊地集』と『和州寺社記』は、この系統のテキストを参照したものと思われる。ただし、『南北二京霊地集』（一六五九年）や『和州寺社記』（一六六一年）は寛文六年版太子伝（一六六六年）に先行するので、これらの記事は、寛文版本をもとにしているのではなく、写本のみで流通していた『聖法輪蔵』系統のテキストに依拠していたものと考えられる。

また、『和州旧跡幽考（大和名所記）』にも橘寺の寺誌が記されているが、内容は、先に紹介したものより若干詳しくなっており、典拠として「玉林抄」「通要」「性霊集」(8)などが示されている。特に、『太子伝玉林抄』という、法隆寺系統の『伝暦』注釈の代表的テキストから数多く引用があり、同書の持つ権威が近世にも続いていたことがうかがえる。

以上のように、略縁起の成立に先行する近世の地誌類にとられた橘寺の寺誌については、『伝暦』や『聖法輪蔵』、及び法隆寺系の注釈書が利用されていたことがわかる。そして、ここで注目すべきは、依拠する資料が『伝暦』のみではなかったということだろう。確かに『伝暦』は太子伝の中心的役割を果たした重要なテキストではあるが、橘寺の来歴を記す際には、そこからはみ出た説も採用されていた。『伝暦』そのものもさることながら、中世太子伝もそれなりの広がりを持って受容されていたことがわかる。(9)

三　橘寺略縁起の成立

それでは、近世後期に作成された、橘寺の略縁起の検討に移ろう。

橘寺の略縁起に関しては、以下の四つの縁起が知られている。それぞれ、成立年代順に並べると、①『橘寺略縁起』（宝永元年〈一七〇四〉）（『略縁起集成5』に翻刻あり）、②慶應義塾大学三田メディアセンター蔵『大和国橘寺略縁起』（宝永三年〈一七〇六〉）、③『和州橘寺略縁起』（寛保二年〈一七四二〉）（『碧冲洞叢書61』〈簗瀬一雄『社寺縁起の研究』勉誠社、一九九八年二月〉に翻刻あり）、④早稲田大学図書館蔵『和州橘寺堂建立勧進帳』（安永五年〈一七六八〉）となり、以下、この四つに即して橘寺の縁起について考えてみたい。

まず、それぞれの略縁起の成立時期をみると、十八世紀に集中していることから、この時期にご開帳や勧進などが行われ、その際に略縁起が作成されたのではないかと思われる。ご開帳に関しては、例えば、『大和国橘寺略縁起』（一七〇六年）の

> 開帳勧化幷四十万日物廻向を願ひ奉りしに忝も御許容を頂戴し、橘寺伝来の宝物を携へ江戸・京・大坂三ヶ所に弘、且普く諸国を勧化せんと欲す。仰願は、信心の施主、財物の多少を撰はす、施入し給ふ輩は、大伽藍再興といひ、四十万日念仏惣廻向といひ、諸宗の惣本師聖徳太子御恩徳報謝といひ、旁以大切徳を植給ふ事、何加之。然則、現世安穏後生善所必然たらん。仍而勧化の意趣如件[10]。

といった部分や、『橘寺略縁起』（一七〇四年）の

> 此度当地開帳のミぎり。四十万日の惣廻向を致し畢。願くは信心の輩ハ。太子御恩報謝後世極楽往生のため。御結縁あれよかしど希者也。仍而略縁起如件[11]

という部分や、あるいは、『和州橘寺堂建立勧進帳』（一七六八年）の

我、何卒建立し霊地永く繁昌ならんは、我朝の宝にもやと十ケ年以来の志願有といへども、大望成思ひ立迚も、一力にては叶がたし。然れども、蚯蚓のいきは天とやら一命をなげうち一魂を定、多少に限らず、諸人に一銭半銭の奉加をすゝめ、何卒諸堂建立支度といへども、親兄弟を初、万人のうたがひも有ん歟と、神明仏陀に誓言し若一心乱、建立もの私欲して心願を遂ざるにおゐては、立所に神罰をこうむり、悪魔外道命を取らせ給ふか、病難一時に受させ給べし。又一心堅固に建立を遂げは、生前の悪業来るとも、建立成就の間を延べて、日本国神仏開闢の御霊地、諸堂共建立成就し繁栄なさしめ給ふべし。(12)

という箇所などから、略縁起編纂の事情を知ることができる。橘寺の本格的な復興は、時期的にはこれより少し遅れるが(13)、復興活動が十八世紀ころから積極的になされていたことが、これらの資料からうかがえる。特に、『大和国橘寺略縁起』や『橘寺略縁起』から、十八世紀初頭には、江戸、京、大坂で出開帳が行われていたことがわかる。一般に、ご開帳は一定期間をおいて行われていたことが知られているが(14)、橘寺の略縁起を見ると、およそそれに従った間隔で作成されていることがわかる。更に、『和州橘寺堂建立勧進帳』の末尾には、

右橘寺者西国六番より七番江通道也。
安永五年和州吉野十津川郷　番匠
願主　米田茂七
前書之内遂に相違無之御志之段奉願上候

とあって、近郷の住民が寺の復興を進めていることがわかる。縁起の作成が勧進と結びついていたことを示す一例と言えるだろう。

では、次に略縁起の内容を見てみよう。表1は、略縁起の記事内容をまとめたもので、表中の「＊」は、当該記事があることを示している。分量的には①『橘寺略縁起』と③『和州橘寺略縁起』が最も豊富な記事を持っており、

表1

	①	②	③	④
橘の由来	*	*	*	*
田道守説話	*	*	*	
太子二歳の時に現れた仏舎利		*	*	*
守屋合戦		*		
勝鬘経講義と建立された建物	*	*	*	
講堂の柱に刻まれた和歌	*		*	
弘法大師の石碑	*		*	
十六歳像を造る	*		*	
太子三十五歳条と二歳像	*		*	*
日羅像と火防観音	*		*	*
芹摘姫説話	*			
儒教と神道の学習	*			
達磨と太子の出会い	*		*	
難産と落馬	*		*	*
三つの井戸	*		*	
百済からの職人の渡来	*		*	
善光寺如来と橘寺	*		*	
往生院（と不断念仏）	*	*	*	(*)

③は、①②の内容に重なる部分が多く、特に①の本文をベースにしながら（多くはそのまま転載）、若干の新説を加えて再編集したものである。一方、④『和州橘寺堂建立勧進帳』は、『国書総目録』にも名前がないもので、今回取り上げた中では、一番新しいものである。同書は、分量的には先行する略縁起より少ないが、宝物関連の記述の多さが目に付く。

今、太子伝との関連に注目すると、太子伝の根本となる『伝暦』との接点というのは、実はあまり多くない。敢えて言うなら、勝鬘経講義の場面が近い程度で、多くは『伝暦』には存在しない記事で構成されている。そして、それらは、元をたどっていくと、中世太子伝に逢着する（中世太子伝との関連については後述）。

また、全ての略縁起に共通して登場するものに、往生院の記事があるが、この記事は特に不断念仏と結びついており、例えば、

聖徳太子、善光寺阿弥陀の三尊を摸し、御祖父王欽明天皇の御菩提幷に末世の衆生利益のため、橘寺の境内に道場をかまえ、往生院と名づけ、七月七夜の別時念仏を御執行あり、太子御導師となり、開闢まし〳〵、不断念仏を始め給ひし以来一千二百年になん〳〵とすれども、念仏絶る事なし。本朝念仏の始め是なり。願くは信心の輩は、太子御恩報謝後世極楽往生のため御結縁あれよがしと希者也。（③『和州橘寺略縁起』）

というように、橘寺の信仰活動の核とされていた。ここで往生院が強調されるのは、「時移り事変して今は纔太子堂幷往生院と申、常念仏堂一宇而巳にして、往古の大伽藍石ずへは草むらの内に残り（④『和州橘寺堂建立勧進

表2

	①	②	③	④	⑤
右近の桜左近の橘		*	*	*	
舎利		*	*	*	*
往生院		*	*	*	
十六歳像	*		*	*	*
三十五歳像	*		*	*	*
日羅像	*		*	*	*
子安地蔵	*		*	*	
栗毛の駒	*		*	*	
三つの井戸	*		*		
畝割塚	*		*		
阿弥陀三尊像	*		*		
二歳像	*		*	*	*
職人の書			*		
弘法大師の碑	*		*		
七福神				*	
諸神				*	
如意輪観音				*	*
日月の三光石				*	
瑪瑙の石灯籠				*	
墨染の桜				*	
赤栴檀				*	

帳』）」という寺の現状があったからであろう。

また、略縁起はご開帳とセットになっていたことから、宝物に関する記述が当然多く含まれているわけだが、各略縁起に記される寺の宝物を見ていくと、制作年次が下るにつれて宝物が増加するという現象が見てとれる。前掲の表2は、各略縁起に記された宝物を抜き出したものだが(5)は、早稲田大学図書館蔵『橘寺霊宝概略』で、成立年次未詳の簡略な宝物覚）、分量的には短い『和州橘寺堂建立勧進帳』（一七六八年）になると、様々な宝物が増えていることがわかる。これらの宝物が、勧進を進め、寺を復興していく過程で持ち込まれたものなのか、あるいは元からあったものなのかは不明だが、記載されているものを見ると、太子信仰とは直接結びつかないものが多く、どちらかと言えば、寺内の「見所」的なものを紹介する観光ガイド的な要素が強くなっているようにも見える。ご開帳や勧進を重ねるごとに、一種の「観光地化」が進んでいったのではないかと思われる。

四　法空の説と橘寺の略縁起

次に、本題となる橘寺の略縁起と太子伝との関係を見てみよう。

先にも触れたが、各略縁起の持つ内容は、太子伝に基づいてはいるものの、太子伝の根本となった『伝暦』のみでは記しえないものだ。では、これらの内容が、略縁起作成にあたって新しく考案されたものかというと、そういうわけではない。やはり先行する資料は存在し、それは、中世から編纂が続けられてきた太子伝であった。そして、地誌の場合、『正法輪蔵』など文保本系統の太子伝が参照されていたが、略縁起の場合、橘寺僧法空の『伝暦』注釈書（『上宮太子拾遺記』『聖徳太子平氏伝雑勘文』）や、「増補系」[15]と呼ばれる物語的な太子伝テキストに記されている内容に、その記事は類似している。いま「類似している」と書いたのは、現存する特定のテキストを指して「典拠」と見なすのは難しいからだが（文章が完全に一致するわけではない）、記事内容の近さから考えて、略縁起を作成する際に、こうした太子伝が参照されたものと思われる。

以下、この点について具体的に検討していきたいのだが、紙幅の関係から、全ての箇所を詳細に見ていくわけにはいかないので、代表的な事例をいくつか取り上げていくことにする。

まず、法空の著作との関係であるが、これは、冒頭の箇所などがわかりやすいであろう。それぞれの略縁起は、その冒頭に寺の由来を記しており、似たような内容を持っているのだが、例えば、いちばん古い『橘寺略縁起』では、

> 抑橘の由来は。人皇十一代。垂仁天皇即位九十年。春二月庚子の朔天皇の御霊夢に。三輪大明神告。曰。常世の国の香菓肉は。人の気をたすけ。皮は能萬の病を治せしむ。かの國に人をつかはし。是を求め給へと有しかハ。天皇御夢覚て後田道間守（三宅祖也）といふ人を常世の國につかハしもとめさせ給ふ。田道間守彼国の十とせを経、景行天皇即位元年春三月に帰朝し。かの香菓をさゝげたてまつる。天皇叡感まし〳〵。則この所に植させ給へバ。程なく宮へ花さき枝もたハ、に実りけり。今の世までも大内紫宸殿の簾に。左近の桜右近の橘を植させ給ひ。初春の祝に用ひさせ給ふも此例なり、これによりて。此所を橘の京と名づけ給へり、(16)

となっており、これが、次に見る『上宮太子拾遺記』の記事と重なっている。

> 続日本紀云。聖武天皇四十六代主。第二年。神亀二年乙丑自㆑唐柑子始来。殖種結果。文
> 和漢皇代記云。垂仁天皇第九十年辛酉。遣㆓但馬毛理㆒。於㆓常世国㆒。求㆓非時香草㆒。今橘是也。文。又日本紀第六。在㆓此事㆒。(17)

完全に記事が一致するわけではないので、『上宮太子拾遺記』をただちに「出典」であるとは見なせないが、「橘」の由来を垂仁天皇の時代に遡らせるという説明は、中近世の『伝暦』注釈にも見られ(18)、その淵源は『上宮太子拾遺記』に記された説に遡る。一方、この説は、増補系太子伝はもちろん、近世で最も普及していたと思われる寛文版

本太子伝や、先に見た地誌類が前提としていた文保本系統には見られない。『上宮太子拾遺記』が橘寺の説を伝えているだけに、略縁起もそれを受け継いだもの、と見ることも出来ようが、あるいはそうした説を引く『伝暦』注釈を前提にした可能性もある。全てを『上宮太子拾遺記』に記された説に還元できないのは、『上宮太子拾遺記』で「一向是虚妄不実臆説[19]」とされていた芹摘姫説話が、『橘寺略縁起』に見えているからだが、講堂に刻まれた和歌の記事なども『上宮太子拾遺記』に見えるので、口伝によるのか書承によるのかは定かではないが、何らかの形で法空説の系譜を引く伝承が、略縁起に反映しているものと思われる。

五　橘寺の略縁起と増補系太子伝

次に、橘寺の略縁起と増補系太子伝との関連を見ていきたい。ここで問題にしたいのは、達磨大師と聖徳太子が、誕生の際に出会ったという説話である。これは『橘寺略縁起』と『和州橘寺略縁起』に見えるのだが、増補系太子伝では、この説話が非常に重要な意味をもって記述されている。というのは、増補系太子伝において、太子の前生譚に達磨の日本渡来説話があり、その際、馬になって日本に来た達磨大師が、厩戸の前で誕生した聖徳太子と出会うという形で、両者が因縁付けられているからである。

では、具体的にその内容を見てみよう。『橘寺略縁起』と『和州橘寺略縁起』の達磨の話は、両者ほとんど同文なので、ここでは、年代的に先行する『橘寺略縁起』を検討することにする。

聖徳太子御先生。大唐にて南岳禅師と申奉りし時。達磨大師と共に。仏法をひろめんがために。かたく御契約有て。①達磨大師は太子より二十年前に。日本に渡らせ給ふ。其比日本に僧形一人もなし。異形の者とて諸人あざけりしにより。佛法いまだ時いたらず。太子の御出生をまち給ふべしとて。②しばらく栗毛の駒に化し給ふ。時の人主もなき駒なりとて。厩につなぐ。其夜見ればいとも貴き姿なりければ。③か様の馬を我家にをかんもよしなしとて用明天皇に奉る、天皇叡覧ましく〳〵。甚御感ありし也。しかるに南岳禅師ハ吾朝人皇三十一代敏達天皇即位元年壬辰の春正月朔日に御誕生あり。是すなハち聖徳太子なり。用命天皇御后（穴太部間人）宮中をめぐり給ひ。此厩の前にいたらせ給ひしとき。太子御誕生ありし故。厩戸皇子と申奉る。④是達磨大師に御封面あるべきとの御事なり。

達磨が太子誕生前に日本に渡来し（傍線①）、馬に化して王宮につながれていた（傍線②③）。そして、厩の前で太子が誕生したことが、達磨との邂逅と結びつけられている（傍線④）。『伝暦』には全く見えない説話だが、この太子誕生譚と達磨渡来譚の結合は、増補系太子伝の重要なモチーフの一つである。以下、叡山文庫蔵『太子伝』の記述を見てみよう。

まず、「達磨亦元ノ岡本山ニ栖玉ニ、日本ニハ未タ出家ノ形ヲ不二見馴一間〈中略〉栗毛ナル馬ニ成、時剋ノ到来ヲ待給フ」(20)と、達磨が日本に渡来したが、出家者がいなかったので、馬に姿を変えて太子の誕生を待ったとし、ついで、

欽明天皇第四尊、豊日ノ皇子コソ殊ニ御馬好ミテ御座ナンメレ。進センヨト思フニ、橘ノ宮ヘ案内ヲ給テ申シケルハ、此馬買持テ候ヘ。下臈ノ為過分ニ候間、上方ノ見参ニ入トテ、将キテ参テ候ト申入シカハ、王子彼ヲ御覧シテ御悦ナノメナラス。舎人ヲ召シテ引立サセ、御自ラ此馬ヲ相形有。(21)

と、達磨が化けた馬が王宮につながれるようになった事情が語られ、

厩前ニテ生レ給ニ二ノ意有。一ニハ一切衆生ノ浄顛倒ヲ破ンカ為。二ハ達磨和尚ノ厩ニ座ヲ為レ奉レ見也。〈中略〉次ニハ又衡山ノ昔達磨ト契ヲ成給シニ、胎内ヨリ見給ニ畜生ノ身ヲ感シ給ヘリ。廿年ノ御昔シ衆生済度ノ事作御痛敷思食サレ、疾ク達磨ニモ見ヘ奉ン為ニ、厩ノ前ニテ生レ給也。(22)

と、太子と達磨の出会いが深い因縁で結ばれていたとされている。

太子が達磨と邂逅したという話は、いわゆる片岡山飢人説話（太子四十二歳条）としてよく知られ、『伝暦』など

の太子伝でも定番の扱いとなっているが、ここでは、両者の接点が誕生の段階にまで遡って説明され、達磨渡来説を利用して、太子が厩の前で生まれたことの意味づけを行っているのである。

そして、この説話が橘寺の略縁起に採られているのは、もちろん、その舞台が、「人皇三十二代。用明天皇の王城。聖徳太子御誕生の地なり（『橘寺略縁起』）」という橘寺だったからだ。増補系太子伝の記事が橘寺と関連して生まれたものなのかは不明だが、この太子誕生譚と達磨渡来譚の融合は文保本には見られないものであり、略縁起が増補系太子伝系統の伝承を参照しながら取り込んだものと推測される[23]。

六　橘寺の略縁起と一殺多生説

これまで見たように、橘寺の略縁起は、法空の説や増補系太子伝を典拠資料として利用しているようであるが、次に見る一殺多生説についても、同様のことが指摘できる。まず、『和州橘寺略縁起』の記事を見てみよう。

太子十四歳の御時、守屋悪逆熾盛にして仏法を破滅する事仏世挫の提婆にまされりかるがゆへに、太子（十六歳）これを大に悲み蘇我大臣の舘に大将軍を召、語て曰、守屋在命の内は、仏法中々弘めがたし。我殺生戒を持といへども、一殺多生は菩薩の行なり。いはんや仏法のために守屋を誅せんと、何の罪かあらんと宣ひ、終に守屋大臣を亡し、心のまゝに仏法を弘め伽藍を建立し給ふ。

注目すべきは、傍線部に見える「一殺多生」である。これは、多くのものを救うために、一人の人間を殺しても構わないという理論で、太子が守屋合戦を行う際、守屋を殺すことを肯定するために用いられたロジックである。この言葉は法空の著述『上宮太子拾遺記』に見え、守屋合戦と殺生の問題を議論する際に取り上げられている。

深位菩薩為二利生一示二現殺生一事。

問。太子是大悲旧成如来也。如何有下如レ殺二百千人一殺害事上乎。答。於レ之可レ有二種々義門一。一云。如レ云二一殺多生一。難レ罰二一人一。豈非レ悲レ多乎。然則由下伏二一人邪見一。多有情令上レ帰二正見一也。問。既殺二百千人一。何可レ云二一殺多生一乎。更非下降二一人一令中多順上乎。答。此合二多一殺多生一。所レ謂設殺二千人一。一国衆生。皆捨レ邪帰レ正。何無二其益一。(24)

そして、この説は、文保本系統の太子伝には見られず、増補系太子伝の中で用いられている。

爰ニ太子双眼ニ御涙ヲ浮玉テ、汝誹謗人嘲哢□□諫ル余太以神妙也。但以二小智一莫計ルコト二聖恵ヲ一。一殺多生ハ是菩薩ノ行也。一ノ悪ヲ殺テ数タノ生命ヲ助コト也。

又、古徳云。万人ヲ生ント思ハヽ、一人ノ罪ヲ誡ヨ。欲ハ万人殺ト一人ノ科ヲ免ヤトト云ヘリ。縦児依二此罪一ニ、奈梨ニ沈ドモ、豈退二仏法利生ノ志一ヲ哉。卿等、児ガ心ニ等クハ、速ニ可二思立一仰セシカバ、将軍等、皆、袂ヲ湿シ、詔ノ旨ニ同ジ奉リ、互ニ契ヲゾ成ケル。但此事不遂程、相構テ人ニ不レトテ可レ漏、定レ日ヲ何ノ日何ノ時ト定テ、遅シト侍ケル。（叡山文庫蔵『太子伝』(25)）

然バ彼等ハ仏法ノ御敵也。其身ヲ誅シテ三宝ヲ興シ、慈悲救護哀愍ノ心ヲ以テ一切衆生ヲ助ケバ、必只今ノ罪障ハ如霜如ク氷可シ消滅。一殺多生ヲ助ルハ菩薩ノ通行也。早々可思立。努々不可黙トテ、即出立給ヘバ、各皆以伴申ケリ。（内閣文庫蔵『太子伝宝物集』(26)）

いずれも、守屋合戦において、太子が守屋を殺したという点を問題にし、排仏を唱える守屋を殺すことで仏法が広まったという点から、太子の行動を合理化している。『和州橋寺略縁起』が、法空の説によったのか、それを引く『伝暦』注釈類によったのか、或いは増補系太子伝によったのかは不明であるが、寛文版本を含む文保本系統には見られない説を引いている点で、注目される。

このように、橋寺の略縁起は、従来の地誌とは異なる太子伝をもとに記されていたことがわかるのだが、実は、ここで問題にした増補系太子伝は、橋寺と深い関係があった旨が、四天王寺に所蔵されている『太子伝』（叡山文庫蔵本と同系統の内容を持つ）の奥書に記されている。

太子伝十八帖者先年橋寺一乱時有人乱取仕候／然処拙者依不思儀縁買求候事実正明鏡也／天正十一年癸未八月吉日和州市高郡多武峰／別院念誦崛紫蓋寺中谷知足院住／善光覓之[27]

ここでは、橋寺が戦乱に巻き込まれたときに流出した太子伝を買い求めたという趣旨のことが記されている。橋寺には法空の著した二つの太子伝があるが、「十八帖」とあることから、善光が求めたのは、この『太子伝』を指すものと思われる。この記事は、直ちに増補系の成立と橋寺との関係を示すものではないにしろ、伝来或いは流布状況の一端を教えてくれるものであることは確かだ。

増補系太子伝は、成立事情も明らかではなく、近世の流布状況も、ほとんど知られていない。その意味で、橋寺の略縁起の記事に、近世に広く流布していた寛文版本系統の内容ではなく、増補系太子伝に近いものを含んでいるということは、太子伝の流布を考えるとき、極めて興味深い現象だと言える。増補系太子伝の伝来・流布に、橋寺が何らかの形で関わっていたのではないか、という想定を可能にしてくれるからだ[28]。

七　まとめ

橋寺は、太子建立寺院の一つとして、『法隆寺伽藍縁起并流記資財帳』や『上宮聖徳法王帝説』、『上宮聖徳太子伝補闕記』にも名前が見える著名な寺院であったが、根本縁起と呼べる古い縁起を持っていなかった。そのため、近世に入って橋寺の寺誌を記す際に、太子伝が利用されていた。勝鬘経講義の場面に代表されるように、橋寺が太子伝に登場したからである。その際に利用された太子伝は、近世初期に編纂された地誌の場合、『伝暦』や『正法輪蔵』などの文保本系統に記された伝承で、略縁起の場合、中世に活躍した橋寺法空の説や、増補系太子伝系統の伝承であった。文保本系統のテキストは、近世に入って版本の形で広く流布していたようだが、橋寺の略縁起は、これとは少し系統の異なる、増補系太子伝の伝承と類似した内容を持っていた。増補系は、その成立もはっきりしない太子伝であるが、略縁起が増補系太子伝に類似する内容の記事を有していることから見て、この系統の伝承が橋寺に伝えられ、それが略縁起作成の際に利用されたのではないかと思われる。近世における太子伝の流布状況はまだまだわからないことが多いだけに、その一端を教えてくれる橋寺の略縁起は、貴重な資料ということが出来るだろう。

注

（1）橋寺の沿革については、大脇潔『日本の古寺美術14　飛鳥の寺』（保育社、一九八九年二月）、亀田博「橋寺の沿革と伽藍」（『堅田先生古希記念論文集』真陽社、一九九七年三月）、追塩千尋「中世の橋寺と西大寺流」（『古代中世の社会変動と宗教』吉川弘文館、二〇〇六年一月）参照。
（2）『南都名所集』延宝三年（一六七五）刊（『近世文学類従古板地誌編14』〈勉誠社、一九八一年九月〉）。
（3）『和州旧跡幽考（大和名所記）』高市郡、天和二年（一六八二）刊（『続々群書類従8』五三二頁～）。
（4）内閣文庫蔵本による。寛文元年（一六六一）成立。
（5）文保本については、牧野和夫「聖徳太子伝テキストの中世と近世」（『国文学』49―5、二〇〇四年四月）、同『中世聖徳太子伝集成2』解説（勉誠出版、二〇〇五年四月）、阿部泰郎「『聖徳太子伝集』総説」（『真福寺善本叢刊第二期五巻　聖徳太子伝集』臨川書店、二〇〇六年三月）に、詳細な諸本検討および解説がある。
（6）『真宗史料集成4』四九七頁、同朋舎出版、一九八二年十一月
（7）『中世聖徳太子伝集成1』四五一～二頁、勉誠出版、二〇〇五年四月
（8）『続々群書類従8』、五三二～三頁
（9）中世太子伝が寺社縁起に利用されていた例として、滋賀県甲賀市の油日神社の例がある。松本真輔「中世聖徳太子伝と油日神社の縁起」（『日本文学』53―6、二〇〇四年六月）参照。
（10）同書の引用は慶應義塾図書館三田メディアセンター所蔵本による。

(11) 同書の引用は『略縁起集成5』(勉誠出版、二〇〇〇年二月)による。
(12) 同書の引用は早稲田大学図書館所蔵本による。
(13) 前掲注(1)諸論文参照。
(14) 北村行遠「開帳の背景」(『近世開帳の研究』名著出版、一九八九年四月)
(15) 増補系の名称は、阿部泰郎「中世聖徳太子伝『正法輪蔵』の構造——秘事口伝をめぐりて」(林雅彦・渡辺昭五・徳田和夫編『絵解き——資料と研究』三弥井書店、一九八九年七月)による。
(16) 同書の引用は、『碧冲洞叢書61』(簗瀬一雄『社寺縁起の研究』勉誠社、一九九八年二月)による。
(17) 『大日本仏教全書112』三七一頁
(18) 同様の説は、『太子伝玉林抄』や近世の『伝暦』注釈である『聖徳太子伝暦備講』などにも見られ、直接の出典がどれであるかは、にわかに決しがたい。
(19) 同前掲注(17)三二五頁
(20) 叡山文庫蔵『太子伝』(『中世聖徳太子伝集成4』二五六頁、勉誠出版、二〇〇五年四月)
(21) 前掲注(20)二五七頁
(22) 前掲注(20)二五八〜九頁
(23) 増補系も伝本の種類が多く、一つのテキストを「典拠」として確定するのは難しい。
(24) 前掲注(17)二九七頁
(25) 前掲注(20)三四六頁
(26) 内閣文庫蔵・天正十二年(一五八四)写本、太子十六歳条。
(27) 前掲注(20)二四〇頁
(28) ただし、橘寺略縁起の全ての記事が法空の説や増補系太子伝だけに依拠しているわけではなく、勝鬘経講義の場面や、橘寺の周囲にあるとされる三つの井戸(太子が産湯を使ったとされる)の話など、中世の太子伝で広く知られたものもあり、系統立てて典拠を確定しづらい記事もある。また、百済から職人が渡来してきた話など、典拠がよくわからないものもある。増補系太子伝と橘寺の略縁起との間には何らかの関係があったものと思われるが、縁起の作成に際しては、それ以外の様々な伝承も利用されていたものと思われる。

略縁起の平家物語

——縁起化する文覚発心譚——

橋本章彦

一　はじめに

略縁起研究の現代は、極めて刺激的な状況下にあると言って良い。それは、近世期における寺社の活動や庶民の宗教世界が、略縁起を資料とすることで、これまでとは違った姿で我々の眼前に浮かび上がってきているからである。

抑も戦後の縁起研究が、『日本思想大系　寺社縁起』（岩波書店、一九七五年十二月）の出版を契機に大きく進展したことは何人たりとも認めざるを得ないであろう。ことに巻末に付された桜井徳太郎の解説は、それまで絵巻などの一部を除いては、ほとんど未開拓の分野であった寺社縁起研究に方向性を与えた論考として重要な位置にある。これにより戦後の縁起研究は大きな転換を迎え、今日もその延長線上にあるといってよい。しかしながら、古いものを価値あるものと認定しがちな研究者の性向も相俟って、その後の研究は中世期以前もしくはそれに連なる縁起の研究に偏向する傾向が強かった。そんな中で中野猛は、はやくから近世期の略縁起に注目し、その収集と研究に努力を重ねていた。その成果が『略縁起集成』として今日我々の前に提示されている。またその出版に触発された類書が幾つか編集されることにもなった。筆者もその一つに関わったことがあるが[1]、かかる研究動向は、研究者の間に略縁起が資料として極めて有効なものであることに気付かせたという点で大いに評価されるものである。それまでの研究史のあり方から見れば、これを岩波大系の『寺社縁起』の出版に次ぐ第二の画期とみなしてもよいであろう。ただし、これらは収集が主であり、その分析についてはいずれも解題的研究の域を出るものではなかった。つまり、収集された資料をどのように使って何を明らかにしていくかの問題が次に考えるべきこととして残されたわけである。その可能性に端緒を開こうとしたのが、堤邦彦・徳田和夫編『寺社縁起の文化学』(森話社、二〇〇五年十一月)である。これは、近世期の略縁起を積極的に利用して様々な問題を明らかにしようとした刺激的な書物であるが、初刷発行の後、時日を経ずして第二刷が出版されるなどこの方面における研究者の関心の高さを示したものとなった。現在は、縁起研究におけるこの新しい動向の中にある。本稿も、こうした研究史的環境の中に身を置くことはいうまでもない。

ここに取り扱う材料は、『平家物語』に名高い「文覚発心譚」である。文覚と袈裟御前の悲劇に関わるとされてきた寺院が二カ所あることはよく知られている。京都下鳥羽の恋塚寺と上鳥羽恋塚浄禅寺がそれである。両寺はいずれも文覚譚を縁起化して所蔵し、かつ袈裟の墓とされる五輪塔一基をあわせ持つが、その真贋については古くから論争がある。本稿では、この二つの寺院に蔵される縁起を材料にして、あわせて新出の縁起なども交えながら、文覚発心譚が如何にこれらの寺において縁起化しているか、逆に言えば、縁起は、どのように古伝承を取り込んでそれぞれの由来譚として成立させているかについて考えてみようと思う。

二　恋塚関連寺院の概要

まず二つの恋塚寺についての概要を確認しておこう。

Ⅰ利剣山恋塚寺

京都市伏見区下鳥羽城之越町。浄土宗。『連門精舎旧詞』に「同末同所　開山円誉上人来歴不知文学之旧跡也　起立天正八年元禄九年迄百十六年」(2)（筆者注・同末同所＝法伝寺末　山州紀伊郡下鳥羽村）とある。鳥羽作道の南端近くに位置する。袈裟の墓と伝える五輪塔、林羅山の碑文、伝法然建立の六字名号碑などを所蔵する。

Ⅱ恋塚浄禅寺

京都市南区上鳥羽岩ノ本町。浄土宗西山禅林寺派永観堂末。寺伝によれば文覚の開基とされる。また古来より鳥羽地蔵の名で親しまれ京都六地蔵廻の寺院の一つとして著名である。伝恋塚塔（五輪塔）、林羅山の碑文などがのこる。『雍州府志』には「然斯所元鯉塚也中古此所辺有二大池一池有二巨鯉一作二妖怪一土人殺レ之埋二此所一源渡妻塚在二此南壇上恋塚寺一然誤建二碑於斯処一惜哉」(3)とあり、古来より今日に至るまで利剣山恋塚寺との間に史跡としての真贋に論争がある。

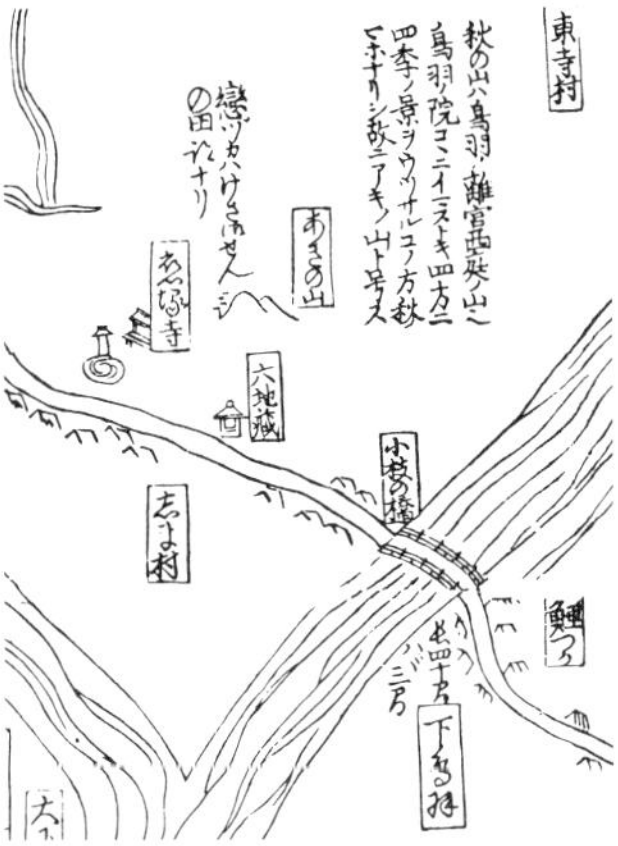

図Ⅰ　『増補再版京大絵図』

ちなみに、近世から近代における多くの地誌が恋塚に触れるが、おおむね利剣山を真とする傾向がある。殊に右に示した『雍州府志』の記述は、現在に至るまでその真贋論に影響を与えている。しかしながら、近世出版の名所地図類は、これらと記述を逆にする点は注意を要する。たとえば、『増補再版京大絵図』（貞享三年〈一六八六〉元版、延享三年〈一七四六〉改正版印刷、『新撰京都叢書11下』〈臨川書店〉）では上の如くである(4)。

他にも『改正　京町絵図細見大成』（天保二年〈一八三一〉発売）、『校正山城国全図』（安永七年〈一七七八〉元版、慶応元年〈一八六五〉改正再版）などの多くの地図類に同じ記述が見られる。『改正　京町絵図細見大成』（天保二年〈一八三一〉）では「だん上」（下鳥羽恋塚寺所在地）の「鯉塚」に五輪塔らしき物を描きその部分に「鯉つかハ昔此処ニ大池アリ二ノ大鯉住ミテ人ヲ取喰フ里人コレヲ殺シテコ、ニ埋ム恋塚ト異之」と記されている。(5) 地誌の記述との齟齬は考えてみなければならない問題を含んでいるようだが、本論の主題からははずれるのでいまはおく。

三　研究史の概略

文覚発心譚にふれる諸先学の研究は極めて多い。それはこの話が『平家物語』生成の問題と深く関わっていることによる。しかしながら、本論は、『平家物語』の研究を目指すものではなく、あくまでも略縁起研究の立場からするものであるから、その一々については触れない。本論との関わりからすれば、「縁起」を直接の題材とした研究と言うことになるが、それについては、それほど多くを数えることはできない。管見にふれたものを列挙すれば左の如きとなる。

1．徳田和夫「中世神話の視界─絵解き（『苅萱』と『恋塚』）の物語方法」（『日本文学』一九七九年八月）
2．徳田和夫「資料翻刻・紹介　恋塚寺蔵『当山略縁起』」（『軍記と語り物』17、一九八一年三月）
3．小林美和「文覚説話の展開─説話の変容─」（同『平家物語生成論』三弥井書店、一九八六年五月）

次節で述べるように利剣山恋塚寺（下鳥羽）には、掛幅の絵伝が所蔵されており、それについては、早くから絵解き研究者によって注目されてきた。徳田の二論考は、その絵伝についての考察とそれに加えて当時まだ知られていなかった利剣山恋塚寺所蔵の『当山略縁起』を翻刻紹介したもので、本稿においても多くを教えられている。3の小林論文は、徳田の論を受けて『当山略縁起』を文覚発心譚の展開型の一つと位置づけて『平家』説話の変容について論じたものである。縁起を材料とした論考は、この三点が中心であって、それ故に、これまで文覚譚を縁起研究の立場から考えたものは、ほとんどなく本稿がその数少ないものの一つとなるようである。

四　現存の恋塚に関わる縁起（地誌記載のものは除く）

現在までに知られている恋塚寺に関わる縁起類を左に列挙する。

○利剣山恋塚寺関係

①『鳥羽恋塚銘碑』　寛永十七年（一六四〇）　林道春（羅山）撰で版木がのこる。

②『当山略縁起』　慶応二年（一八六六）　利剣山六五世円誉智純秀道　写　巻子一巻。縁起に続いて林羅山の銘文を掲載する。

③『山城国紀伊郡下鳥羽恋塚寺縁起』　刊年不明　版本一紙　大阪府立図書館蔵。

④掛幅絵伝一幅　江戸中期以後か。

○恋塚浄禅寺関係

⑤『恋塚由来』　享保九年（一七二四）四月下旬　林信充　巻子一巻　林羅山の文を載せる。末尾に『此一篇者我曾祖羅山氏之作而實寛永十七年庚辰也（後略）」と記す。羅山の文については、版木がのこる。

⑥『鳥羽浄禅寺地蔵菩□□□』（虫損（薩縁起カ））　享保九年（一七二四）七月上旬。後半部に文覚譚を載せる。前半部分は地蔵堂の縁起である。

利剣山恋塚寺所蔵縁起の③と恋塚浄禅寺関係の縁起は、これまで紹介されたことのなかった新出の縁起であり、そのうち③については次節で全文を翻刻提示する。

両寺ともに林羅山の銘文の版木を所蔵しその刷り物を現在においても配布している。羅山による文章自体の内容はともに変わらないが、浄禅寺の場合は、次の記録が末尾におかれているのが特徴である。

往歳賜長岡以為我采邑其所隷之鳥羽里有恋塚古蹟有名而無表尋其所由而知文覚之発意聞節女之孝義不可以無表也於是刻石築塔聊記所伝聞以垂于不朽云寛永十七年甲辰年

日向守大江姓永井氏直清

⑤の『恋塚由来』には、羅山の銘文につづいてこれと同じ文が書かれているが、こちらの場合はそのあとに林信充による次の記述が加えられている。

此一篇者。我曾祖羅山氏之作而實寛永十七年庚辰也。蓋聞。永井日州刺史大江姓直清君。曾領長岡采邑之後。感其節考之至情。欲表章諸。後世使曾祖代之而記其事也。（以下略）　　（句点＝筆者）

これらによって、羅山銘文の成立事情が知られる。すなわち恋塚の話に心を動かされた当時の領主永井直清の依頼によって羅山が銘文を作ったというわけである。もともとの銘文には年紀は書かれていないが、右の信充の文によって、それが寛永十七年であったことを知ることができる。利剣山に所蔵される版木にはこうした事情はいっさい掲載されておらず、ただ年号を抜き出して末尾に記しているのみである。なぜ利剣山は縁起を権威づけることにも成り得る銘文成立の事情を書かず、年紀のみを記すのか、注意を向けておいて良いであろう。

五　『山城国紀伊郡下鳥羽恋塚寺縁起』

ここに紹介する縁起は、利剣山恋塚寺に関わるもので、大阪府立中之島図書館朝日文庫に二点所蔵されている。両者は同版と思われる。左に全文を掲げる。

山城国紀伊郡下鳥羽恋塚寺縁起

抑恋塚寺と申者人王七十六代近衛院の御宇に当て城南離宮を奉守護北面の侍渡辺左衛門／尉源渡同遠藤左近将監持遠一子遠藤武者盛遠と云者有て二人倶此鳥羽里に住居せり然に源／渡が妻袈裟御前と申者盛遠が姥衣川の娘也有時盛遠彼妻を見て絶ぬ思に臥沈てとかふ思ひ／煩ひ侍りけれども彼妻貞女の道を守り二夫に不レ見との風情盛遠今ハ無レ力忽悪心を含て既に姥の衣川／を害せんとす婦人是を聞母の命を救とすれば貞女の道を失ひ云レ義云レ孝何乎取何乎捨哉唯命を孝／義の間に捨にはと暫偽て文を書我夫左衛門を討給へと細に相図の約して申ければ盛遠喜比は／天養元年六月廿四日の夜渡が家に忍入り妻戸を開き見てあれは約束に不レ違髪洗／て臥たる者を是そ渡と心得て太刀振挙て寝首を討て持去明旦に是を見ば婦女／の首なり盛遠驚き泪を浮め噫呼是不道の作禍不義の致咎後悔在二何益一左衛門／尉が宅に至り件の様子を委語り首指延て妻の敵ぞ討給へと申けれは渡大きに／驚き既に盛遠を討とせしが渡もさすがの武士にて立却て思ひけるは我妻誠に／貞心にて死を賢女の道に致盛遠また前非を悔頭を延て恥ぬる躰是只然る／べき智識と思ひ妻の菩提を問とて自元どり切て渡阿弥法師と改名し／盛遠も同剃髪して染衣の姿と身を成て倶に菩提を祈り是則高雄の文覚／聖人也夫より袈裟御前の死骸を此地に葬塚を築石塔を建恋塚と名付法然／上人を奉レ請高サ一丈の石に六字の名号を書給ひ塚の傍に建レ茲置干レ今／絶せす当院にあり其後文覚聖人は高雄山へうちのぼり神護寺を再／興し給ひし砌再此地に来り給ひて一宇を建立し給ひ恋塚寺と名結構／荘厳の霊場にて三百余歳伝来して其後人王百四代後土御門院御宇／応仁文明

図Ⅱ　袈裟からの手紙を受け取る盛遠

の大乱に堂宇不残焼失し歴代常住の宝物等兵火のために焼／亡すといへども本尊幷御影無レ恙干レ今奉レ安置所の阿弥陀如来にして御長／三尺聖徳太子の御作也然に天正八庚辰年白蓮社圓誉上人当寺を中興し／て浄土念仏の宗門とし給ふ今此縁起を世に弘絶を継廃を／興と乞嗟呼此婦人は内に菩提の資糧を期し外には貞質孝順の／志厚為レ義為レ孝命を塵芥の軽き比末代の亀鏡男女の通規可守之甚者也

中興圓誉上人／開山文覚上人／□□□準改□

内容は、『平家物語』の文覚発心譚を軸として、それに法然の六字名号碑の建立、応仁の乱による回禄の際に本尊が無事であったこと、その本尊が聖徳太子の造立なること、白蓮社円誉の中興など寺に関わる伝承などを加え、最後に袈裟御前を讃歎して終わる。

文覚譚の部分は、理不尽に袈裟の母である衣川を害しようとするモティーフや渡の首をはねる合図として濡れ髪を使うなど『源平盛衰記』や長門本系統の平家伝承に拠っているものと思われる。ただし『盛衰記』との間に幾つかの無視できない相違も存在する。

第一は、袈裟が夫殺害の手はずを手紙にて知らせる点で、これは現在知られているいかなる平家諸本やその展開型にも見られない。多くは対面の上で手はずが告げられることになっている。たとえば『盛衰記』では、次のようにある。盛遠と一夜を共にした袈裟は、いとまを乞うが盛遠は許さない。そこで袈裟は、

誠に浅からず思し召す事ならば、只思ひ切って左衛門尉を殺し給へ。互に心安からん。されば謀を構へん」と言ふ。盛遠悦ぶ色限りなし。「謀は如何に」と問へば女が曰く、「我家に帰りて左衛門尉が髪を洗はせ、酒に

酔はせて内に入れ、高殿に臥せたらんに、濡れたる髪を捜つて殺し給へ」と言ふ。

とある。因みに利剣山所蔵の絵伝には、この手紙にて計略を知らせる場面が描かれている。（図Ⅱ）

第二は、天養元年六月二十四日という実行日の特定がなされていることである。これも平家諸本には確認できない記述である。利剣山境内に碑があり、そこには「渡辺左衛門尉源渡之妻／袈裟御前秀玉善尼之墓所／天養元甲子稔六月廿四日／文覚上人開基恋塚根元之地／嘉応二庚寅稔恋塚寺建立／六字名号圓光大師御真筆」とあって、天養元年の年号を見ることができる。残念ながらこの碑文がいつ頃建立されたものかは知られないが、両者に何らかの関係が想定されるところである。

このように『山城国紀伊郡下鳥羽恋塚寺縁起』（以下『恋塚寺縁起』と略称）は、『盛衰記』をはじめとした平家の諸伝承には見られない独自の内容を含んでいることからみて、文覚発心譚の新しい変容型を示しており、また通例の『平家物語』とは異なった展開軸の存在を想定させ、それとの交渉を示唆するものとなっている。

六　『当山略縁起』と『山城国紀伊郡下鳥羽恋塚寺縁起』（『恋塚寺縁起』）

利剣山恋塚寺に所蔵されるもう一つの縁起、すなわち『当山略縁起』との関係はどのようなであろうか。

『当山略縁起』の本文は、かつて徳田和夫によって全文が翻刻紹介されている。漢文形式の文章で、本文には朱によって返り点を付す。内容は、おおむね『恋塚寺縁起』に同じであるが、詳細に見たとき幾つかの興味深い相違も存在する。

まず、両者は文章上濃密な関係の中にあることである。たとえば『当山略縁起』に

在時盛遠彼妻見絶思臥深床煩侍　彼妻貞女道守二夫不レ見　風情盛遠今無レ力忽悪心含既姥衣川害(6)

とあるところは、『恋塚寺縁起』では

有時盛遠彼妻を見て絶ぬ思に臥沈てとかふ思ひ煩ひ侍りけれども彼妻貞女の道を守り一夫に不レ見との風情盛遠今ハ無レ力忽　悪心を含て既に姥の衣　川を害せんとす

となっている。一見して両者の関係の密なることを理解することができるであろう。また『恋塚寺縁起』には漢文形式の文が幾つか見られるが、それと同じ漢文が『当山略縁起』に存在する。たとえば、『恋塚寺縁起』で

貞女の道を失ひ云レ義云レ孝何　乎取何　乎捨　哉唯命を孝義の間に捨にはと

とあるところは、『当山略縁起』では

貞女道失云義云孝何乎取何捨唯命孝義間捨

となっていて傍線部分がほぼ一致する。これらの点からみて、『恋塚寺縁起』の本文は、『当山略縁起』の漢文を和らげるかたちで成立しているとみてほぼあやまりはないであろう。それ故、『恋塚寺縁起』は、『当山略縁起』の成立以降に版行されたものであったということになる。ところで、『当山略縁起』の成立については、徳田和夫の論が備わる。氏は、宝暦二年（一七五二）の『説教因縁文覚上人行状記』(7)に

恋塚寺縁起曰塚ヲ築石塔ヲ建テ恋塚トナツケ法然上人ヲ奉請シ高サ一丈ノ石ニ六字ノ名号ヲ書給ルヲ塚ノ傍ニ建ト

とあることによって、宝暦二年より前に恋塚寺に関わる縁起が存在したとし、それが『当山略縁起』であったと述べられている。それに随うべきであろう。それ故に、『恋塚寺縁起』は、十八世紀よりも後のものであるということになる。

第二は、両者の間で内容上に幾つかの相違があることの問題である。そのもっとも大きな違いは、『当山略縁起』が、如意輪観音の霊験や利益を語るのに対して『恋塚寺縁起』はそれらの神秘的記述をいっさい排除し、むしろ貞女と孝養を先鋭化したものとなっていることにある。すなわち『当山略縁起』に

其後文覚上人高雄山登神護寺再興給砌再此地来彼塚前参詣給空中紫雲棚引黄金肌佛レ化現給微妙音声吾是袈裟也仰在御恣夕勿躰無如意輪観世音菩薩文覚上人恐成五躰地投地懺悔禮拜泰敬従レ夫此地一宇建立則戀塚寺名附永代荘厳霊場三百余歳伝来

とあるが、これに相当する文は『恋塚寺縁起』には見当たらない。ここには、神護寺を再興した文覚が再び恋塚を訪れたところ、袈裟が如意輪として現れ出たので、その地に寺を建てて恋塚寺と称したと記されている。これはたとえば『盛衰記』に

されればにや夢に墓所の上に蓮花開けて、袈裟聖霊、その上に坐せりと見てさめて後歓喜の涙を流しけり(8)。

などとあるのを想起させる。また袈裟を観音の化身とするのは、御伽草子『恋塚物語』に

ひめ君は、はゝをたすけ、左衛門、ならびに、滝口を仏道に引いれん、そのために、大慈大悲の観世音、かりに此世に、あらはれて、左衛門の妻と、なり給ふ、有がたかりし次第なり(9)

と記されていることに何らかの連続性を持っているであろうか。ただし、これを如意輪観音とする事例を寡聞のせいか他に知らない。如意輪観音は、ことに女性との関わりで信仰されたから、そのことを考え合わせると『当山略縁起』の持つ唱導戦略が少々透けて見えてくるように思える。それは、末尾に

噫呼此婦人借人躰現貞質孝順道世俗知為御本躰窺奉如意輪観世音菩薩成末代貴賤男女彼尊像御前歩運信心輩好縁ヲ結給別二人不レ見御誓在殊観世音菩薩成家門繁栄子孫長久成事何礙有余委鋪事在雖荒増是略紀而已

とあるのによっていっそう明らかなものとなる。すなわち、貞女袈裟の本体は観音であるが故に縁結びや二夫にあわない（離縁がない）あるいは子孫繁昌などの願いを叶えると結ばれているのである。これはこの縁起制作の目的がどの辺りにあったかを明らかにしている。『当山略縁起』は、勧募的な目的をもってあらわされたと見てよい。

縁起の中で神秘性を強調しそれを積極的に利用することで、霊験力を宣揚したのである。逆にこうした神秘性を一切排除した『恋塚寺縁起』は儒教的環境に成立したといえるだろう。

同一寺院においてかかる思想的立場を異にする二種の縁起のあることはそれほど珍しいことではない。むろんその相違は、それぞれ制作の環境や目的が異なっていたが故のことだが、そこには寺院史や社会環境、宗教政策の問題など様々な問題を考えるヒントが隠されていることが多い。したがってこうした縁起間の相違点に注目することは略縁起研究における極めて有効な視点となるであろう(10)。

七　浄禅寺縁起の内容

さて恋塚伝承を持つもう一方の寺院すなわち上鳥羽・浄禅寺の場合はどのような縁起を持っているのであろうか。先にも述べたように、浄禅寺には二種の縁起が伝来しているが、そのうち『鳥羽浄禅寺地蔵菩□□□』（虫損（薩縁起カ））の後半部分に記されるものを左に示そう。

又当寺は、昔上知法庵とて地蔵堂の傍にありしか、土地狭く中古浄禅寺と改て恋塚の後に移せり。時代既に四百余歳に及へり。然るによりて、世人恋塚浄禅寺と呼り。其由来を尋るに、昔上西門院の衆に遠藤右近将監持遠といふ人あり。其子に遠藤武者盛遠といふもの、源の渡が妻袈裟御前におもひをかけ、無道に奪ん事を思ひ、其女の母をかたろふ。母ひそかに女を呼、やうすを語り侍りぬ。婦おもへらく、聞さる則母をころす不孝なり。聴は即夫を棄不義なり。不義不孝如何と不決。みつからしなんにはしかすとおもひ、いつわりて曰、我か夫を殺せ其後心にまかすへしと約して、その身閨に入打臥てありしを、盛遠夜半の比彼室に入、渡る臥（ママ）りと思ひ首を切て出て、あくるころをひ首をみれは、渡るか（ママ）首にあらすして婦人の首なり。盛遠、悲しく且悔且泣といへともせんかたなし。ひとり彼貞潔を感し、自もとゝりをきり出家して文覚と改。其後高尾山に入、苦修連行の聖人と天下の人たつとへり。文覚折々彼女の首を埋し所を見て、恋塚と名け侍るとかや。其後元和元年板倉伊賀守勝重公恋塚の古蹟に粉なきよし相定置り。又寛永十七年此地永井日向守直清公の領地なりしおりから、末の世にいたり恋塚の旧跡を伝んとて、石碑を建給ひ、羅山子林道春儒士に伝て、碑名を記させ、今に至る迠残れり。そのゝち、享保九年甲辰四月道春儒士の孫林大学頭信充、右碑銘幷添書自筆して、以て当寺に寄附せり。誠に数百年来の旧跡旧記又宝物等有といへとも、中比寺院回録の節残らす焼失せり。但本尊のみのこれり。本尊は弥陀如来すなわち慈覚大師の真作なり。代々住持寺院補といへとも記録又なくなりぬ。古を尋住持俊海略して記録し、永世に残す者也。

峕享保九禩甲辰七月上旬　慧光山浄禅教寺信空拝書（在判）　（句読点私）

この縁起に見られる文覚譚は、以下の点で『源平盛衰記』の内容と異なっている。すなわち①濡れ髪のことを語らない、②文覚の神護寺再興を書かない、③袈裟の聖霊や観音など神秘譚を記さない、などである。ただ全体的には、平家諸伝承の要約的なものとなっており独自の文覚譚を形成しているというわけではないようである。

一方で利剣山恋塚寺の縁起伝承は、『盛衰記』を基礎にしながらも、手紙によって渡殺害の手はずを知らせたり、あるいは実行日の特定がなされていたりと『盛衰記』には見えない独自の話柄を持っていることは先述したとおりである。そうしたズレは寺側も十分に存知していたはずである。しかし、あえてそれを修正することなくそのまま縁起化し、また絵伝にまで投影させている。そこには、恋塚寺側の縁起戦略があったと考えておいても大きくあやまつまい。独自伝承は、事件に直接関わった寺であった可能性を高める材料の一つとして機能し得るからである。当事者のみが知り得る情報を示すことは、もっとも強力に場の事実性を証拠立てることにつながるのである。

八　唱導世界と恋塚伝承

恋塚の伝承は、江戸時代を通じて極めて著名であった。それは多くの地誌にその記述があることで知られる。いま管見にふれたものを揚げれば、『洛陽名所集』（万治元年〈一六五八〉）、『出来斎京土産』（延宝五年〈一六七七〉）、『雍州府志』（貞享元年〈一六八四〉序）、『京羽二重織留』（元禄二年〈一六八九〉）、『山州名跡志』（元禄十五年〈一七〇二〉序）、『山城名跡巡行志』（宝暦四年〈一七五四〉成稿）、『京内まいり』（宝永五年〈一七〇八〉）、『山城名所寺社物語』（享保十年〈一七二五〉～十六年〈一七三一〉の間、宝暦七年〈一七五七〉の刊本あり）、『都名所図会』（安永九年〈一七八〇〉）などがある。このうちもっとも『恋塚寺縁起』に近接するのは『山城名所寺社物語』[11]である。該当部分を示せば、

盛遠いかりて汝が母衣川をころさんといふけさ御前是をかなしみ貞女立れば母に不孝なり不孝をのがるれば夫に不義なり我命すてんにはしかじとて偽りの文を書てつまの渡を打給へと盛遠方へおくりければ誠とおもひ渡が家へ忍び入り打ければ渡にあらずしてけさ御前なりおどろきみづから無道をはぢ渡が前に出て涙をながしてくやみけり　（傍線筆者）

とあり、傍線部分に利剣山恋塚寺に確認した独自の伝承が反映されていることを知り得る。これは、直接か間接かの問題はあるにしても、明らかに両者の間に何らかの関係の存在したことをものがたっている。利剣山には絵伝の存在することを考慮するならば、あるいは唱導という場によることを想定しておいても良いかもしれないが、その意味で興味深いのがいわゆる勧化本との関係である。文覚関係では先にも取り上げた『説教因縁文覚上人行状記』が重要である。むろんそこにもいま問題にする文覚発心譚が語られている。その巻一には

盛遠劫ニ姨母ノ衣川ヲ事

遠藤武者盛遠ハ袈裟御前ニ沈溺シ二三箇月モ起臥シ安カラス今ハ忍アマレリ一日朝マダキ姨母衣川ノ許ニユキ物モイハス刀ヲヌキ姨母ノ立頸取テ押ヘ腹ニ刀ヲ指当テ害セントス姨母ウツヽ心ナシ（中略）涙ヲ押拭テ盛遠カ来ルヲ待居タリ日モ暮方ニナリヌレハ盛遠ハ来レリ袈裟御前覚悟ノ上ノ事ナレハ實ニ相思フ容子ニテ盛遠ヲヨロコバセ只渡ヲ恨ム様ニ云ナシ盛遠ヲ立テ千世モト思フ顔色ニテ盛遠ハ疑心ナク己ニ我妻女トナレリ思ヘリ（ママ）①袈裟御前紙筆ヲ取テイハク一ノ大事アリ密事ハ声ニハイダスベカラズ書付侍ント即　書タル文ハ誠ニ浅カラズ思　召玉ハラハ渡ヲ夜打ニシ玉ヘカシ我何事ナキ躰ニテカヘリ酒ヲ儲テ渡ヲ請ジ高殿ニテ髪洗ハセ酒ヲモ強テ酔セテ臥サシメン前栽ノ妻戸明ベキ様ニシテ待ヌベシ枕　辺ニ烏帽子ヲ置ベシ帳　台ノ前ニシテ濡タル髪ト烏帽子トヲシルシニ討玉フベシト盛遠ハ打ウナヅキ大ニ悦　テ此趣意得タリ幾日ノ夜半ハカリニ云コトハ詞ニテ云約シ盛遠タヽ心ヨキ躰ニテ帰リケレバ袈裟御前モ母ニ暇　乞シテ渡ノ許　立カヘリケリ

盛遠討レ渡謀

頃ハ②天養元年六月廿四日夜半計ニ盛遠ハ渡ガ許ニ忍　入兼テノ相図ニ相違ナク前栽ノ妻戸モシマリナク扨帳　台ノ前ニシテ探リヨレハ烏帽子アリ髪洗テ臥ス者アリコレゾ渡ト意　得テ太刀振上テ寝首ヲ討テ持出タリ扨　③明旦ニ至テ盛遠ハ仕スマシタリ独ヱミ彼首ヲカクサント取出シ見タルトコロガ女ノ首南無三宝仕損ゼシト能々見レバ他ニアラズ即　是袈裟御前ノ首ナリケリ（後略）

などとある。合図に濡れ髪を使うなど『盛衰記』系統の伝承がもとになっているようだが、傍線部分で渡を殺す手はずが手紙によって伝えられている点、利剣山恋塚寺の縁起伝承に近接する。そしてこれもまたいまのところ他には確認できない『行略抄』に特有の伝承である。勧化の世界には、独自な平家伝承の軸線が存在していたのかもしれない。利剣山の縁起伝承が、こうした勧化世界の平家伝承ともっとも近接するのは、あるいはそれが説教世界に端を発するものであったことがその理由であろう。先にも述べたように『行略抄』は、利剣山恋塚寺の縁起を引いていたから、筆者南溟はこの寺における固有の伝承を知っていたはずである。にもかかわらず傍線部分①についてはそれを反映させず、「密事（ミツジ）ハ声ニハイダスベカラズ書付侍（カキツケハヘラ）ント」ともっとも類似度は高いが、しかし少々異なった記述をなしているのである。このことは、勧化の世界に独特の平家伝承の存在したことを想定して始めて理解が可能である。そして利剣山の縁起伝承はその世界と交渉を持っていたのであろう。それは、いま一つの利剣山恋塚寺（下鳥羽）における固有の伝承、すなわち天養元年六月廿四日という殺害日の特定が、『行略抄』にも確認できることによって、その蓋然性が高められているように思われる。さらに『恋塚寺縁起』では、盛遠が打ち取った首が実は袈裟のものであったことを知るのが、「明旦」であったとするのであるが、意味としてはともかくも、言葉としては他の平家伝承にはあまり使われてはいない。だが『行略抄』には傍線部③にそれをそのまま確認することができ、こうしたことをもあわせて考えれば、直接、間接の問題は別としても、両者が同じ世界に属するものであったことを強く想定させるものである。

　ところで、在地の伝承との関係について少し触れておこう。先にも示したようにこの地には鯉にまつわる話が存在する。『改正　京町絵図細見大成』によれば、二匹の大きな鯉が住み、人を喰うので村人がこれを殺して埋め、それを鯉塚と呼んだという。遺跡としての恋塚にまつわる利剣山と浄禅寺の争いは、この在地伝承にかかわるものであった。すなわちそれは、鯉塚と恋塚で音が同一であることから、どちらかに間違いがあるというものなのである。その真贋の判定は、別の検証を行わなければならないから、ここではおくとして、一般に縁起は在地伝承を重視する傾向があるにもかかわらず、両寺ともにこの鯉の伝承を取り込まない点に注意を向けておきたい。それは、鯉塚伝承が、遺跡としての恋塚の真贋におけるキーになる話であることが大きく関わっているであろう。両寺の縁起において鯉の伝承に触れることは、ある種の自殺行為にも等しかったのである。だが、真贋論争からある程度距離をおける勧化本『説教因縁文覚上人行状記』は、積極的にこれを取り込み次のような物語を記している。

鳥羽の恋塚の近くに池があった。そこには大きな鯉が住んでおり時々何かに化けて出るとの噂で人々は畏れた。しかし「何レノ姿ニナリ何レノ害ヲナセシト証ヲ見タル人」もない状態であった。里人は畏れをなして「彼鯉ハ人ヲ取クハン事ヲ思ニヤ常ニ浮ヒ遊ト云事モナシト又一方ヨリハ常ニモ恋塚ノ方ニ頭ヲムケ雨頻ニ降テ路モ水越時ハ夜フケ人シツマリテ後恋塚ニイタレリ若是近所ニ墓所モナケレハ袈裟御前ノ死骸ヲモ骨一ツナリトモ食スベキ為カナトイヒテ池ノワタリ恋塚ノホトリ」へは行くこともなかった。このことにより、里人は、この鯉が普通の鯉ではなく、袈裟御前に思いをかけて畜生道に生まれ変わったものの姿であろうと考え、竹槍と網でこの鯉を引き揚げ打ち殺した。その後鯉を埋めたところを鯉塚と名付けたという。じつは、これより先文覚は、袈裟の母衣川が畜生道に転生したことを告げられており、右の話を聞くことで、この鯉がそのなれの果てであることを知るのである。

勧化本は、いかに巧みに遺跡の真贋判定をさけつつ、在地伝承を文覚行状のなかに取り込んでいるかを知ることができるであろう。

ともあれ、よく言われるように、縁起分析においては、書かれていることのみではなく、何が捨てられているかを知ることも極めて重要な視点となることを右の事例は示しているのである。

九　まとめにかえて

縁起制作においてもっとも重要な問題は、場（寺社など）の意義を確定してその価値を高めることにあるといって良い。縁起の場合は、そのことがあくまで発信者から享受者へ向けて画策されるが、その目的のために、場の中に散在する遺跡（モノ）に注目することが行われる。その遺跡にどのような意義があるかを教えることで、遺跡の宗教的価値が享受者のがわに産み出され、それによってその遺跡の属する場全体の価値が高まるわけである。その際、説明される話（コト）は、享受者にとってよく知られている事件や人物に関わっていればなお良い。それ故に、縁起に浄瑠璃や歌舞伎などの芸能における物語が影響を与えることにもなるのである。

本論の材料に即して言うならば、五輪塔という現に存在する遺跡が平家伝承の文覚発心譚を呼び寄せることで袈裟の首塚として確定し、その宗教的、歴史的価値の高まりを産んでいる。恋塚が人々の間で著名となるのは、五輪塔の説明のための話が多くの人の知っている『平家物語』の登場人物であるからなのである。多くの縁起で、寺社に存在する何らかの遺跡と著名人物を結びつけて説明するのは、そうした縁起制作の必然性、あるいは原理に依っているからだといえるだろう。

もちろん縁起制作の目的がときに資本の獲得など現実的な面にあったことは否定できない。だが、そうした縁起の社会経済史的な理解からもう一歩深部へ視点を移してみたとき、そこに縁起の原理的な面が見えてくるわけである。これを仮に「縁起性」と呼んでおくならば、それはおそらく文化の多くの局面で有効な解釈原理の一つとなるものと予測される。だが、その具体的な適用研究と検証作業は今後の課題である。

注

(1) 石橋義秀・菊池政和・橋本章彦『略縁起　資料と研究3』(勉誠出版、二〇〇一年二月)
(2) 『続浄土宗全書18』
(3) 『新修京都叢書10』
(4) 『新撰京都叢書11下』
(5) 『新撰京都叢書11上』
(6) 『当山略縁起』の本文は、利剣山恋塚寺所蔵の本文によった。
(7) 『説教因縁文覚上人行状記』の引用は、堤邦彦氏所蔵本による。五巻一冊。黄表紙。巻末に「宝暦二壬申年二月吉旦／書林／江戸日本橋通一町目／梅村弥市郎／大阪心斎橋安等寺町／大野木市兵衛／京寺町五条上ル町／藤屋武兵衛」とあ

り、表紙裏には「浄土宗総本山書籍調進所／知恩院古門前石橋町／澤田吉左衛門」と記されている。

（8）水原一『新定　源平盛衰記3』（新人物往来社、一九八九年六月）

（9）『室町物語大成4』

（10）拙稿「新しい縁起研究に向けて」（堤邦彦・徳田和夫編『寺社縁起の文化学』森話社、二〇〇五年十一月）

（11）『新修京都叢書22』

○貴重な資料を拝見させていただきました利剣山恋塚寺、恋塚浄禅寺にはこの場をお借りしまして深く御礼申し上げます。
また、資料翻刻にあたり種々ご教示いただきました菊池政和氏にもあわせて御礼申し上げます。

親鸞伝承の変改と略縁起をめぐって

菊池政和

一　増補された御伝鈔

文明開板本『正像末和讃』(1)には

善光寺ノ如来ノ
ワレラヲアハレミマシ〳〵テ
ナニハノウラニキタリマス
御名ヲモシラヌ守屋ニテ

を初めとする親鸞の、善光寺について作った五首の和讃がある。本願寺覚如が七十四歳のとき専修寺本をもって増補させた康永三年（一三四四）の『本願寺聖人親鸞伝絵』（東本願寺蔵）には親鸞と善光寺如来の伝承について記され「入西鑑察」とか「定禅法橋」と呼ばれる一段がある。すなわち、わが師の真影をうつさんとの弟子入西房の志を鑑みた親鸞が七条辺の定禅を召したところ、定禅は聖人の顔をみて驚いた。昨晩の夢で拝した容貌と同じであったという。語るところの霊夢の内容は、ある貴僧のうち一人が「この化僧の真影を写したいので筆を揮ってほしい」ということで、その化僧とは「善光寺の本願御房」であるところの親鸞であった。

親鸞の善光寺参詣、感得の様を詳細に記したものとしては、高田派五天良空の『高田開山親鸞聖人正統伝』があるが、先啓『御伝絵指示記』(2)に「良空広ク偽造ヲ以増補ストミエタリ」と評されるごとく、良空が高田派の正統に走る余り、その内容は甚だ真実とはかけはなれているようである。しかしながら、『正統伝』がその後の親鸞の伝承に影響をあたえた力は大きい。それだけにかえって、人々に受け容れられやすい伝説化の実体が浮かび上がる。それは存覚の享保十八年（一七三三）刊『親鸞聖人正明伝』にも窺えるところである。

覚如の『改邪鈔』には親鸞のご在世の様子を記してこのようにある。

祖師聖人御在世のむかし、ねんごろに一流を面授口決したてまつる御門弟達、堂舎を営作するひとなかりき。たゞ道場をばすこし人屋に差別あらせて小棟をあげてつくるべきよしまで御諷諫ありけり。(3)

この記述や如来堂・太子堂の辻堂が親鸞が「御同朋」・「御同行」とともに如来の教えを聞思した会所に充てられたことを考慮しておく必要がある。つまり親鸞と善光寺を結びつける伝説の生成基盤としてこうした関東という土地の影響の強さを考慮にいれるべきで、関東の人々の教化のために、人々の意向が和讃に取り入れられたという一面は否定できないであろう。特に鹿島は親鸞の直弟のいたことが確認できその上鹿島門徒といえば、法然絵伝の一本(4)をその要請により作成せしめるほど、(5)勢力ともに大きい信仰の地であった。伝説は人々の意向に強く影響され、生成、変容され、また利用される面がある。『御伝鈔』における増補は以上のような側面を持つことを確認しておきたい。

二　改編された『告物語』

大谷大学図書館に蔵される『親鸞聖人善光寺如来告物語』(6)では天竺・百済の条をわずか二丁足らずに要約・編集

している。寛文八年（一六六八）刊『善光寺縁起』が全四巻中一巻、元禄五年（一六九二）など版を重ねた『三国伝来善光寺如来縁起』（葉山之隠士）が五巻中二巻に充てているのとはその量において対照的である。

　本書の上巻の内題は「親鸞聖人ぜんくはうじ如来告がたり上くはん」、下巻のそれは「ぜんくはうじ　　下くはん」となっているが、下巻の「ぜんくはうじ」と「下くはん」の間はおよそ三字分の空白があるようであり、ここに変改の跡を認めたいのである。後述するようにここには「ほんぢ」とあったものを削り取ったものと考えられる。また版心に注目すると上部に「善光寺上　　一」下部に「中ノ三」と併記される丁があり、それに続く版心が「善光寺中　　四」とあるところからすると以下のような推測が成り立つであろう。

①本書はもともと上中下の三巻本であったものを再編集したものであるということ
②下巻の内題「ぜんくはうじ　　下くはん」はもと「ぜんくはうじほんぢ下くはん」とあったものを変えたもので、これがもとの題名であったと考えられること
③上巻の内題および一丁分のみ、後の編集により新たに刻まれたものであるということ
④一丁目の版心の不自然さは、本書の目的が達成された後、もとに戻すために残されたものであろうと考えられること
⑤親鸞聖人を角書きとする本書題簽も改編時に作られたものであろうということ

いま、①で揚げた点について『告物語』と題する三巻本は目下のところ管見に入らず、本書刊記に続く出版書目に、「三国伝来善光寺如来縁起　全五冊　ひらかな絵図入」とあり、続けて「同　本地　全三冊」とあるのを見出す。『告物語』はこの『本地』の改編本ではなかろうか。

　『告物語』は赤木文庫蔵『善光寺本地』（万治二年〈一六五九〉刊、享保二年の後刷りがある。以下『本地』と略称）の本文と比較すると、『本地』に見えない本文、すなわち『告物語』の最初の一丁分と最終の三丁分以外、『告物

語』の二丁目以下、本文、振り仮名、絵の位置、下巻のあり方など悉く両者に一致関係をみることができる。今紙幅の関係で本文の引用は『仏教文学』26（仏教文学会、二〇〇二年三月）の拙稿にゆずることとするが、『告物語』は赤木本、もしくは赤木本と同系統のものの、中巻の前半（中ノ三まで）を取り外し、新たに一丁分を補刻したうえ、二丁目へ繋げたものと考えられる。そして、版心は元の形式に復元する際の目印としての役割を担ったものであると考えるとすると、本文を目的に応じて自由に入れ替え編集されたものが『告物語』なのであった。『告物語』は『善光寺如来縁起』のように「三国伝来」の角書を持たず、「親鸞聖人」を角書とする。このことは『告物語』の出版事情と深く関係すると考えられる。

『告物語』において付加された親鸞の伝記をみると「じゅんしん房」「しやうしん房」（常陸鹿島の順信、下総横曾根の性信）など、親鸞が常陸稲田郷辺に住した時の門弟の名がみえる。下野高田専修寺に安置される善光寺如来の由来を語る一方、善光寺如来と親鸞との関係を語る内容として充分機能する内容となっている。本部分は『本地』には見えないが、五天良空の『正統伝』巻五・親鸞五十三歳条そのものか、あるいは『正統伝』が参考にした古い文献によるものと思しい。さらに当該本文には親鸞に一光三尊の如来を背負わせ下野高田専修寺に安置したという記述が含まれるがそこに、本田善光が如来を背負い難波の浦から昼は善光が、夜は如来がそれぞれを背負ってやがて信濃に到着し、善光寺となったというストーリーの面影を彷彿とさせる部分があり、作為という観点から興味深い。

三　安永六年出版の作為

『告物語』の刊記によるとその刊行は安永六年（一七七七）三月で、書肆京都堀川高辻上町・近江屋庄右衛門[7]の名が刻されている。近江屋庄右衛門は池田屋七兵衛と『善光寺如来御説法試解』を安永二年に出版している。矢島玄亮『徳川時代出版者出版物集覧』の「浅井庄右エ門（近江屋）・後編では近江屋庄右エ門」の項目では安永年間の出版として『詩経姓名略譜箋』『尺牘語式尺牘写式』（ともに二年）の二点が確認できる。近江屋の善光寺如来関係の出版物における動向その他については継続調査を行うこととし、今は安永六年とある刊記に注目する。

『専修寺史要』[8]によれば、親鸞が善光寺に参詣し感得し来った一光三尊如来の開扉を以下のようである。

堯秀上人の世に至り、寛永十五年七月、上人自ら下野に下り、二十六日より二十八日まで、これを開扉して、諸人をして参拝せしむ。その後、延宝五年六月十七日、堯円上人は、舜哲・慧空・真純等を従へて高田に下向し、十八日より二十日まで開扉あり。次で円猷上人も亦、享保三年十月十日、舜和・慧孝等を従へて高田に着し、十一日開扉あり。享保十三年十月、又これを行ひ、翌十四年七月十日より、江戸唯念寺に迎へ、閏九月より十月に捗り、本山に於てこれを開扉し、爾来十七年毎に、これを行ふを例とす。

寛永十五年（一六三八）、延宝五年（一六七七）、享保三年（一七一八）、十三年（一七二八）、十四年（一七二九）と開扉、以後は十七年ごとになされる例となった。そして延享二年（一七四五）四月、京都開帳の折、桜町天皇が三尊仏を宮中に御拝し摸像を彫刻せしめ深く尊信されてから、三十三年毎に宮中での天拝が例となったとある。なお桜町天皇の摸像仏は崩御の翌年（宝暦元年〈一七五一〉）、桃園天皇が専修寺に寄進、京都高田別院で法会を行いそこに安置した。以後の天拝の記録としては安永六年三月（後桃園天皇）、同年四月（後桜町上皇）[9]、寛政十一年四月（桜町天皇五〇回忌・後桜町上皇）、文化六年（光格天皇・後桜町上皇）、天宝十二年（仁孝天皇）と続く。

下野高田本尊は享保十四年から十七年毎に開帳される、とあるから延享元年、宝暦十一年、安永六年、寛政五年、文化六年となされるはずである。比留間尚の「江戸の開帳」（『江戸町人の研究　第二巻』所収）にみえる下野高田山の出開帳記録によると、享保十三年（開帳場所不明。あるいは翌年の唯念寺の間違いか）、宝暦十一年（唯念寺）、安永六年（唯念寺・称念寺・澄泉寺）、寛政六年（唯念寺）、文化七年（唯念寺・称念寺・澄泉寺）、文化九年（唯念寺）、安

政六年（唯念寺）などが記録されている。斉藤月岑の『武江年表』[10]の安永六年の条には
○浅草唯念寺称念寺、溜池澄泉寺にて七日づゝ、下野高田天拝一光三尊仏開帳
とあり、同年条には浅草報恩寺においては親鸞持物の什物を拝見せしめた記事も残している。

安永六年は、京都においては後桃園天皇の摸像仏天拝、江戸においては唯念寺・称念寺・澄泉寺各寺院での出開帳、さらには下野高田での開帳とが重なった年であった。大谷大学図書館の蔵する『野州如来絵図解』（天保四年法潤写）の末尾には文化六年に傍して、安永六年より三四年目という添書き墨書があり、『告物語』の出版された当年は何かと善光寺如来が取り上げられたことが見受けられる。もっとも、『告物語』の刊記安永六年三月というのもこれらの時期を念頭に刊行されたものであろうし、『告物語』の改編も考えあわせると、京都の近江屋庄右衛門のあて込み出版を予想することは比較的容易なことではなかろうか。また翌年六月朔日から催された江戸回向院での善光寺如来の出開帳は「飛んだ霊宝」など見世物もはやり諸人群集繁盛した（『武江年表』）。同年には『善光寺如来縁起』や黄表紙『本田善光夢中御利益』なども出版され[11]、開帳時には諸人群集を見込んでの出版販売戦略が大いに物の本屋に働いたと考えられよう。

なお専修寺草創の時期を嘉禄元年と明記し、簡略ながら親鸞聖人の善光寺如来感得の記事を載せたものに『高田山峯の枝折』[12]がある。正徳二年（一七一二）の序文があり、そこから本書が親鸞聖人四五〇回忌にあわせて緊急出版されたものと想像される。高田派歴代上人の略歴と宝物目録を付すが、大谷大学蔵本をみると、宝物目録に一部後刻と認められる部分があり、出版が重ねられたことを窺わせる。刊記によれば正徳元年九月の板行で、特に開山の遠忌にあわせて出版されたという事情は、序文が後年付されるという本書の特質と相俟ち、本稿においては重要な意味を持つ。

四　総称としての略縁起

いわゆる「略縁起」とは何かということについて「略」と「縁起」との関係でみると何に対しての「略」かという点であらためて定義が必要なことと思われる。たとえば『長栄稲荷尊天縁起』の「依て縁起を略記して有縁の人々に示す(13)」という訓みに依拠するならば、「略縁起」とは「略縁記」との表記を容易に許し、その意味の広さからいえば、記（すなわち由来記録、由来語り）るされたものにより、簡略に（容易に、簡単に）結縁することができるもの、との読みも可能かもしれない。釈尊の成道の十二縁起、「縁って起こる」という意味を半ば意識しつつもそれは、霊場寺院などが縁って起こった由来というような、あくまでも形式的な意味に留まる、ということになろうか。

ところで「本縁起」という語がある。久野俊彦は「広縁起」とともに、「寺社に所蔵され、宝物として扱われるもの(14)」とする。「広縁起」の語の用例は長谷寺蔵の『長谷寺霊験記』巻上に「其由来廣縁起流記等有(15)」とあるのであるが、永井の解説によれば本書は明暦（一六五五〜一六五八）ころの寄進されたものという。近世の用例である。しかしながら同じく長谷寺蔵の天正十五年（一五八七）の写本『和州長谷寺観音験記』巻上で同じ箇所をみると「其由来廣縁起流記等有」と書かれていて、それが「広縁起」という名称で一語なのか、「縁起流記等」にかかる語なのか判断に迷う。天正本の本文を信じれば、「縁起」と「流記」が同等に並べられているのだから、この場合の「縁起」はたとえば『元興寺流記資材帳』と同様の世界観を具有した「根本縁起」としての性格を帯びたものと一応は考えられるであろう。しかしそれはあくまでも「本縁起」を「略縁起」と対極させたときに成立することであって、時代的な差異を考える時、そう単純にはわりきれないのではなかろうか。『長谷寺霊験記』巻下（永井前掲書）に

此事彼惣持寺之新縁起不知作者本縁起四条之大納言公任之作トニイサ、カ異説有（傍線稿者）

とあることからして「本縁起」に対しては「新縁起」という語で対応させている点に注意しておきたい。ただし、このことを以て全ての事象について「本縁起」と「新縁起」を対比させることはおそらく不可能であろう。時代の流れによって、おそらく十七世紀前半頃には、「縁起」という語に対する意味規定自体、それほど厳密ではなく、それぞれの事情によって自由に読み替えがなされていたのであり、それがまた「略縁起」そのものについて、さまざまな表記あるいは言い方、解釈、利用を許すことになったのではなかろうか。

「本縁起」の使われ方としては次の二種類が想定できるのではなかろうか。一つは題簽において、今一つは略縁起の本文の中において使われる方法である。どちらも「略縁起」を正統ならしめんとする方法として使われる語のようである。たとえば前者は『融通大念仏本縁起』上下二冊で、外題に用いられた例。内題には「本」の字はない。そもそも「本縁起」とはこのように使われたところに概念語としての出発点があるのではないか、と考えられる。

管見によるに「本縁起」の語の使用例は、『法燈行状』(16)あたりにその源があるのではなかろうか。

右章頭ニ朱ニテ点ヲカケタル分ハ、海陸ヨラスイソキテトヲル人、又ハ一向卑賤ノ俗客ノ聴聞センニハ、点カケタルヲハ抜テ可レ読。真草ノ読様聴聞ノ人ニヨルヘシ。多分ハネンコロニ可レ読。其ノ故ハ質ハ凡鄙ナレトモ、心中ノハツカシキ人アル者也。読様ニ是非ノ批判アレハ、摠寺ノ恥辱ナリ。御タシナミアルヘク候。旧縁起者仮字ニテ読ニククテトトコヲリアルニヨッテ、聴聞スル人殊勝ニハ不レ思シテ、剰是非アリトテ漢字ニテ書ナヲシ候。然レトモ旧本ト文章凡ハ同モノ少ハカハリタル処モアリ。又旧本ニ不レ被レ載ヲモ肝要之事ヲハ新添ニ入候。依レ是ニ字ノツメヒラキ、片仮字ニテツケ清濁ニ声ヲサシ、ネンコロニ点ヲシ候。此事老僧又達者之方免許所希候。一向之初心者ハ此内本ニテ能々読テ人之聴聞セン時者、本縁起ニテトトコオリナキ様ニ御読アルヘシ。（傍線稿者。一部漢字を当用のものに置き換えている。）

唱導者の心得・方法を説いているもので、「旧縁起」「本縁起」の語を用いて説明している。五来重によれば、この『法燈行状』とは、一遍上人が法燈国師に参禅した伝記を書いたもので、「縁起」とよばれ、永正十四年（一五一七）に徳馨有隣が諸伝にもとづき取捨し、和語伝を漢語伝にあらためたもの。妙光寺旧蔵本は大永五年（一五二五）の筆写本を高野山で手写したものであると紹介している。さらに五来は本行状の性質として四点挙げるがそのうちの二点、

本縁起といわれるものは和語仮名本であったこと

唱導は相手によって広略二様によみわけたが和語仮字本では権威がないので漢語本にあらためた

に注目しておきたい。もし「本縁起」というものの本来の用法がここにあるとすれば、我々が単純に考える「本縁起」とはやはり「略縁起」の「略」を「省略」のそれと考え、通用させただけのものということになろう。

近世の略縁起にはそれを示す表現は実は様々なあり方があるようだ。管見によって示すと「縁起・縁記・古由来・由来・縁由・略由・長短自在縁起・本縁起・抜書」というようなものが見出せる。略縁起はこれらの総称としての位置づけとるのがよいのではなかろうか。たとえば大阪府立中之島図書館蔵『石清水正八幡宮御本身略縁起』に「本尊出現の由来委ハ本縁起にあり」とあるように、略縁起の概念の中において「本縁起」はありうるが、それはあくまでも「略縁起」を権威付けるある方法に基づく用法であるから、もし「本縁起」があるとすれば、そこからの「略縁起」の呼称はない。また「本縁起」は「根本縁起」そのものではない。「略縁起」を規定しようとする場合には「近世の略縁起」などというように、時代についての限定が必要であり、通時的に用いられているわけではないという点を確認しておきたい。

五　略縁起の近世

「縁起」の語には「法燈縁起」とか「和泉式部縁起」（一遍上人和泉式部物語）とか人物に冠する場合もありその用法は広い。また石川透が解説紹介した『弘法大師縁記』[17]などは『告物語』の「親鸞聖人」がそうであるように、高僧としての弘法大師に縁を結ぶことのできる記録と位置づけられるのではなかろうか。石川は本書を「高僧縁起」と特色付けたが、同解題図録にみえる『いつくしま御縁記』（江戸中期写本一冊。同氏所蔵）も文字通り厳島の明神と御縁を結ぶことのできる記録としての意味を読み取ることができると思う。略縁起に、そこへ行き、あるいは代参もあり、絵像なり絵伝なり建物なりを実見し、それがかなわずともそれを記したものを読むことで縁が結ばれ利益が得られると、信じられた、あるいは信じさせる効果をもったものといえよう。当然、その空間には場があり、それを見聞する人がいて、利益を語り、それをまた話すという連関性を期待したものであることはいうまでもない。

かかる視点をふまえて見た場合、『告物語』は三つの要素で成り立っていると考えられないだろうか。すなわち、①「親鸞聖人」②「善光寺如来」③「告物語」であり、①高僧伝としての性格付けと権威付け②善光寺如来本地を中心とした「善光寺如来の由来」をめぐる一般庶民のもつ関心への刺激③親鸞聖人の感得の奇跡と下野高田専修寺の聖性を語る、などである。善光寺縁起を長短自在にあやつり、機に応じて編集の手を加え、おそらく開帳の場と非常に関わりの深いところで本尊の由来が語られる、という場を想定できるであろう。このように『告物語』の背景には「略縁起」の近世的機能を抜きには考えられない。親鸞聖人という名が信仰をはなれ実利的に利用される面を「略縁起」の世界が一役かっていたという、近世的な一面を確認した。

注

（1）『文明版三帖和讃』の引用は『親鸞聖人全集』和讃篇、親鸞聖人全集刊行会、一九五五年六月により、龍谷大学貴重書画像データベース（http://www.afc.ryukoku.ac.jp/kicho/top.html#BB）資料№021-173-3/213/カラーJPEG、龍谷大学学術情報センター所蔵本を参考にした。

（2）『真宗史料集成7』四三二頁（同朋舎、一九七五年十二月）。なお、日下幸男編『近世仏書版本の研究』（龍谷大学仏教文化研究所共同研究報告書、二〇〇五年二月）には、『親鸞上人御伝絵』と『御絵伝指示記』（天明三年〈一七八三〉刊）が影印で紹介されている。

（3）『真宗聖教全書3』七三一頁（大八木興文堂、一九九七年四月）からの引用。一部漢字を当用のものに改め、ルビも省略した。

（4）細川行信「真宗原始教団発祥の基盤—特に常陸を中心として」（『大谷学報』35—2、一九五五年九月）。

（5）本願寺三世覚如撰『拾遺古徳伝絵詞』九巻。正安三年（一三〇一）成立。『存覚一期記』・『願徳寺蔵本奥書』にその簡単な経緯が記される（重松明久『人物叢書123　覚如』吉川弘文館、一九六六年十二月参照）。

（6）『告物語』の書誌を示す。

題簽　親鸞聖人善光寺如来告物語（表紙左上に貼付。タテ一六・八cm×ヨコ三・四cm）
内題　親鸞聖人せんくハうじ如来告物（にょらいつけもの）がたり上くハん
　　　ぜんくハうじ　　下くハん
巻数　上下二巻一冊
丁数　全二九丁（版心・卜中下）
寸法　タテ二五・一cm×ヨコ一八・〇cm
界幅　約二〇・三cm
挿図　全八図（すべて半丁につき一図）
刊記　安永六年酉三月　京堀川高辻上町書林　近江屋庄右衛門

整理番号　宗大五一七七
旧蔵印　一丁オモテ右下「夢白文庫」
版心（一丁目より順にすべて示す）
善光寺上　一　中ノ三・善光寺　中　四・せん光寺　中　五・善光寺　中　六・善光寺　中　七・善光寺　中　八・善光寺　中　九・善光寺　中　十・善光寺　中　十一・善光寺　中　十二・善光寺　中　十三・善光寺　中　十四・善光寺　中　十五・善光寺　下　一・善光寺　下　二・善光寺　下　三・善光寺　下　四・善光寺　下　五・善光寺　下　六・善光寺　下　七・善光寺　下　八・善光寺　下　九・善光寺　下　十・善光寺　下　十一・善光寺　下　十二・善光寺　下　十三・善光寺　下　十四・善光寺　下　十五・善光寺　下　十六

同時代に出版された関係書
三国伝来善光寺如来縁記　全五冊　ひらかな絵図入
同　本地　全三冊　同
同　真ノ縁記　全二冊
浄土勧化三国因縁善光寺如来東漸録　全五冊
（以上、『告物語』の刊記に続く広告によった）

同朋大学仏教文化研究所所蔵本に『善光寺如来御説法試解』（恵空・安永二年十月。堀河通佛光寺下ル町　近江屋庄右衛門・東六条中珠数屋町　池田屋七兵衛）があり、本書が出版された安永二年には善光寺で居開帳があった（三月二十五日から閏三月二十九日）。

因みに手元の資料で京阪神の信州善光寺如来出開帳記事をみてみると、安永八年三月三日より五十日間天王寺（至亭文記）、安永九年四月三日より（期間は不明）京都盧山寺（諸日記）、寛政八年二月八日から二十五日まで伏見桃山（諸日記）、寛政九年十月から翌年二月まで深江村法明寺（年代記）などがあり、やはり安永期に開帳が催されている点が注目される。大坂堀江あみだ池で催された開帳の折、上総国千田称念寺の略縁起を購入したことを示す墨書（『摂陽奇観』巻三二に影印あり）や、大阪府立中之島図書館所蔵本に『大念仏宗本山河内国佐太来迎寺本尊略縁起』

を内題とし、『石清水正八幡御本身略縁起』を外題とするものがあり、その外題上に「開帳」の文字を刻み込んでいる。こうした例などからも、開帳と略縁起との密接な関係を指摘することができよう。

（7）版元の近江屋庄右衛門は安永期、京都本屋仲間の行事であったようだ。安永元年の小草紙証文帳の申渡状に、中野宗左衛門・山本長兵衛・河南四郎右衛門・近江屋庄右衛門の四名が本屋行事として名を連ねている（京都書林仲間記録一）。また今田洋三によると京都では元禄の頃より仲間をむすんでいたという（『江戸の本屋さん』NHKブックス、一九八〇年二月）。行事は重版や類書を監視する本屋仲間の代表者。『告物語』の刊行目録同様の『譬諭因縁善光寺如来東漸録』があるが、これは安永二年に京都下京の永田調兵衛が版行したものの版権所持を意味するだろうし、『東漸録』は弘化三年に出版された『善光寺縁起』（版元は京都御幸町の菱屋孫兵衛）にも刊記とともに広告されている。共同出資者同士が勝手に出版できぬよう板木を分割所持（いわゆる相板）していたことを窺わせる。したがって、『告物語』と赤木本、あるいは同版でも版元の違うもの、さらには同系統の『本地』との関係も同様に考えることができるかも知れぬが、調査を継続していきたい。

（8）高田派専修寺遠忌法務院文書部編輯発行、一九一二年四月。引用は一〇一～一〇二頁。

（9）『下野高田山名所図会』（尾呂志屋書店、一九〇〇年）には「後桜町女帝は仰信じたもふことあさからず遂に大内に迎へ礼拝まし〳〵更に勅してこれを模鋳せしめ内閣に安置まし〳〵親奉あらせられしか文化十年閏十一月登霞の後は供養の具を添へ京都河原町二条なる専修寺別院ゑ御寄付なりぬ故に一光三尊の上に天拝の二字を冠らし天拝一光三尊仏と崇めたてまつりける」とある。女帝後桜町帝が信仰深かったのは、善光寺縁起中の皇后蘇生譚における女人救済に対する共感が大きく関わっていたのではなかったか。

（10）『武江年表』の引用は金子光晴校訂『東洋文庫116　増訂武江年表』（平凡社、一九九四年五月）による。

（11）比留間尚「江戸の開帳」（『江戸町人の研究　第二巻』吉川弘文館、一九七三年）四四三頁や四六〇頁。なお、比留間は安永六年六月の江戸本所回向院の善光寺開帳の記事も『半日閑話』によって示し（四三七頁）、安永七年江戸回向院における信州善光寺出開帳の記事なども詳細に収載しており参考になる。

（12）同朋大学仏教文化研究所所蔵。

(13)『長栄稲荷尊天縁起』は明治期のもの。『民衆宗教史叢書3　稲荷信仰』(雄山閣、一九八三年三月)所収。
(14)久野俊彦「略縁起の流行」(『国文学解釈と鑑賞』63—12、一九九八年十二月、至文堂)また、氏は同論文で「略縁起は、中世・近世の由来書(由緒書)や偽文書の類型として、民衆の歴史認識を知る手がかり」とも述べている。
(15)永井義憲解説『新典社善本叢書2　長谷寺験記』一八頁(一九九二年十月)。
(16)五来重「一遍上人と法燈国師」(『印度學佛教學研究』9—2、一九六一年三月)。由良町誌編集委員会『由良町誌』史(資)料編、由良町、一九八五年十二月。梅谷繁樹「花園大学図書館・今津文庫蔵『法燈国師年譜略并縁起全』をめぐって」(『園田国文』創刊号、一九八六年)。根井浄『補陀落渡海史』(法蔵館、二〇〇一年十一月)などに翻刻や論考がある。引用にあたっては根井の翻刻本文をもとにし、一部手を加えた。また同氏の論からは大変有益な示唆を得た。
(17)寛政十二年(一八〇〇)写本一冊、文化九年(一八一二)写本一冊もある。石川透所蔵。同解説『縁起・本地物解題図録』(二〇〇一年五月)。

○本稿は「大谷大学図書館蔵『親鸞聖人善光寺如来告物語』について」(『仏教文学』26、仏教文学会、二〇〇二年三月)を初出としているが、ほぼ全面的に書き換え大幅に内容を変更した点、ご了承願いたい。
また同朋大学仏教文化研究所の渡辺信和氏には貴重な所蔵本の閲覧をさせていただきました。記して御礼を申し上げます。

天保年間巡拝記録の意義と略縁起

渡辺信和

一　はじめに

論者の所属する同朋大学仏教文化研究所では、初期真宗寺院の総合研究を目指して関東の旧蹟寺院の法宝物を調査させていただいた。[1]また平行して東海地方の真宗寺院の法宝物の調査もさせていただいた。[2]その中で巻子装の「縁起」ないしは「略縁起」と呼ばれる一群の資料があり、その一部は既に報告した。[3]これらには仮に巻子様に装釘されているだけで表紙などもないものもあるが、いずれも「読縁起」として使用されたものと考えられる。

その「読縁起」について、「聖徳太子講や蓮如忌、報恩講などの法要の時期に、その寺院に襲蔵する法宝物を展観することが多かったようである。また他宗派の影響によって、夏の盂蘭盆会が修されるようになると、虫干を兼ねてその時期に展観されることもあったのであろう。そうしたときに読みあげる為に作られた縁起類」と規定した。その時また、「廿四輩に於ける宝物展観は、（中略）廿四輩寺院が、廿四輩を強く主張し始めた時期はまた、廿四輩順拝が門徒の間で一つの流行となった時期でもあったとすれば、宝物の展観は、他の国々から集団で順拝する同行を相手に行われた可能性もあろう」とも想定した。このことは、講のように団体で二十四輩を巡るものがいることを前提している。

二　『二十四輩記』と巡拝の記録

例えば「享保十六（一七三一）稔仲春吉旦」に「京師書鋪」「寺町通五条上ル町中野宗左衛門」と「堀川通高辻上ル町植村藤次郎」によって刊行された『二十四輩記』七巻二冊は、巻末に、[4]

于時享保十五歳甲戌中夏端午之日書記畢

越前國大野郡椎原邑　　経廻竹内寿庵釈是心
同邑　　経廻両度嶋田源右衛門釈願信
同国同郡東野邑　　経廻田中利左衛門釈慶寿
同国同郡松ヶ崎邑　　経廻玉木勘左衛門釈願証
同国同郡勝山　　経廻堀井十助釈道正

とあるとおり、この五人の実際の経廻の記録であり、一八三カ所を回っている。

いずれも、在地の名字を持つ階級の人物と思われるが、おそらくは家業を譲って隠居し、出家した者たちと思われる。中で経廻両度と書かれる島田源右衛門釈願信が、先達であったものかと思われるが、竹内寿庵釈是心が筆頭に書かれているのは、同書の京都の僧洪音による序に、竹内寿庵釈是心の名のみが挙げられ、儒者であることや出家したことなどが記されているから、刊行に際して記録を記したのが是心であったということなのであろうと思われる。本書は五人による巡拝記録であり、一八三カ所に及ぶ寺院の記事には略縁起と宝物目録を含んでいる。それらは先述の「読縁起」を聞いて記しただけのものとは思われず、背景に頒布される「略縁起」の存在を推測させる。もっともこれらのすべてが寺から発行された「略縁起」そのものであるとは思いがたい。編者としてわざわざ是心の名を挙げているのは、彼の手によって文が整斉された可能性を考えざるを得ないからである。

それでもこの本に関心を寄せるのは、巻末の彼らの名前を列記した後に「追加」として続けられた、順拝者に順拝の心得を記したと思われる一々書きである。最初の項は以下のようである。(5)

一　御旧跡幷二十四輩所廻國ノ面々帳ヲ一冊持参シテ拝ミ所ノ寺々ニテ法物記サシメテ通ラルベシコレニテ何方ニテモ疑ヒナシ

ここで帳面を用意して廻国し、寺々で法物を記させるようにと指示していることは、興味深い。彼らもそのようにして巡拝したのであろうし、巡拝者名は明らかではないが専了寺蔵の享保十年（一七二五）の「聖人御旧跡宝物附」(6)や、岩瀬文庫蔵の宝暦十一年（一七六一）から十二年にかけての旭林『御旧跡巡拝諸精舎』に寺院名と旧跡の云われ、宝物などを記していることは、そうした巡拝の実際を示すものと思われる。しかしこれらはいずれも写本で巡拝の生の資料とはいえない。巡拝を受ける側の寺院がどのように応対したのかということについては明らかにならないところが有ると思われる。しかし、巡拝をする側がどのような寺院に参詣し何を求めたのかは先の一一書でも知られるところで、なによりも親鸞の遺跡を尋ね、親鸞に関わる法宝物を拝見することにその主たる目的があった。そこで、帳面を用意し、その寺の親鸞との関わり、例えば親鸞自身の旧跡であるとか、直弟の遺跡寺院であるとかを書かせ、親鸞自筆の名号類、或いは親鸞の肖像などの法宝物の所在を記させることが目的であったかのようである。それがまた、彼ら巡拝者の旅行の目的を示してその身分証明ともなっていたと思われる。その時、果たしてどれほどの法宝物を拝観したのかは明らかにならない。少なくとも法宝物を持つ寺に参詣したという証明にしかならないからである。

三　『御舊跡二十四輩順拝控』

少し時代が下るが、同朋大学仏教文化研究所に所蔵する『御舊跡二十四輩順拝控』（以下『順拝控』と略称）は、表紙に「天保三年壬申閏十一月」、「摂州西成郡大坂／上難波町／藤屋市兵衛」とあり、第一紙の六角堂は辰閏十一月十五日とあるから、表紙の天保三年（一八三二）壬申閏十一月の日付は出立の日を、従って摂州西成郡大坂上難波町の藤屋市兵衛は巡拝をした当人と思われる。

最初に書誌を記すと、

袋綴一冊

白無地厚紙表紙

外題：御舊跡二十四輩順拝控

縦二三・七cm、横一六・〇cm

楮紙　全一一八丁、墨付一一五丁、遊紙前二丁、後一丁

挟紙　二紙

全体は墨書写本部分と、一枚刷を貼付した部分と、直接料紙に摺った部分、墨書の用紙を貼付した部分、挟紙の五種の要素で構成される。

本書の特異な点は、他の印行された巡拝記・参詣記などの案内記、あるいは実際の巡拝記録類が京都から北陸へ向かって、越前、加賀、越中、越後、信濃、出羽、陸奥、常陸と廻って加藤を経廻し、相模、甲斐、駿河、遠江、三河、尾張、美濃、近江と廻るのに対し、逆に南回りに経廻しているところにある。ちょうど冬に向かう時期であって北陸道へ入るのは困難を伴うという判断があったものか。

まずおもだった印判の様相を挙げておくと(7)、冒頭の六角堂頂法寺は、

1「（朱陽丸印菊紋）
勅願所　六角堂頂法寺
本尊如意（朱陽丸印菊紋）輪観世音
（墨書）辰閏十一月十五日
役者（墨陽角印「六角／堂印」）」

と、寺院の格である「勅願所」と、寺院名「六角堂頂法寺」、更には拝礼の対象「本尊如意輪観世音」、そして印行をだした「役者」という職名を直接印行して、菊の紋の大小二つの朱陽印を右肩と中央に捺し、左下に「六角／堂印」の単郭墨陽角印を捺し、更に「辰閏十一月十五日」の参拝の日付を墨書している。こうした直接に印行した事例（直印と略称）は八ある。

次の法泉寺は、

2「親鸞聖人御遷化舊地
洛陽押小路南万里小路
虎石町
法泉寺（単郭墨陽角印「虎石／法泉」）」

と親鸞旧跡地であることと地名寺院名を摺った紙を貼付する。墨書は一切無く、日付も入らない。こうした別紙に印行して貼付する事例（摺貼と略称）は九五ある。

同じく印行貼紙の得度旧跡粟田御殿阿弥陀堂に続いて、

4「祖師聖人

御舊跡
洛東中岡崎
壬
辰十一月十五日　御坊（単郭墨陽角印「岡崎／御坊」）」

と岡崎御坊は総てを直接墨書する。こうした直接書く事例（直書）は一二一ある。

次の光円寺は、

5「　祖師聖人御旧地五条西洞院
月輪摂政殿下御本所
花園光圓寺
役者（単郭墨陽丸印「本□／役所」）」

とこれも総てを墨書するが、別紙に書いて貼付する。こうした書いた紙を貼付する事例（書貼と略称）は五ある。

これらがほぼすべてであるが、53「武州豊嶋郡江戸麻布山善福寺」の一丁分の摺られた法物品目と、122「奥州南部／祖師聖人御筆光明本／本誓寺」と摺られた四半丁の二葉の紙が挟み込まれている（挟込と略称）。このうち前者は同じように一丁分の長さを持つ印行された紙が六五丁表の咽に貼り付けられている（挟貼と略称）のと同じように張り込まれるはずであって忘却されたものと思われる。

もう一葉の盛岡本誓寺は、六〇丁裏に、

121「　親鸞聖人四十三歳御直作真影
右開基是心上人江御附属奥羽両国為
御教化而御下向之御本尊也其外霊宝

如別記
二十四輩第十奥州南部盛岡
石森山重願院本誓寺
（墨書）
天保四巳年
四月十八日　　役者（単郭墨陽角印摺「會／所」）」

があり、その際簡略な刷物をもう一枚入手したとは考えにくい。この盛岡本誓寺については、青木馨氏が所蔵する明和二年の東本願寺三条御坊正念寺の旦那久右衛門と仁助の巡拝記録である『二十四拝記』[8]の巡拝の終わりである七月二十三日の上越高田の井波園瑞泉寺に続く丁に貼られる、

AM24「親鸞聖人四十三歳御直作御木像
右之外霊寳縁起如別記
二十四輩第十番奥州南部盛岡
石森山重願院本誓寺
（墨書）
明和三年戌六月一日
役者（単郭墨陽角印摺「當／會所／番」）
越後長岡妙宗寺殿ニ而書判　」

が、本誓寺へ巡拝で出かけた時のものではなく、長岡の妙宗寺での出開帳で、木像を参拝して入手した物と考えられるのと同じように、いずれかの場所で行われた出開帳で入手したものかと思われる。

ところでこの本誓寺の刷り物は、法宝物であり拝観の対象であったと思われる親鸞四十三歳の木像を掲げるが、それを説明する「右開基是心上人江御附属奥羽両国為御教化而御下向之御本尊也」とした後、「其外霊宝如別記」として他の法宝物目録が存在したことが知られる。それは例えば閲覧できる巻子目録のようなものも想定できるのかもしれないが、おそらくは一紙ないし数葉の印刷された宝物目録で参拝者に頒かたれるものであったと思われる。更にはAM24では「右之外霊寶縁起如別記」と縁起もまた別刷りであったことが知られる。こうした記述を持つ寺院には摺られた略縁起や宝物目録があったと想定される。

四　巡拝寺院一覧

『順拝控』の巡拝先寺院の一覧を以下に示す。先の事例で見たように主張すべき由緒ないし親鸞もしくは蓮如の法宝物等を記すがそれらは割愛して、通番、旧国名・所在地、国名、地名、寺院名、形態、日付、丁、表裏、縁起への言及、縁起の存在、巡拝記・参詣記との比較、参考の順に記す。ただし略縁起でもそうであるが、印面は甚だ見づらい場合が多い。おそらく摩滅に近い状態でも摺られていたのであろう。また捺され、時に印刷される印判も非常に読みづらいことがある。そうした場合は□としておいた。また誤記と思われる部分もあるのだが一々に注記をしなかった。参考には翻刻された略縁起類の有無を示した。（　）にいれた略号は後掲注に示した各書のものである。

	国名	地名	寺院名	形態	日付	丁	表裏	縁起の記述	縁起の存在が推定できる	巡拝記・参詣記	参考
1	山城		六角堂頂法寺	直印	墨書「辰閏十一月十五日」	1	オ				洛陽六角堂略縁起（築）
2	山城	洛陽押小路南万里小路虎石町	法泉寺	摺貼		1	ウ			◎	略縁起（石）
3	山城	粟田御殿	阿弥陀堂	摺貼		2	オ				
4	山城	洛東中岡崎	御坊	直書	辰閏十一月十五日	2	ウ				
5	山城	五条西洞院	花園殿光圓寺	書貼		3	オ				
6	山城	京都五条西洞院花園殿月見町	月見大泉寺	直書	閏十一月十五日	3	ウ			◎	〈花園本庄／月見旧跡〉大泉寺縁起（築）
7	山城	宇治郡山科郷小野庄	本願寺兼帯所聖水山輪番所	摺貼		4	オ				
8	山城	城州宇治郡山科	本願寺御坊	摺貼		4	ウ			◎	
9	山城	山科南殿	泉水山光照寺	摺貼		5	オ				
10	近江	志賀郡大津三井寺南別所御舊跡立聞	小坂山安養寺	摺貼		5	ウ				〈蓮如上人／御身代り〉名号石略縁起（石）
11	近江	二井寺	近松寺	直書	辰十一月十八日	6	オ				
12	近江		石山寺	直印	墨書「辰閏十一月十八日」	6	ウ			●	石山寺光堂阿弥陀如来略縁起（築）
13	近江	大津	近松御坊光現寺	摺貼		7	オ			◎	
14	近江	滋賀郡	本願寺東御坊	摺貼		7	ウ	寶物略之		◎	
15	近江	金森	谷蔵寺	直書	天保三辰十九日	8	オ	霊宝略之			
16	近江	錦織寺	錦織寺	摺貼	墨書「辰年閏十一月廿日」	8	ウ	其外霊寶略之		◎	江州錦織寺本尊略縁起（築）・錦織寺御門跡二幅絵伝記（岩3）

17	近江	蒲生郡八幡	御坊所	直書	天保三閏十一月廿日	9	オ			●	
18	近江	武佐寺	廣済寺	摺貼		9	ウ	諸霊寳省略焉		●	
19	近江	愛知川宿	負別山宝満寺	直書	天保三辰歳閏十一月廿三日	10	オ	宝物略之		◎	
20	美濃	不破郡今須之庄平井	八幡山無量寿院聖蓮寺	摺貼		10	ウ	右之外宝物数多略之		◎	
21	美濃	墨俣宿	金足山熊谷院満福寺	直印	墨書「天保三年辰十一月廿九日」	11	オ			◎	
22	尾張	葉栗郡日比野邑如来堂	運善寺	直書	十二月朔日	11	ウ	宝物略之		●	
23	尾張	丹羽郡古知野村	高雲山報光寺	直書	辰十二月二日	12	オ	其外霊宝数品略之		●	
24	尾張	丹羽郡岩倉新溝	證法寺	直書	十二月二日	12	ウ	宝物略之			
25	尾張	小田井	渡河山西方寺	直書	辰十二月三日	13	オ	宝物略之		◎	尾州小田井村渡河山西方寺略縁起（築・間）
26	尾張	名古屋	正寶山珉光院圓通寺	直書	十二月三日	13	ウ	其外宝物略之		◎	
27	尾張	名古屋	七寶山聖徳寺	摺貼	墨書「十二月三日書」	14	オ	此外傳来寶物数多略之		◎	鏡御真影略縁起（築）・御堂再建志（間）
28	尾張	名古屋	名古屋御本坊	直書	辰十二月四日	14	ウ			◎	
29	尾張	名古屋	名古屋御坊	直書	辰十二月四日	15	オ			◎	
30	三河	知立宿	稲井□	直書		15	ウ			○	
31	三河	矢作里	柳堂勝蓮寺	直書	辰大呂七日	16	オ			◎	三州矢作柳堂略縁起（間）
32	三河	平地	龍登院本宗寺	摺貼		16	ウ	御寶物数多傳来御宝物品々			
33	三河	赤坂駅	太子山正法寺	摺貼		17	オ	所蔵之宝物歴代善知識御入輿之節御拝覧也如別記	*	●	
34	遠江	濱松駅	普法山善正寺	摺貼		17	ウ	宝物縁起略之		◎	

35	駿河	藤枝宿	熊谷山蓮生寺	直書	辰臘月十六日	18	オ	宝物略之		◎	
36	駿河	府中	松江山教覚寺	直書	辰十二月十七日	18	ウ			●	
37	甲斐	府中	鎌倉御房光澤寺	直書	巳正月九日	19	オ			◎	
38	甲斐		杉御坊満福寺	直書	巳正月十一日	19	ウ			◎	
39	甲斐	山梨郡栗原駅	等力山蓮華院万福寺	摺貼		20	オ	其外霊寶委如縁起	*	◎	
40	甲斐	都留郡真木村	真木山福正寺	摺貼		20	ウ	此外寶物數多略之		●	
41	甲斐	都留郡真木村	善福寺	摺貼		21	オ	高祖聖人吉窪毒蛇御済度之御舊跡即縁起有之	*	◎	
42	甲斐	郡内下吉田村	聖徳山福源寺	摺貼	墨書「巳正月十五日」	21	ウ	霊宝縁起別紙出之	*	●	
43	相模		箱根山	直書	巳正月十九日	22	オ			◎	〈相州箱根山／親鸞聖人御旧跡〉略縁起（簗）・〈相州箱根山安置／親鸞聖人御木像〉略縁起（岩2）
44	相模	国府津	御坊真楽寺	直書		22	ウ			◎	勧山新楽院真楽寺御旧跡略由緒（簗）
45	相模	国府津	御勧堂	直書	正月廿三日	23	オ			●	
46	相模	陶綾郡大磯領山下	龍頭山花水院善福寺	直書	正月廿四日	23	ウ	其外宝物略之		◎	
47	相模	鎌倉	荏柄天神別当一乗院	摺貼		24	オ			◎	
48	相模	鎌倉	鶴岡八幡宮	直書	天保四巳年正月廿六日	24	ウ			○	
49	相模	鎌倉郷関東常盤道場	長沼山正安禅寺	直書	巳正月廿六日	25	オ			●	
50	相模	鎌倉郡山内庄下倉田村	龍臥山祥瑞院永勝寺	摺貼		25	ウ	其外寶物数多略之		◎	略縁起（簗）

51	武蔵		高龍山謝徳院坂東報恩寺	摺貼	墨書「巳二月朔日」	26	オ	其外寶物数多略之		◎	性信上人略縁起（築・間）御笈縁起（築）
52	武蔵	葛飾郡二郷半領木賣村	楠井山西光院	摺貼		26	ウ	委旨有別記	＊	◎	親鸞聖人八十九歳無垢寿像略縁起（研1）・親鸞聖人御真筆／真向阿弥陀如来／当山開基西光坊直作／聖徳太子／親鸞聖人御直作／聖徳太子御腹籠弥陀如来／角略縁起（中1・研1）
53	武蔵	豊島郡江戸	麻布山善福寺	摺紙		26	挟込	右之外法物省略之		◎	麻布善福寺釈了海略伝（築）
54	下総	葛飾郡野田郷	長命寺	直書	天保四年巳二月三日	27	オ				
55	下総	葛飾郡関宿中戸村	中土山西光院常敬寺	摺貼		27	ウ	具如別録	＊	◎	常敬寺略縁起（築）
56	下総	上桑幸島庄一ノ谷村	一ノ谷山大法院妙安寺	摺貼		28	オ	寶物等数多略之		◎	
57	下総	下總國猿島郡三村	一谷山最頂院寶安寺	摺貼		28	ウ	略縁起寶物録別記出之	＊	◎	妙安寺略縁起（築）
58	下総	猿島郡大口村	落合彦兵衛	摺貼		29	オ				
59	下総	邊田村	極楽山西念寺	直書	天保四年二月五日	29	ウ			◎	
60	下総	猨嶌郡長須邨	屈旋龍山稱名院阿弥陀寺	摺貼		30	オ	其外宝物略之也		○	
61	下総	岡田郡報恩寺村	高龍山坂東報恩寺掛所	直書	二月六日	30	ウ				
62	下総	飯沼	天満宮	摺貼		31	オ			◎	
63	下総	岡田郡蔵持村	大高山證誠院願牛寺	直書	二月六日	31	ウ	法物略之		◎	
64	下総	新地村	龍堤山宗智院弘徳寺	直書	二月七日	32	オ			◎	

65	下総	葛飾郡磯部	鷲高山順性院勝願寺	摺貼	墨書「二月八日」	32	ウ	其外寶物數品略之		◎	
66	下総	古河	御坊宗願寺	摺貼		33	オ			◎	
67	下野	都賀郡	東御門跡御掛所	摺貼		33	ウ	往古聖人大蛇済度之霊基也縁起如別紙	*		
68	下野	都賀郡	花見岡御坊紫空閣蓮華寺	直書	二月十一日	34	オ			◎	
69	下野	府中惣社村	室八嶋山大明神	直書	巳二月十一日	34	ウ			◎	
70	下野	宇都宮	花見岡御坊安養寺	直書	天保四年巳二月中旬	35	オ	天保四年巳二月中旬		◎	野州宇都宮／花見岡縁起／御坊／安養寺（中2）
71	下野	河内郡宇都宮	稲木山蘭華院観専寺	直書		35	ウ	其外霊宝如別起	*	◎	
72	下野	河内郡宇都宮	専修山佐々木止行寺	摺貼		36	オ	寶物數品如別記	*	●	
73	下野	芳賀郡大内庄	一身田門跡御兼帯所高田山専修寺	摺貼		36	ウ	右之外寶物數多略之畢		◎	〈下野／高田山〉一光三尊仏縁起（簗）・高田如来続略縁起（簗）・高田山略縁起（石）・高田山一光三尊如来縁起（石）・下野高田山御縁起（間）
74	常陸	常州築地村	鷺嶋山西光寺	直書	巳二月廿日	37	オ	宝物略之			
75	常陸	下妻町	西木山高月院光明寺	直書	天保四巳二月廿三日	37	ウ	傳来宝物略之		◎	
76	常陸	小嶋郷	小嶌山用明院下間三月寺	摺貼		38	オ			◎	
77	常陸	大房	高柳山信順院東弘寺	直書	二月廿六日	38	ウ			◎	
78	常陸	新治郡大曾根邑	佛名山東川院常福寺	直書	巳二月廿七日	39	オ	宝物略之		◎	常陸国筑波山大権現今師聖人と応対御詠歌之縁起（簗）

79	常陸	山上	筑波山両躰宮中禅寺	直書	天保四巳年二月廿八日	39	ウ			○	
80	常陸	新治郡柿岡村	光明山常林寺	直書	天保四巳年二月廿九日	40	オ			●	
81	常陸	柿岡村	帰命山如来寺	直書	三月廿九日	40	ウ	宝物別紙		◎	
82	常陸		板敷山御坊	直書		41	オ			◎	大蛇御済度縁起（簗・研1。中4）
83	常陸	稲田	稲田御旧跡	直書	巳三月朔日	41	ウ			◎	常陸国稲田御禅坊略縁起・常州稲田御坊略縁起（石）
84	常陸	稲田邑大古山	玉日宮御廟荘厳庵	摺貼		42	オ				
85	常陸	笠間城下	笠間光照寺	直書	三月一日	42	ウ	傳来宝物略之		●	
86	常陸	宍戸	外森山唯信寺	直書	三月朔日	43	オ			◎	
87	常陸	水府城西	報佛寺	直書	巳三月二日	43	ウ			◎	〈平次郎／女房〉身代御名号略縁起（簗）
88	常陸	水戸大部郷	大部山真佛寺	直書	巳三月二日	44	オ			◎	
89	常陸	水戸城西	徳池山信願寺	直書	三月三日	44	ウ	寶物略之		◎	
90	常陸	水府城西	三縁山浄安寺	直書		45	オ				
91	常陸	水戸吉田谷津	菩提山浄土院安楽寺	直書	巳三月四日	45	ウ	傳来什宝数品略之巳也			
92	常陸	常州水戸坂戸	遍照山善重寺	直書	巳三月四日	46	オ	宝物略之		◎	
93	常陸	茨城郡與沢	長嶋喜八	直書	三月五日	46	ウ	宝物略之		◎	
94	常陸	水戸城南潮来村	大網山願入寺	直書	三月九日	47	オ				
95	常陸	鹿嶋社内	小神帰山廣徳寺	摺貼		47	ウ			◎	
96	常陸	鹿嶋郡鳥栖	光明山無量壽寺	摺貼		48	オ			◎	光明山無量寿寺略縁起（簗）
97	常陸	冨田	光明山無量寿寺	直書	巳三月十二日	48	ウ			◎	
98	常陸	水戸磐船	大網山御坊願入寺	直書	巳三月十三日	49	オ			◎	

99	常陸	水戸館山	浄光寺	直書	巳三月十四日	49	ウ	宝物等別記	*	◎	
100	常陸	水戸那珂郡松原	楢原山上宮寺	直印	墨書「三月十六日」	50	オ	縁起寶物之品目如別記	*	◎	
101	常陸	水戸額田邑	證拠山阿彌陀寺	直書	三月十七日	50	ウ			◎	
102	常陸	水府上河合郁	大門山枕石寺	直書	三月十八日	51	オ			◎	高祖聖人御枕石縁起略箋（石3）高祖親鸞聖人御枕石御縁起略述（間）・高祖親鸞聖人御首御真影御縁起略述（間）
103	常陸	水戸谷河原	鳥喰山西光寺	直書	三月十八日	51	ウ			◎	
104	常陸	久慈郷久米村	磐船御坊掛所願入寺	直印	墨書「三月十八日」	52	オ			◎	水戸磐船願入寺略縁起（築）
105	常陸	水戸	青蓮寺	直書	辰三月十八日	52	ウ			◎	
106	常陸	水戸石沢村	玉川山常弘寺	直書	巳ノ三月十九日	53	オ			◎	
107	常陸	水戸野上村	鳥喰山本泉寺	直書	三月十九日	53	ウ	傳来宝物略之			
108	常陸	水戸東野	太子山法専寺	直書	三月廿日	54	オ	宝物品々略之		●	
109	常陸	大畑	蓮臺院寿命寺	直印		54	ウ	霊宝略之		◎	
110	常陸	水戸鳥子村	額光山善徳寺	直書	三月廿二日	55	オ	傳来宝物略之		◎	
111	常陸	水戸鷲子村	毘沙幢山照願寺	直書	三月廿二日	55	ウ	宝物略之		◎	
112	下野	那須郡烏山	鹿崎山慈願寺	直書	巳三月廿二日	56	オ	傳来宝物略之		◎	
113	下野	水戸武部	粟野山慈願寺	直書	三月廿三日	56	ウ			◎	
114	常陸	水戸久慈郡金沢	御坊願入寺	直書	巳三月廿四日	57	オ			◎	
115	陸奥	棚倉城下	寶池山浄花臺院蓮生寺	直書	三月廿七日	57	ウ			◎	
116	陸奥	安達郡二本松山田	紫雲山無量院善性寺	直書	巳四月朔日	58	オ	傳来寶物縁起略之			
117	陸奥	信夫郡福嶌城下	無為山泥洹院康善寺	直書	天保四癸巳年四月四日	58	ウ	傳来宝物略之		◎	

118	陸奥	仙臺城下	橘昌山本誓院称念寺	直書	巳四月七日	59	オ	祖師聖人御授與霊宝附数多略写之		◎	
119	陸奥	南部郡山	石森山本誓寺掛所	摺貼	墨書「天保四年巳四月十八日」	59	ウ			○	
120	陸奥	盛岡	北峯山无量院願教寺	直書	天保四年巳四月十八日	60	オ	寶物品々略之			
121	陸奥	南部盛岡	石森山重願院本誓寺	摺貼	墨書「天保四巳年四月十八日」	60	ウ	其外霊宝／如別記	*	◎	本誓寺略縁起（築・石3）
122	陸奥	奥州南部	本誓寺	摺紙		60	挟込			◎	
123	出羽	仙北郡六郷	大悲山真光寺	直書	四月二十六日	61	オ	傳来宝物如別記	*	◎	
124	出羽	秋田仙北六郷	吉水山寛喜院善證寺	直書	天保四巳年四月廿六日	61	ウ	傳来之寶物略之		◎	
125	出羽	由利郡仁賀保西小出郷中野村	佐藤林次郎	直書	天保四癸巳年四月卅日	62	オ				
126	出羽	象潟	蚶満寺	直書	天保四年巳四月晦日	62	ウ				
127	出羽	飽海郡庄内酒田	清涼山大信寺	直書	巳五月二日	63	オ	右之外略之			
128	出羽	飽海郡大泉庄酒田	寶池山功徳院安祥寺	摺貼		63	ウ	宝物数品略之			
129	出羽	荘内亀崎城下酒田	亀崎山常福寺	摺貼		64	貼込	是外霊寶衆品略之			
130	越後	蒲原郡新発田	新江山堅固院託明寺	摺貼		64	オ	霊宝縁起別紙出之	*	◎	
131	越後	越後国蒲原郡佐々木村	親鸞旧跡	直書	巳仲夏十一日	64	ウ			◎	
132	越後	新潟津	實源山□□真浄寺	摺貼	墨書「五月十二日」	65	オ	縁起□記録省略		◎	
133	越後	鳥屋野院	城北山浄光寺	摺貼		65	ウ			◎	
134	越後	蒲原郡新潟湊	長崎山紹隆院真宗寺	摺貼		66	オ	寶物如録	*	●	
135	越後	新潟	蒲原浄光寺	直書	五月十二日	66	ウ			◎	

136	越後	鳥屋野	鳥屋野院西方寺	直書	巳五月十二日	67	オ			◎	
137	越後	新潟	光暁山勝念寺	摺貼		67	ウ	寶物縁起略之			
138	越後	水原下条	八房梅御旧跡善照寺	直書	天保四巳年五月十四日	68	オ			●	
139	越後	下條村	佛性山金剛院無為信寺	摺貼		68	ウ			◎	無為信寺略縁起（間）
140	越後	蒲原郡大宝村	遠藤伊右衛門	摺貼		69	オ				
141	越後	越後保田	焼栗山孝順寺	直書		69	ウ			◎	孝順寺霊宝旧跡略縁起（簗）
142	越後	蒲原郡小島村	梅護菴	摺貼		70	オ	寶物略之		○	御舊跡数珠掛桜由来略縁起（簗・研1）八房梅御旧跡略縁起（簗）
143	越後	蒲原郡羽生田村	定福寺	直書	天保四巳年五月十六日	70	ウ				
144	越後	蒲原郡田上村	坂屋村西養寺	書貼	天保四巳年	71	オ			●	田上村繋榧略縁起（簗）
145	越後	三條	三條御房	直書	巳五月十七日	71	ウ			◎	
146	越後	彌彦山	弥彦山真言院	摺貼		72	オ			●	
147	越後	三島郡出雲崎	野代山上宮院善乗寺	摺貼		72	ウ	右寶物数多略之			
148	越後	越後渋柿	白鳥山専念寺	直書	巳五月廿二日	73	オ	宝物如記録	*	●	
149	越後	高田	中戸御堂	直書	五月廿二日	73	ウ			◎	
150	越後	頸城郡柿崎駅	扇谷山井上常福寺	摺貼		74	オ	此外寶物数品略之		○	
151	越後	高田	本誓寺	摺貼		74	ウ	右之外宝物品々略之者也		●	
152	越後	高田	高雲山性宗寺	摺貼		75	オ	其外寶物略之		◎	
153	越後	高城	淀野山金津普光院真宗寺	摺貼		75	ウ	寶物附出別記	*		

154	越後	高田	歓喜踊躍山浄興寺	摺貼		76	オ	委如略縁起宝物附出別記也	*	◎	
155	越後	高田	井波園瑞泉寺	摺貼		76	ウ			◎	
156	越後	高田	高田御坊	直書	巳五月廿二日	77	オ			◎	
157	越後	荒井	荒井御坊	直書	巳五月廿三日	77	ウ			◎	
158	信濃	信州柏原宿	月原山明専寺	直書	五月廿四日	78	オ			●	
159	信濃	水内郡新井村	枕石山願法寺	直書	天保四巳年五月廿四日	78	ウ			●	枕石山願法寺略縁起（簗）
160	信濃	水内郡平出村	彦坂藤兵衛	摺貼		79	オ	縁起如別紙	*	●	
161	信濃		善光寺	直書	歳舎癸巳五月廿五日	79	ウ			◎	信濃国善光寺如来略縁起（簗）・善光寺如来略縁起（岩2）
162	信濃		善光寺堂照坊	摺貼		80	オ			◎	親鸞聖人御染筆笹子御名号縁起（簗）
163	信濃	佛都	白鳥山康楽寺	直書	五月廿五日	80	ウ			○	
164	信濃		善光寺大本願	摺貼		81	オ	靈告之御歌くはしくはゑん記にあり	*		
165	信濃	松代	白鳥山證蓮寺	摺貼		81	ウ				
166	信濃	更級郡塩崎閣	白鳥山康楽寺	摺貼	右此外□□者略者也	82	オ	右之外□□略者也		●	☆
167	信濃	川中嶋上氷鉋村	一重山義盛院唯念寺	摺貼		82	ウ	寶物数多			
168	信濃	水内郡南堀村田邑	西敬寺	摺貼		83	オ				
169	信濃		足立山野田長命寺	摺貼		83	ウ	寶物略縁起別紙	*	◎	
170	信濃	長沼	成田山安養院西厳寺	直書	五月廿九日	84	オ	五月廿九日		◎	
171	越後	藤巻村	光明山教覚寺	直書	巳六月三日	84	ウ				
172	越後	大曲薄袋村	蓮光寺	直書	巳六月三日	85	オ	其外宝物略之			

173	越後	国分愛宕山境内小丸山	寶持院	直書	六月三日	85	ウ			●	
174	越後	国分竹之内	五智国分寺	直書	巳六月三日	86	オ			◎	（祖師聖人御木像略縁起）（築）
175	越後	居多濱	居多神社境内助惣滝	直印		86	ウ	宝物略之			越後國頸城郡居多浜／日丸御名号略縁起／御舊跡宗居庵（中4）
176	越後	鬼臥	鬼谷山楠田西性寺	摺貼		87	オ	寶物縁起別紙出	*	●	
177	越後	頸城郡田海村	西蓮寺	摺貼		87	ウ	宝物如傳記	*	◎	
178	越後	外波	飛龍山大雲寺	直書	六月五日	88	オ	宝物如傳記	*	◎	
179	越中	新川郡東狐村	善称寺	摺貼		88	ウ	寶物別記	*		
180	越中	新川郡金屋村	長井山浄永寺	直書	巳六月六日	89	オ	宝物縁起不記之		◎	
181	越中	新川郡櫻枝三日市	辻徳法寺	摺貼		89	ウ	寶物数品如別記	*	◎	
182	越中	象町	館定山極成寺	直書	巳六月八日	90	オ	霊宝縁起如諸傳縁起	*	◎	
183	越中	新川郡陀羅尼寺村	勝興寺懸所	摺貼		90	ウ	縁起等略之もの也			
184	越中	富山	新井山願海寺	摺貼		91	オ			◎	
185	越中	富山	館定山極性寺	摺貼		91	ウ	霊寶縁起如諸傳記也		◎	
186	越中	富山	梅澤山常楽臺掛所	摺貼		92	オ	寶物本坊在之		◎	
187	越中	砺波郡山斐郷井波	杉谷山瑞泉寺	摺貼	墨書「巳六月十日」	92	ウ	霊寶傳記者詳誌于別紙而已	*	●	☆杉谷山瑞泉寺略縁起（築）
188	越中	射水郡二俣村	白鳥山長福寺	直書		93	オ	寶物縁起略之			
189	越中	戸出	髙龍山謝徳院報恩寺	直書	巳六月十日	93	ウ	縁起別記	*	●	
190	越中	城端	城端御坊	直書	巳六月十一日	94	オ			●	
191	越中	法林寺村	躅飛山光徳寺	摺貼		94	ウ	外宝物縁起略之		●	

192	加賀	二俣	松扉山本泉寺	摺貼		95	オ			●	
193	加賀	若松	松廓山専徳寺	直書	巳六月十二日	95	ウ				
194	加賀		御坊	直書	巳六月十二日	96	オ			◎	
195	加賀		御坊（西）	直書	巳六月十二日	96	ウ			◎	
196	加賀	江沼郡山田	光闡坊光教寺	摺貼		97	オ	傳来宝物数品現存ス具如二世伝一矣		●	☆
197	加賀	石川郡四十万村	霊宝山善性寺	直書	巳六月十三日	97	ウ			●	
198	加賀	松任	坂本山本誓寺	直書	巳六月十三日	98	オ			◎	
199	加賀	小松	弓波山西照寺	書貼		98	ウ	霊寶略之			
200	加賀		燕山本蓮寺	直印		99	オ	寶物雖多今略之畢			
201	加賀	小松	和田本覚寺	直書	巳六月十四日	99	ウ			○	
202	加賀	小松	松永長円寺	直書	巳六月十四日	100	オ	霊寶縁起略之		●	
203	加賀	江沼郡動橋駅	生龍山御座篠生寺	書貼		100	ウ	霊宝有別紙	*	◎	粽篠略縁起（簗）
204	越前	吉崎	本願寺御掛所願慶寺	直書	巳六月十五日	101	オ			◎	吉崎願慶寺嫁威面略縁起（稲）・嫁威肉附面略縁起（簗・稲）・嫁威谷物語（岩3）
205	越前	吉崎	本願寺兼帯所	直書	巳六月十五日	101	ウ			◎	
206	越前	坂井郡清王村	久末照厳寺	摺貼	墨書「巳六月十五日」	102	オ	寶物数品別有目録	*		
207	越前	坂井郷加戸村	法性山常楽寺	摺貼		102	ウ				
208	越前	坂北郡三國湊	新郷山智教寺	摺貼		103	オ	其外寶物品々略之			
209	越前	三国	進学山専性院勝授寺御堂	直書	巳六月十六日廻	103	ウ				
210	越前	三国湊続米ヶ脇浦	河尻御堂	直書	巳六月十六日	104	オ				
211	越前	福井	牛鼻山但馬興宗寺	摺貼		104	ウ	別有霊宝記	*	◎	
212	越前		本願寺役所	書貼	巳六月	105	オ			◎	

213	越前	福井室町	油屋勘左衛門	摺貼		105	ウ			●	
214	越前	福井	和田本覚寺	摺貼		106	オ	霊寶数品略之		◎	
215	越前	福井	昌向山真宗寺	摺貼		106	ウ	右之外霊賛数品略之		◎	☆
216	越前	福井	橘法橋宗賢	摺貼		107	オ	霊寶縁起略之		◎	
217	越前		中野専照寺	摺貼		107	ウ			◎	
218	越前	福井	本願寺掛所	直書	巳六月十七日	108	オ			◎	
219	越前	浅水	御坊称名寺	直書		108	ウ	霊寶別記	*		
220	越前	馬村	本吉山万法寺	摺貼		109	オ			◎	
221	越前	佐波江	上埜山誠照寺	摺貼		109	ウ			◎	
222	越前	敦賀郡山中駅	光傳寺	摺貼		110	オ				
223	近江	海津	岩谷梅霊山願慶寺	直書		110	ウ	御草物色々昔御手道具色略之			
224	近江	海津	梅谷山蓮光寺	摺貼		111	オ			☆	
225	近江	高島郡打下村	琵湖山最勝寺	摺貼		111	ウ	具如縁起寶物数品略之	*	◎	
226	近江	志賀郡南小松	浄教山西方寺	直書	巳六月廿一日	112	オ	由緒略之			
227	近江	志賀郡真野	獅子吼山正源寺	摺貼		112	ウ	宝物由緒並略之			
228	近江	志賀郡大物村	念佛山寶幢院超専寺	直書	天保四巳六月廿一日	113	オ			◎	
229	近江	衣川	照高山圓成寺	摺貼		113	ウ	宝物由緒略之			
230	近江	志賀郡山中里	无道山西教寺	摺貼		114	オ				
231	近江	山中	山中御坊	直書	六月廿二日	114	ウ				

となる。天保三年閏十一月十五日に六角堂に参っているから、その日の朝、大坂の上難波町を出立したものか。日付の記されないものも多く、全体の日程が明らかではないが、例えば初日の十一月十五日に京都の六カ寺全てを廻っている。これは既に何度か訪れたことのある寺々であったものか、ただ集印だけに寄ったようで、法宝物の拝観

などはしていないかのようである。ところが次に日付を記す滋賀県大津の近松寺には十一月十八日、中に三カ寺を入れて金森に十九日、木部錦織寺には二十一日と、一日に一ないし二カ寺の参拝となる。こうすれば本堂でお経を上げ、宝物を拝観する時間はとれるのであろう。36の駿河国府中の教覚寺を十二月十七日に参拝し、次の集印は一月九日37甲斐の国府光沢寺に着いている。この間富士川沿いに登ったものと思われるが、途中の下部のあたりで大晦日から正月を過ごして再び旅を始めたとおぼしいが、本控からでは想像の域を出ない。正月十九日の相模箱根神社から関東地方へ入り、順当に寺々を経廻するが、江戸では二月朔日に51浅草報恩寺に行き、天台の52木売村西光院、53麻布善福寺のみを廻って、三日には54野田長命寺に行っている。関東は三月二十七日に115久慈金沢の願入寺へ行き、四月朔日に116奥州二本松山田の善性寺、四日に117福島康善寺、七日118仙台称名寺と進むが、次の119盛岡本誓寺へは四月十八日、123六郷真光寺に四月二十六日、126象潟蚶満寺に四月晦日と日を重ねている。寺と寺の間の距離が長いことによると思われる。127の酒田大信寺からは順当に日とともに経廻を重ね、六月二十二日231近江山中の御坊について集印を終えている。

先に挙げた四つの形態と地域との関係を見てみると、

山城	九寺	直印一、摺貼五、	書貼一、直書二
近江	一九寺	直印一、摺貼一〇、	書貼〇、直書八
美濃	二寺	直印一、摺貼一、	書貼〇、直書〇
尾張	八寺	直印〇、摺貼一、	書貼〇、直書七
三河	四寺	直印〇、摺貼二、	書貼〇、直書二
遠江	一寺	直印〇、摺貼一、	書貼〇、直書〇
駿河	二寺	直印〇、摺貼〇、	書貼〇、直書二

甲斐	六寺	直印〇、	摺貼四、	書貼〇、	直書二
相模	八寺	直印〇、	摺貼二、	書貼〇、	直書六
武蔵	三寺	直印〇、	摺貼三、	書貼〇、	直書〇
下総	一三寺	直印〇、	摺貼八、	書貼〇、	直書五
下野	九寺	直印〇、	摺貼三、	書貼〇、	直書六
常陸	三九寺	直印三、	摺貼四、	書貼〇、	直書三二
陸奥	七寺	直印〇、	摺貼二、（一）、	書貼〇、	直書五
出羽	七寺	直印〇、	摺貼二、	書貼〇、	直書五
越後	三六寺	直印一、	摺貼一八、	書貼一、	直書一六
信濃	一二寺	直印〇、	摺貼八、	書貼〇、	直書四
越中	一三寺	直印〇、	摺貼八、	書貼〇、	直書五
加賀	一二寺	直印一、	摺貼二、	書貼二、	直書七
越前	一九寺	直印一、	摺貼一二、	書貼一、	直書六

となる。この四種は巡拝者に対して既に用意された物（印・摺紙・書貼）を渡す形態と、その時に一々書くもの（直書）とに別けることができるだろう。相模、常陸や加賀のように直接書く寺が多い地域と、そうでない地域とがあることがわかる。その中で先ず「摺貼」の33三河赤坂駅、太子山正法寺のように「所蔵之宝物歴代善知識御入輿之節御拝覧如別記」とあるものは別記も印刷されて頒布されたと思われる。39の甲斐山梨郡栗原駅、等力山蓮華院万福寺も「摺貼」で「其外霊寶委如縁起」も宝物をも加えた略縁起が摺られたものと思われる。また摺られたものの中には宝物を書くだけではなく166の信州塩崎康楽寺、[9] 187越中井波瑞泉寺、[10] 196加賀江沼光教寺、[11] 215越前福井真宗

寺[12]、224近江海津蓮光寺[13]などのように略縁起を記すものもある。[14]表には☆印で示した。わずか半丁であるがもっとも短い略縁起といえるかもしれない。

略縁起の中には寺院縁起ではなく、その一つの法宝物の縁起であったり、或いは伝承の縁起であったりするものがあるが、そうしたものを想起させるのは、41の甲斐都留郡真木村、善福寺の「摺貼」、「高祖聖人吉窪毒蛇御済度之御舊跡即縁起有之」で、親鸞による大蛇済度の縁起が摺られていたもののようである。上記一覧で末尾に＊を付した物は、縁起の存在を示していると思われるもので、それ以外も「直印」「摺貼」「書貼」などの既に用意された物を与える寺院で、縁起や法宝物を略すと記している寺院では霊宝目録や縁起などを別途に用意していた可能性が大きいと考えられよう。

五　巡拝寺院の特徴

『順拝控』は、先行する巡拝案内類、例えば宝暦十年刊の紅玉堂楓司編『〈親鸞聖人／御舊跡〉廿四輩巡拝記』や、それを承けて明和四年に刊行された島屋長次編『〈親鸞聖人御舊跡／二十四輩〉参詣記』などとは、その参詣先に異なりがある。例えば三河では本証寺、上宮寺、勝鬘寺、如意寺といった遺跡寺院を訪れていないし、京都の六角堂、粟田御殿阿弥陀堂、岡崎御坊、花園光円寺を始め、所々で上記順拝記類に見られない寺院が載せられる。それらには親鸞、蓮如の旧跡ではない真宗寺院も含まれる。それらについては先の表に『巡拝記』のみにあるものを○で、『参詣記』のみにあるものを●、両方にあるものは◎で示した。しかしそれらの寺院でも刷り物を用意していたと見受けられるので、先の巡拝記、参詣記とは異なった巡拝先が認知されていたことが知られよう。

さらに現存する略縁起の有無についてもみておくと、例えば1の六角堂、12の近江石山寺、164の信濃善光寺などは、既に多くの略縁起や縁起の刊行が知られており、その全体を挙げることはできない。それ以外の寺院でも多く略縁起や宝物目録が印行されていたであろう事は論じたとおりである。略縁起の紹介は、夙に簗瀬一雄によって行われた[15]ほか、中野猛が図書館などで収集・編集された略縁起集[16]を翻刻刊行され、また諸氏によって影印翻刻が刊行されつつある。[17]それらの略縁起のうち二十四輩に関わるのは上記表の末尾参考に記したとおりわずかで、『御舊跡二十四輩順拝控』の記事から想起される略縁起の量とは大きく隔たる。勿論先の略縁起の翻刻紹介が江戸時代に刊行された略縁起の総量とは考えられず、まだまだ知られない略縁起が多くあることと考えられる。また編集された略縁起集に二十四輩関係寺院の略縁起が少ないことも目に付く。

これらのことは、二十四輩寺院の縁起が単独で古書肆に出ることが少ないこと、おそらくはまとまった形で綴じられていたりするものと考えられるが、そうしたまとまった略縁起集で、これまでに知られているものが、大谷大学図書館所蔵「神田家記録」第九類を除いて真宗門徒の手になったものではないことに起因すると思われる。『巡拝控』に＊で示した33赤坂正法寺の「所蔵之宝物歴代善知識御入輿之節御拝覧如別記」や、39栗原万福寺の「其外霊宝委如縁起」などと記しているところには略縁起があったものと想起されるが、その二九カ所は略縁起の存在が確認されない。六角堂、石山寺、善光寺を除くと三六カ所の縁起を数えるが、それらには＊を記さない箇所も三〇カ所あり、更に多くの略縁起が有ったものと考えられよう。それらを綴り合わせた未だ確認されない略縁起集の存在も想定できるのではないか。こうした略縁起もしくは略縁起集の発掘を今後の課題としたい。

注

（1）調査については毎年の研究所所報に、また調査内容の概略は毎年の研究所所報もしくは研究所紀要に掲載された。その一部は「共同研究真宗初期遺跡寺院の研究」として『同朋学園仏教文化研究所紀要』７・８合併号（一九八六年七月）にまとめられた。

(2) その成果は「共同研究―三河勝鬘寺資料の研究―」(『同朋学園仏教文化研究所紀要』4、一九八二年十二月)、「共同研究―三河専福寺資料の研究―」(『同朋学園仏教文化研究所紀要』6、一九八四年十二月)、「共同研究―尾張聖徳寺資料の研究」(『同朋学園仏教文化研究所紀要』14、一九九三年三月)など。

(3) 前記注(1)、(2)。

(4) 同朋大学仏教文化研究所崇覚文庫蔵。記傳/69(~70)/2冊ノ内/825。七巻二冊、整版袋綴、縦二五・二cm×横一八・〇cm、全一六七丁、活字本が『真宗全書65』(蔵経書院、一九一四年三月)にある。

(5) その他の一々書は、宿泊と旅程に関わる記述である。

(6) 大垣市大谷派専了寺蔵本奥書、書写は同寺住職により享保十五年(一七三〇)になされた。半紙二つ折り袋綴書写端本である。

(7) 以下の各寺院の印判には私に番号を付す。

(8) 藍紙表紙　写本一冊、大和綴、楮紙、縦二六・二cm×横一九・一cm、全三七丁、墨付一五丁(一四丁目までと最終丁)。明和二年(一七六五)七月十五日越後三条の本願寺掛所(現大谷派三条別院カ)を最初として越後国内の二三カ所を廻るだけの物である。この本の記事については私にAMの記号を付け番号を付した。

(9) 摺貼。この紙はかなり摺を重ねたものらしく判読不能の部分がある。

「　信州更級郡塩崎閣/白鳥山康楽寺は開基/木曾太夫房覚明の旧跡なり/
一開山聖人御木像六十三歳御自作
一元祖色形尊像□本一軆
御本傳絵巻四軸宗門御繪所の/はしめ/
右之外□□今略者也/
年月□□當番役寺」

(10) 摺貼。

「完固瑞泉寺者/後小松天皇〈人王一/百一代〉之勅願所而本願寺五世之法嗣/綽如上人之開基也　上賞　上人

之文才英／傑而奉　命自作勧化冊　勅賜瑞泉寺別／　宣下　周圓聖人之號矣至今群庶崇敬／之也霊寶傳記
者詳誌于別紙而已／
〈越中國砺波郡山斐郷井波／勅願所杉谷山瑞泉寺／〉役者／巳六月十日（墨書）」

(11) 摺貼。
「加州江沼郡山田／光闡坊光教寺／
當寺者蓮如上人之開闢法印蓮誓／相続之旧跡也三世蓮能四世顕誓マテ／居二住山田一歴テ二乱世□劇一而移二住所在一ス／雖レ然トモ
系図相続而今住テ二同州之金澤　／傳来宝物数品現存シテ具ノ如二世傳一ノ矣／役僧」

(12) 摺貼。
「越前福井／昌向山真宗寺／
當山草創者光寶坊法善法師〈姓佐々木／三郎盛綱〉之／開基也古在橋立村今移於福井住焉／
天照太神夢瑞之阿弥陀如来　玄賓僧都作
聖徳太子十六歳尊像　御自彫
祖師蓮師連座之御影　蓮如上人御画
當院開基法善法師画像　聖人御真筆
右之外霊寶数品略之　　執事／光養寺」

(13) 摺貼。本紙もかなり摺を重ねたらしく判読不能の部分がある。
「當寺は　蓮如上人の御舊／跡にして　開祖聖人八十五歳の／御肖像を安置す□□／聖人第六の御息女高野禅尼へ／
御付属の真影なり其他什／寶略して茲に記せす／　近江海津梅谷山蓮光寺」

(14) 既にこうした略縁起があることは、中澤伸弘「納経帳と略縁起―親鸞上人廿四輩巡禮と刷物―」（『季刊ぐんしょ』70、二〇〇五年十月）に安永二年（一七七三）に蒲原郡下鳥村の治兵衛と甚七が廻った記録『廿四輩巡禮帳』の事例で指摘される。常陸水戸信願寺のように摺貼に別に略縁起が伝わる事例も示される。集印の際略縁起を求める事例として貴重である。

ただ、明和四年（一七六七）の『廿四輩参詣記』を先鞭とされるのは、同書に挙げられる宝暦十年刊の紅玉堂楓司『〈親鸞聖人／御旧蹟〉廿四輩巡拝記』が、親鸞御遠忌の前年ということもあり、こうした袖珍本の嚆矢と考えられるのだが、見落とされたものか。

(15) まず『碧冲洞叢書55・61・66・68・78　説話資料集　第一冊〜第五冊』（私家版、一九六四年）として、四八篇が翻刻され、後大巾に増補されて二八〇篇余が『社寺縁起の研究』（勉誠社、一九九八年二月）に翻刻された。（簗）と略記。検出は後者による。

(16) 中野猛『略縁起集成』第一巻ないし第六巻（勉誠社、一九九五年二月〜二〇〇一年二月）。都立中央図書館蜂屋文庫蔵『縁起叢書』、同井上文庫蔵『諸国仏神縁起集』、国会図書館蔵『諸国寺社書縁起』、同『縁起』、宮内庁書陵部蔵『神社　仏閣　縁起集』、日本大学総合学術センター蔵『寺社縁起正編』が収められる。（中1）ないし（中6）と略記。そのほかに『都留文科大学研究紀要』21〜23（一九八四年一月、一九八五年三月・十月）に「岩瀬文庫所蔵諸寺縁起集翻刻」1〜3が報告されている。それらは（岩1）〜（岩3）と略記した。

(17) 稲垣泰一『寺社略縁起類聚Ⅰ』（一九九八年一月）、（稲）と略記、略縁起研究会『略縁起　資料と研究1』（一九九六年六月）、（研Ⅰ）と略記、同2（一九九九年一月）、（研2）と略記、石橋義秀・菊池政和・橋本章彦『略縁起　資料と研究3』（二〇〇一年二月）、（石）と略記、いずれも勉誠社。そのほかに、国会図書館蔵『道中杖』の目録が間島由美子によって出されている（中野猛『説話と伝承と略縁起』新典社、一九九六年五月）。また中野猛は「近世略縁起内容一覧」（『都留文科大学研究紀要』27、一九八七年十月）として上田市立図書館花月文庫、慶應義塾図書館、無窮会神習文庫などの目録を出されている。

略縁起と仏教版画

和田恭幸

一

略縁起の多くは、都市部における出開帳、はたまた不特定多数の参詣者を迎える大寺院で頒布されたものである。しかし、寺社縁起それ自体は、先行の諸研究に語られる如く、「伝承文学」そのものであった。思えば、土着の共同性を有する人々にとって、版刷りの略縁起など、もとより必要性に乏しいシロモノだったのかも知れない。たとえば、特定の寺社・霊場の近辺に代々居住する人々、あるいは各種の行事に際して奉仕者ともなる人々にとって、本尊や祭神の「いわれ」は印刷された小冊子を読んで知るものではなかったはずである。つまり、開帳場の雑踏に集う「根なし草」のような都市の住民、名実ともに「いちげんさん」の旅行者等々を目当てにした、伝承文学の「流れ」においては、際だって妙な存在であったことが今さらながらに再確認されるわけである。

一見、近世の略縁起は、いずれも古色蒼然として、「メディアと何々」といった議論とは無縁であるかのような相貌を呈する。しかし、実際にはその逆なのではあるまいか。むしろ、出版・情報の流通、それによるコミュニティーの再形成など、ある意味で現代的な話題を提供するもののように思われてならないのである。ただし、そこに話題を進めるためには、いまだ若干の用意が必要であろう。例えば、「略縁起は単なるパンフレットだったのか」という素朴な疑問もその内の一つである。

二

近年とみに、近世の略縁起を、寺院の拝観者に頒布される現代のパンフレット類と完全に同一視した意見を聞く機会が増えた。名だたる善本稀書には、金字塔として仰がれる書誌解題が幾重にもおり重なり、後進の我々が羅針盤を読み違えることはまずもって少ない。しかし、片々たる印刷物に「勘違い」は付きものであろう。

今日、研究を目的として略縁起に接する際、資料保存機関に収蔵される所謂「合綴略縁起集」を閲覧して回ることが常套手段の一つとなっている。古典籍が図書館や蒐書家の書庫に入る際、過去の来歴やそれを支えてきた文化的基盤の痕跡は、留められつつも、見事に洗い流されてしまうものである。そして、天平の写経も「吉原細見」も、同じ部屋の同じ机の上で、同じように出納・閲覧が繰り返されるのである。いってみれば、図書館は典籍を均質化させる魔法の空間でもあった。

さて、「合綴略縁起集」とは、研究の便宜上使用が開始された用語で、個々の略縁起を重ね揃え、厚表紙を掛けて綴じ合わせたものを指す。具体的には、曲亭馬琴蒐集の『縁起部類』（早稲田大学図書館所蔵「曲亭叢書」）、国学者黒川春村・真頼蒐集の『寺社縁起集』（日本大学総合学術情報センター所蔵黒川文庫本）等々が想起されようか。それらが蒐集された江戸後期、時代はまさに書物や珍奇な器物をめぐる好事と蒐集の季節に相当し、片々たる略縁起の一々もまた、人と書物の文化史の大きな潮流の中に在ったことになる。

それら合綴略縁起集には、『南都名所記』・『京名所独（ひとり）案内』等々、現代の観光パンフレットの祖型と思しき小冊子が、寺社の略縁起と共に綴じ込まれている。なる程、それのみに徴すれば、パンフレット云々の意見は十分に成立し得るのであった。しかし、果たして、そうした理解の仕方で十全であるのか否か。そもそも、合綴略縁起集を作成した人々は、有名無名の如何を問わず、いずれも考証の好事に遊び、文事に心を寄せた人々であったに違いない。そこに、観光パンフレットに類する近世の刷物が綴じ込まれていたからといって、当時の大多数の人々の享受のあり方と等しいとするわけにはいかないだろう。そうした特殊事情を有する合綴略縁起集を、しかも図書館で閲覧することによって、私たち研究者の中にある種の誤解が生じてしまっているのかも知れない。

果たして、古新聞の束に混ぜてしまっても一切気の咎めることのない現代のパンフレットと等価な存在だったのか否か。ここで、久野俊彦の論考を引用してみたい。

参詣者は、「略縁起」を授かると、御影や御守と同様に扱い、家々の仏壇や神棚に納めたのであろう。「略縁起」に振り仮名や挿絵が加えられて読み易くされたとはいえ、民衆がどれほど読み得たかは明らかではない。しかし、「略縁起」は近世の出版時代の文学と関わりながら、大量に刷り頒けられることによって、かなり広く読まれ、民衆に受け入れられていったと考えられる。また、寺社参詣を好んだ識者は、手許に集まった「略縁起」を合冊し、『縁起集』として保存することも少なくなかった。まさに「略縁起」は、民衆を神仏に結縁させて広く諸人に知らしめ、永く後記とならしめたのである(1)。

右の論考には、略縁起の享受のありようが現代のパンフレット類と同一ではなかったこと、かつまた、それらをコレクションの対象とした階層とそれ以外の大多数の人々とを完全に峻別される。略縁起に対する関心の高まる昨今、久野の見解に真摯な注目が寄せられて然るべきであろう。

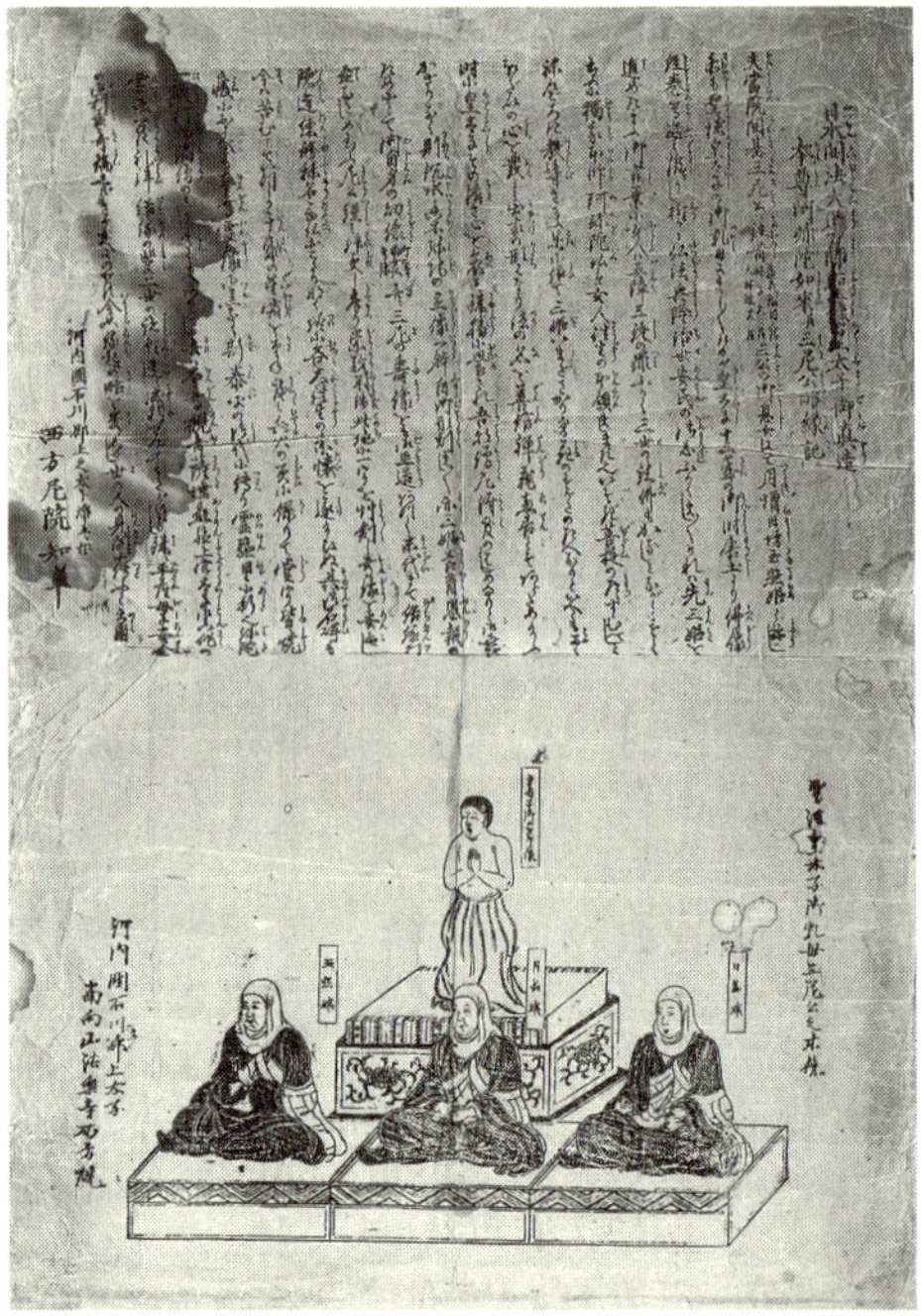

1、日本開法大導師聖徳太子御真造本尊阿弥陀如来并三尼公略縁記

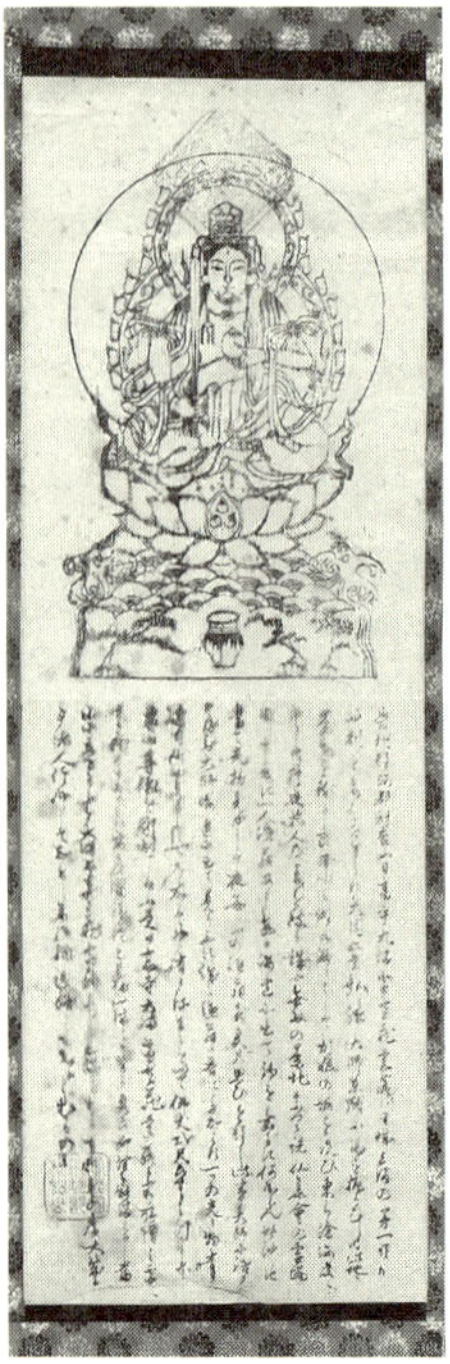

2、〔村松虚空蔵菩薩略縁起〕

三

周知の如く、略縁起には、数丁に亘る仮綴装の冊子と一枚刷との双方が存在する。冊子体の略縁起を一瞥する時、勧財の際の便宜を考えて調製されたと思しきものを見出すことができる。たとえば、『聖天堂建立勧化帳』（寛延二年、信貴山千手院刊）もまたその一つである。当該の原装本には、寄付金を寄せた人々の名を書き込むべく、同一料紙の白紙の丁が設けられる。施入を勧める先達・世話人といった、小さなコミュニティーの小さな代表者たちが持ち歩いたものか。単純なパンフレットに非ざることを自明の如くにして、そこには中世以来連綿として続く所謂「勧進帳」の末裔としてのありようをも見出すことができる。

さて、略縁起の書誌的体裁には、もう一つのあり方が存在するのであった。それは、紙表具の掛軸に仕立てられたもの、である。合綴略縁起集はもとより、図書館の蒐書範囲から完全に漏脱した一群であった。ここに、長々しい題名ながら、『日本開法大導師聖徳太子御真造本尊阿弥陀如来并三尼公略縁記』の標題をもつ刷物がある。(2) 刊者は、南光山西方院（浄土宗・大阪府南河内郡太子町）である。現在は、メクリの状態で畳まれているが、もとは紙表具の掛軸であったらしい。上部に略縁起の本文、下部に「南無仏の太子」と「三尼公」の絵像が配置される（図版1）。本紙寸法、六六・八×四九・〇cmである。もはや、六六cm余りの刷物を現代のパンフレットと同定することは不可能だろう。たしかに、当該の刷物をよく見ると、版木は二枚であると考えられ、本文と絵像とを別々に印刷した場合も想定される。しかし、現状、両者は一枚の大きな紙に印刷されており、過去には紙表具ながらも掛軸だったのである。図版2もまたこれと同類である。(3) これらの存在は、時に略縁起が木版の絵像と共にあるべき性格を有したことを示唆するものであろう。そして、略縁起が必ずしも「読む」ためだけのものではなかったことも、同時に知られるもののようである。

四

ここで、一挙に信仰と乖離した位相に目を転じたい。就中、遠州小夜の中山は、東海道の難所、はたまた歌枕の一つとして広く知られた存在であった。近世後期、そこにまつわる奇談の数々は略縁起と同様の仮綴装の小冊子として刊行された。すなわち、『小夜中山無間之鐘之由来』・『小夜中山子育観音夜啼之石敵討由来』・『遠州小夜中山化鳥刃之雉子　上杉三位卿退治之由来』等がそれである。これらは、合綴略縁起集に寺社の略縁起と共に合綴されることが多く、近世の知識人たちには、寺社の略縁起と近しい間柄のものとして理解されていたらしい。

実をいうと、それらの奇談を一枚にまとめて絵画化した墨刷・紙表具の掛軸が存在するのであった（図版3）。(4) もちろん、それらは、浄瑠璃『小夜中山鐘由来』、曲亭馬琴の黄表紙『小夜中山宵啼碑』（文化元年刊）・読本『石言遺響』（文化二年刊）、通俗仏書『小夜中山霊鐘記』（寛延元年刊）等々、文芸の諸領域に掬い上げられた存在

3、〔小夜の中山奇談絵図〕

ではある。しかし、何らかの解説文を伴うことなく、当該の木版画が存在したとは到底考えられないだろう。さらに、先の小冊子の中には、よく似た絵柄の小さな挿絵を表紙に付刻するものも存在する。諸事情を勘案する時、両者は一具を成す存在であったとの推測が生じてくるだろう。と、同時に、その成立基盤として、「仮綴装の小冊子」と「墨刷・紙表具の木版画」は一具を成すのだという、当時の常識のようなものも想定されて然るべきであろう。もちろん、その両者は、略縁起と木版の所謂「御影」である。

現在なお、長野の善光寺、成田山新勝寺等の札受所では、墨刷紙表具の御影が授与される。しかし、近世中期から昭和初年に至る古物に目を転ずる時、膨大な種類と数量とに圧倒されることになろう。図版4は、呑龍上人の所謂「除雷の名号」(5)。続く図版5は、「真似牛(まねうし)済度(の)寿像」と呼ばれる法然上人の絵像である(6)。先と同様、墨刷紙表具の掛軸である。もちろん、これらには略縁起が存在し、前者には『開山呑龍上人略伝除雷名号縁起』、後者には「真似牛済度円光大師御自作寿像略縁起』が具わる。図版6は、勢州津の国府阿弥陀の御影である(7)。その略縁起、『勢州津国府阿弥陀略縁起』(東京都立中央図書館所蔵蜂屋文庫本)の見返しには、御影の左右に配される詠歌と同じものが、似通った書体で記されている。これは、様式にも接点を見出し得る好例となるものであろう。このほか、出開帳の横綱と称される善光寺如来・嵯峨清涼寺の釈迦如来像には、華麗な版彩色から未表具の墨刷後印に至るまで、様式も

4、除雷の名号

5、真似牛済度の寿像

6、〔国府阿弥陀御影〕

版種も多岐に及ぶ。

　前節に見たような類、即ち同一の料紙に略縁起と御影が同居するものだけでなく、別個に作成されたものであっても、両者は緊密な関係性で取り結ばれた存在であったことが了解されよう。

五

　如上、略縁起は必ずしも「読む」ためだけのものではなかった。しかし、そこに拘泥することもまた略縁起の性格を誤認することになろう。

　つとに知られる如く、略縁起にはパロディーが存在する。それは、山東京伝の黄表紙『諸色買帳呑込多（のみこんだ）霊宝縁起』（享和二年刊）・林屋正蔵の『嵯峨開帳戯（おどけ）霊宝』から、一枚刷の「泪（なみだ）如来略縁起」・「土蔵菩薩」[8]等々、片々たる刷物にまで及ぶ。また、書名部分のみの利用ながら、浮世草子『略縁起出家形気』（明和六年刊）のような作品も存在する。

　こうした略縁起のパロディーが近世文芸の中に顕在化し始めるのは、江戸の地で出開帳の件数が増加し始める宝暦・明和年間以後のことであった。たとえば、宝暦三年刊の『当風辻談義』には、「借金お断り」を「借銭断（しゃくせんたん）、横（よこ）に涅槃の釈迦無理仏」と云った場

7、於竹大日如来略縁起

面がある。もちろん、開帳の横綱といわれた嵯峨清涼寺の梅檀瑞像を踏まえた表現である。このほか同書には、こんな一節もある。

貧州摺切峠、見倒稲荷大明神、そのかみ金無天皇の御宇、貧窮四年鉦の七月、霊夢に依て、天の日なし借の尊を祭所。御縁日は毎月晦日、祭礼は七月十四日と大晦日。是を二季の大祭と号す。[9]

右は、略縁起の定型を利用した滑稽な一節である。しかし、何故にこれが面白かったのか。もしも、略縁起が単純なパンフレットであったなら、茶化す面白みはどこにも存在し得ないことになろう。「茶化し」の対象となる以上、さも「もっともらしく」、そこそこに「権威ある」、それでいてそれを許容する「身近な存在」であることが必須の要件となろう。

また、特例ながら、略縁起の中には、浮世絵になったものも存在する。それは「於竹大日如来略縁起」である（図版7・玉蘭斎貞秀画）。当該の浮世絵は、パロディーではなく、全うな略縁起の絵画化である。もちろん、これが成立する背景には、歌舞伎とそれに関連した浮世絵とが存在する。

しかし、単純なパンフレットに、このような影響力を発揮する力量が有るのか否か。そこには、手にとって「読む」ためのものでありながら、それ以外の用途・欲求をも満たす、ある意味で宙ぶらりんな性格を有した当時の様相が示唆されるのではあるまいか。

六

凡そ、人と書物の文化史は、多様な様相を呈するものである。もしも、「本は読むべきものである」との奥行きに乏しい見解に拘泥するならば、その過半を見失うこととなり、ひいては国文学の一側面に対する誤解に連動していくことにもなろう。みすぼらしい文庫本を熱読するような読書態度に、いったいどれ程の歴史性があるというのか。実に、略縁起の性格をめぐる議論もまた、その地点に存在する事柄であった。

近世の庶民にとっての略縁起は、全き読書の対象でもなく、かといって「読む」こともあり得るという、誠に曖昧模糊とした位相に存在するものであった。そうした「曖昧さ」は、恐らくは極端に刷りの悪い揃本の歌書、はたまた第一冊目にしか書き込みのない『源氏物語』等々、書物のジャンルと享受者の身分階層を代えつつも、近世期における人と書物の文化史に通底する、ある種の共通性なのではなかろうか。

さも尤もらしい「いわれ」を記し、ほんの少しの「高級感」と「有り難さ」とを有し、気が向いた時にはそれを手にとって読むこともできる……。斯様に大衆化した普及版の「お道具」ともいうべき書物の存在は、近世の人と書物の文化史の一特色として大いに注目を要する事柄であると私は思うのである。

注

（1）久野俊彦「近世寺社開帳と略縁起」（『武蔵野文学』33、一九八五年十二月）。
（2）近世末期もしくは近代初頭にかけての印行。ただし、その版下には近世の風を有し、版木それ自体は近世期の成立と目される。

（3）村松山虚空蔵堂（真言宗豊山派・茨城県那珂郡東海村）の刷物。本紙寸法、六七・〇×二二・八cm。近世期成立の版木を使用した近代の後印か。

（4）本紙寸法、六六・四×三〇・〇cm。近世後期印。

（5）本紙寸法、三〇・〇×一四・一cm。近世後期印。刊者は大光院（浄土宗・群馬県太田市）。

（6）本紙寸法、三九・四×一四・六cm。近世後期印。刊者は往生寺（浄土宗・宮城県栗原郡栗駒町）。

（7）本紙寸法、二八・六×一六・一cm。近世後期印。刊者は大宝院（真言宗醍醐派・三重県津市）。

（8）「泪如来略縁起」は、阿弥陀如来を遊女の泣き姿にもじったもので、本文は善光寺縁起のパロディー。「土蔵菩薩」は、地蔵菩薩のパロディーである。

（9）柏川修一編『談義本集　三』（「古典文庫」630・一九九九年五月）に拠る。

青蓮院門跡の略縁起

――出開帳とその周辺――

末松憲子

一　はじめに

京都東山の三条広道バス停そばに、赤い鳥居と「合槌稲荷大明神参道」と書かれた石碑があるのをご存じだろうか。それは路地の隙間にひっそりとたたずんでいる。鳥居をくぐり、町屋の裏をすり抜けて行くと、つきあたりに小さな祠がある。地元の人に大切にお祀りされている事を感じさせる、お稲荷さんである。参道入り口横には謡曲史跡保存会建立の説明板があり、この地の由来を伝えている。

ここは刀匠三条小鍛冶宗近が常に信仰していた稲荷の祠堂といわれ、その邸宅は三条通の南側、粟田口にあったと伝える。①宗近は信濃守粟田藤四郎と号し、粟田口三條坊に住んだので三条小鍛冶の名がある。②稲荷明神の神助を得て名剣小狐丸をうった伝説は有名で、謡曲「小鍛冶」も、これをもとにしてつくられているが、そのとき合槌をつとめて明神を祀ったのが、ここだともいう。なお宗近は平安中期の人で、③刀剣を鋳るのに、稲荷山の土を使ったといわれる。（傍線筆者）

以上がそのポイントである。

まず①の三条小鍛冶宗近は、能の〈小鍛冶〉で知られる人物である。能では、宗近は日頃信仰している稲荷明神より神助を得て、名剣小狐丸を打ち上げることになっている。この話をもとに、江戸時代の地誌には、「三条小鍛冶宗近が信仰していた稲荷の祠」がいくつも載せられている。(1) 宗近は実在の人物で、平安時代にこの地・三条で作刀していたと伝えられている。どれも伝説ではあるが場所柄という面でみれば、合槌稲荷は他の稲荷祠より真実味がある。

次に②の粟田藤四郎だが、藤四郎は鎌倉時代にこの地で作刀したと伝えられる名工で、宗近とは別の人物である。ただし江戸時代の地誌ではこの二人の混同が多くみられる(『擁州府志』等)。

③の、稲荷神の神助伝説が能より先にあった、というのは逆である。能〈小鍛冶〉はいくつかのモチーフを組み合わせて作られた作品といわれており、十四世紀中頃に〈小鍛冶〉ができあがるまでは同内容の説話は存在しなかったといわれている。(2)

④の稲荷山の土の使用は、江戸時代に稲荷の総本宮・伏見稲荷大社が、十一月の火焚祭を鞴祭りとも称し、能〈小鍛冶〉の由来を説いて、金属加工業者や火を使う職業者の信仰者を増大させていた事が関係しているだろう。

以上四点から感じるのは、この説明は能〈小鍛冶〉をもとにしたのではなく、それをもとに生まれた江戸期の様々な文化事象によってまとめられているという事である。

江戸時代、〈小鍛冶〉に限らず能などの先行芸能は、それだけで完結していたのではなく、物語のモチーフとして、様々な形で広まっていた。その中で特に〈小鍛冶〉は、文芸・芸能・地誌、そして略縁起を含めた説話など多岐にわたって取り込まれた。(3) そのなかでも芸能では、歌舞伎・浄瑠璃が〈小鍛冶〉の改作上演や、稲荷大明神や眷属の狐の登場する作品を多く上演している。(4)

これらを仮に「小鍛冶物」と呼称したい。合槌稲荷もこの「小鍛冶物」の一つとして考えられる。しかし仮にも神を「小鍛冶物」と括ってもよいのだろうか。

合槌稲荷には幸い刊年不明ながら略縁起が現存している（図1）。まずはそこからこの稲荷についてひもといてゆきたい。

『相鎚（ママ）稲荷大明神略縁起』

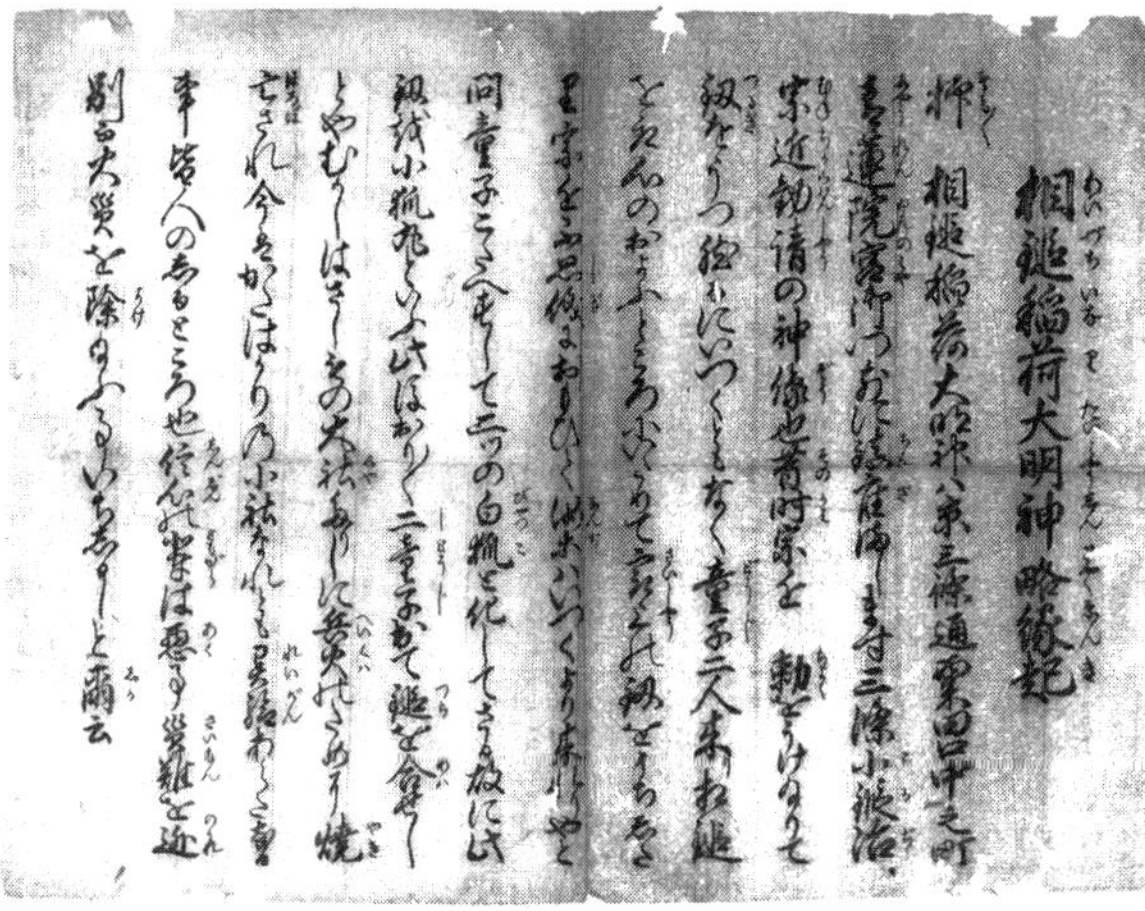

（図１）『相鎚稲荷大明神略縁起』（大森惠子氏蔵）

抑　相鎚稲荷大明神ハ京三條通粟田口中之町、青蓮院宮御門前に鎮座まします、三條小鍛冶宗近勧請の神像巾、昔時宗近　勅をうけ給りて劔をうつ、然るにいつくともなく童子二人来り、相鎚を取、心のおよふところにいたりて、最上の劔をうちゑたり、宗近不思議におもひて、汝等ハいつくより来れりやと問、童子こたへすして、二ツの白狐と化して、さる故に此劔を小狐丸といふ、此後おり／＼二童子出て鎚を合せしとや、むかしはさしもの大社たりしに、兵火のために焼亡され、今はかたはかりの小社なれとも、霊験あらたなる事、皆人のしるところ也、信心の輩は悪事災難を遁、別而火災を除給ふ事、いちしるしと爾云

これが略縁起の全文である。内容は、能〈小鍛冶〉にかなり忠実な内容となっており、刊行年不明ながら、伝説が作られた当初の姿を留めていると考えられる。

さらに『武江年表』明和元年（一七六四）二月の項に合槌稲荷

の開帳記事をみる事ができる[5]（明和元年は、正確には六月二日の改元だが、便宜上明和元年で統一する）。

深川永代寺にて、京粟田口青蓮院宮御持笑不動尊、三条小鍛治相槌稲荷明神、親鸞上人殖髪像開帳

この記事によって、相槌稲荷は青蓮院門跡の稲荷であった事、明和元年に江戸で行った出開帳に出陳された事がわかる（以降「あいづち」の記述を「相槌」で統一する）。現在は地元の稲荷奉賛会による奉仕を受け、青蓮院門跡との関係は伝えられていない[6]。

本稿ではこの『相槌稲荷大明神略縁起』と青蓮院門跡に注目し、相槌稲荷の成立背景を探ってゆく。

二　略縁起と開帳

『相槌稲荷大明神略縁起』に言及する以前に、そもそも江戸期における略縁起とは何なのかという点にふれておきたい。簗瀬一雄は、当初の略縁起はその名の通り本縁起を「略」した縁起であったが、それが定着するとともに、本縁起にとらわれない「略縁起」という一つの縁起ジャンルが生まれ、「その巻末に、〈詳しくは本縁起にあり。〉の文言が付されていても、その本縁起に拘泥する必要はおそらくない」と述べている[7]。中世は別として江戸期の略縁起については、その内容が本縁起になかったとしても、別段珍しい事ではないのである。

また久野俊彦によれば、江戸期の略縁起は開帳を期に変化する事が多かったという[8]。久野は、略縁起には一枚ものと数丁綴じのものがあるが、小冊子の方が扱いと携帯の便が良く志納金も多く集まる事から「開帳を契機にし、一枚ものの略縁起から綴じものの略縁起へと変化した」と述べている。それによって紙数が増えれば、内容もおのずと増加してゆく。久野によれば、開帳の度毎に開帳神仏の由来と御利益を変化させ、人々がより興味をもって参詣するような略縁起を、開帳前に刊行していた寺院もあったという。

江戸での開帳については、比留間尚の『江戸の開帳』に詳しい[9]。比留間によれば、江戸期の開帳とはそれ以前の

「霊験あらたかな秘仏と縁を結ぼうとする純粋に宗教的な行事」ではなく、「信者たちの奉納金品や賽銭を目当てにおこなわれる」行事であったという。その背景には「幕府の宗教政策の引き締めが」ある。江戸期には幕府による寺社への公的な援助が大きく削減され、その一方で堂舎の維持・営繕費は年々膨張してゆくという状況があった。そうした中で寺社が収入を得るもっとも有効な手段の一つとして開帳は行われた。開帳は江戸をはじめ、京都や大坂など都市でも多く行われたが、江戸市中で行われた開帳のみに限っても、江戸時代を通じて一五〇〇回を上回る数が確認できるという。

こうした事情から、開帳神仏及び霊宝は他寺社の開帳よりも人々の興味を惹くものでなければならなかった。その為、久野が指摘したように、開帳の毎に新たな霊威を略縁起などによって付与し、参詣者の興味を惹くという行為がなされたのだ。

では、青蓮院門跡の『相槌稲荷大明神略縁起』はどう考えればいいのだろうか。相槌稲荷は、むろん参詣者の興味を惹く為の「本尊以外の開帳神仏」の部類に入るだろう。したがってこの略縁起も開帳の際に作られた可能性がある。ただこの略縁起は一枚刷りであり、久野の言うような、志納金の高い小冊子形態ではない。だが、全ての略縁起が小冊子形態になったのだろうか。先ほど挙げた『武江年表』の開帳記事では、開帳神仏は「笑不動尊」、「三条小鍛治相槌稲荷明神」、「親鸞上人殖髪像」、の順で記載されており、この時の開帳神仏の中で相槌稲荷が一番の目玉であったとは考えられない。さらに「親鸞上人殖髪像」の略縁起も一枚刷りのものが残されている[10]。どちらも刊年不明なので断定はできないが、一つの開帳のなかで複数の開帳神仏の略縁起が作られるならば、開帳神仏の序列によって、略縁起が小冊子になるものと一枚刷りのものとあってもおかしくはない。寺社開帳を契機に作られる略縁起は、その寺社がどのような開帳を行うのか、何を主として出陳し、どのくらいの資本力があったかによって様々な形態を持っていたのではないだろうか。また『相槌稲荷大明神略縁起』は冒頭に住所が書かれており、青蓮院門跡への参詣者のみに配られたとは考えにくい。その点からもこの略縁起が開帳と関わりをもってできあがったと考えられる。

その事を考える為にも、次に青蓮院がどのように開帳と関わっていた寺院であったのか見てゆく。

三　青蓮院門跡と開帳の関わり

青蓮院門跡は天台宗山門三門跡の一つとして知られ、配下に多くの寺院がある。こうした立場が、青蓮院門跡と開帳とを独特な関係で繋いでいた。

青蓮院代々の門主の一人に尊証上人（一六五一～一六九四年）がいるが、その兄で妙法院門跡門主・堯恕（ぎょうじょ）上人の日記に興味深い記述がある。

『堯恕法親王日記』貞享元年十月朔日条[11]

朔日、千種宰相へ伝奏ノ祝儀申遣ス、幷従江戸使者上京之段々両伝奏へ申遣ス、及晩景青門へ行、今度竹生嶋ノ弁財天幷霊宝等江戸幷大津ニテ諸人ニおかませ、去ル廿五日閇帳也、彼寺青門ノ末寺たるゆへ本尊幷霊宝今朝より青門へ持参也、仍テ予青門へ行、拝見之本尊ハ七寸あまり随分ノ古像殊勝ノ尊形也、其他ノ霊宝ハみなむさとしたる者也、面目不背ノ珠といふ物もいかにも不細工なる造リ物也、小仏等多し、種々ノ申立あれともみな新仏也、舎利ハ玉ノ中ニ有之故真偽不分明也、剣ハ種々ノ言伝へ有之とも不案内なれハ不知是非也、経ハ聖武帝・白河院・行能・佐里・日蓮・慈恵等之筆跡とて有之、一々ニ見之、悉非真筆也、（傍線筆者）

日記によれば竹生島弁財天は青蓮院門跡の末寺であった関係から、江戸・大津での出開帳が閉帳した後に、その出陳物を持参してきたとある。末寺の開帳神仏を、閉帳後に見られる立場にあったという事は、開帳でどのような神仏を見せれば参詣者が増えるのか、どの出陳物によってどれほど志納金が集まったのかが全てわかるという事である。

堯恕上人は、この開帳神仏を門主ゆえの審美眼で観察している。それによれば、出陳物のなかで「殊勝ノ尊形」であったのは本尊のみで、後の霊仏霊宝に対しては「むさとしたる者」、「いかにも不細工なる造リ物」、「悉非真筆」といった感想になっている。だが普段から真の霊宝霊仏にふれる機会の多かった上人には見抜かれても、開帳に集まった一般庶衆の目には、全てありがたい仏様に映ったに違いない。上人は、「小仏等多し、種々ノ中立あれともみな新仏也」とも記している。もっともらしい縁起を付け加えられた新しい仏が沢山あったのだろう。当時の開帳ではこのように、新しく作った仏にもっともらしい由来をつけて開帳に出陳することも数多く行われていたのである。

同日記には元禄七年八月三日条にも開帳の記事がみえる。(12) ここには、信濃の善光寺が真如堂で八月晦日まで五〇日間の出開帳を行うと書かれている。その翌月の九月六日条には、竹生島と同じく青蓮院門跡へ開帳神仏が持参され、それを拝見したという記事がある。ここでも堯恕上人は、釈迦涅槃像等数点について「殊勝ノ尊像也」と記した上で、

一、画縁起四幅、新筆悪画不足見、

一、印綬三、是印ハ焔魔王ノ手形也ト俗ニ云ヒテ此印ヲ額ニ押セハ決定シテ往生スト、仍テ尼入道輩競テ仰額被押之、今日も青門ノ乳母治部卿ヲはしめ坊官青侍数十人ノ輩被押之、従簾中見之、以外うつけたるもの也、案ルニ此印ハ彼寺ノ牛王宝印歟、（傍線筆者）

と、新しい上に悪画であった画縁起があった事と、額に押すと往生決定の「焔魔王ノ手形」なるものがあった事に触れている。「焔魔王ノ手形」は院内の人々もこぞって額に押し当てていたとあるが、そんな中で堯恕上人は冷静に、「あれは善光寺の牛王宝印ではないのか」と感想をもらしている。しかし、由緒ある門跡の尼入道から坊官青

（表1）

開帳寺社	回数	出開帳の年（開帳場所）
青蓮院門跡	三回	明和元・（永代寺）、天明八（御当地）、文政三（報恩寺）
竹生島弁才天	五回	宝永二（永代寺）、享保十八（不明）、元文五（不明）、明和四（永代寺）、寛政元（目白長谷寺）
善光寺	六回	元禄五（回向院）、元文五（回向院）、安永七（回向院）、天明元（多田薬師沼田延命寺）、享和三（浅草伝法院）、文政三（回向院）

侍まで競わせてしまうこの印綬は、真如堂での五〇日間の開帳中には多くの志納金を善光寺にもたらしたに違いない。

　青蓮院門跡が末寺の開帳神仏を閉帳後に閲覧していた事は、開帳で多くの志納金を得る為の情報が多く蓄積されていた事に繋がる。特に『堯恕法親王日記』に書かれた二カ寺は、江戸のみならずその他の地方でも出開帳を精力的に行っていた寺院であった。（表1）として比留間尚作成の「国別出開帳寺社一覧」より青蓮院門跡、竹生島弁財天、信濃善光寺の江戸出開帳の回数を表にしたものを載せた[13]。

　青蓮院門跡が江戸への出開帳を三回行っているのに比べ、竹生島は五回、善光寺は六回も出開帳を行っている。出開帳は原則として三三年に一度と定められており、竹生島や善光寺の開帳数は開帳寺社の中でもかなり回数が多い。また比留間によれば、『開帳差免帳』などに記載された幕府の認可を受けた開帳以外にも多くの開帳がおこなわれていたという。先ほどあげた『堯恕法親王日記』貞享元年十月朔日条に記された竹生島弁財天の江戸出開帳なども「国別開帳寺社一覧」には記されていない。

　比留間は善光寺の出開帳を、江戸で行われていた開帳の中で「最も評判がたかかった」といい、江戸出開帳の賽銭・御印文の収入は、元禄五年（一六九二）一万二〇〇〇両余、元文五年（一七四〇）万一七〇〇両余、安永七年（一七七八）八九〇〇両余、享和三年（一八〇三）三四〇〇〇両余、文政三年（一八二〇）三〇〇〇両余であったとしている。安永以降、開帳自体の最盛期が過ぎた事もあり、収入自体は減少してゆくが、『武江年表』文政三年の記事には「信州善光寺如来開帳、両国橋辺見せ物多く出る」とあり、出開帳を含む「開帳場」は大きな賑わいをみせたようである。

このように出開帳は大きな収入が得られる行事であるとともに、周辺に見世物小屋などを配する「盛り場」の中心でもあった。出開帳と盛り場の関係は、江戸に限っていたわけではなく、京・大坂などでの開帳でも同様である。善光寺は本尊以外に、回国如来と称する本尊分身如来があり、全国を巡回していたともいい[14]、地方での開帳もかなりの数にのぼったであろう。

（表1）からは青蓮院門跡が出開帳をする明和元年以前に、竹生島弁財天と善光寺が何度も江戸出開帳を行っている事がわかる。したがって、どの霊宝霊仏が参詣者を集めたのか、どのくらいの収益が得られるのか、そうした事を参考にして、青蓮院門跡は江戸出開帳を行ったはずである。開帳は先に述べたような寺院の経済事情から、宗教行為でありながらも、営繕費などを得る為の経済活動であった。それゆえ青蓮院門跡の江戸出開帳は、初めての開帳とはいえ、他寺社とは異なり膨大な知識を総動員して、大きな収益を得られるような出開帳を行ったはずである。その開帳に出陳されたのが相槹稲荷なのである。また、そうした知識は出開帳のみならず、京都での参詣者集めの仕方にも影響を与えたに違いない。

四　青蓮院の出開帳の記録

青蓮院門跡は、皇孫の住まう門跡寺院である為に『京城勝覧』（宝永三年〈一七〇六〉）などには「知人（しるひと）なくしては見る事かたし」と書かれている[15]。しかし、それは一部の御殿の事で、一方では京都の開帳場の一つであったようだ。『華頂要略』巻第五三（門下伝　金蔵寺）天和三年（一六八三）四月朔日条には[16]、

於金蔵寺。播州太山寺本尊薬師、前立仏并霊宝等。依衆中願開帳始之

と記され、末寺の開帳が青蓮院門跡院内の金蔵寺で行われていた事がわかる。紀行文『都の手ふり』（元禄十一年〈一六九八〉）によれば、金蔵寺には地蔵堂・三猿堂・蛭子社などがあり、特に三猿堂は訴訟に効果があると信仰され、庚申の日には多くの参詣者が訪れたという(17)。青蓮院門跡は、院内に一般の参詣者を受け入れていた場所とそうでない場所があったのだ。

同じく『華頂要略』金蔵寺条には、先述した青蓮院門跡の明和元年に行った開帳の記事もみられる。宝暦十四年二月十二日の条には（宝暦十四年は六月二日に明和に改元）、

笑不動尊。門出蛭子。植髪像。合槌（ママ）稲荷等。今日御出立江戸御下向。付添真応院。十四日ヨリ二十八日迄於江州日野光延寺為拝有之。同二十九日ヨリ隠岐若狭守。永原直助等一緒ニ江戸下向。三月十三日申刻。深川八幡宮社内仮屋ニ御着。品川迄御出迎人数五千人余云々。十八日開扉（後略）。（傍線筆者）

と記されている。青蓮院門跡が初めて江戸で出開帳を行った時の記録である。

同開帳の差免願が、幕府の開帳記録である『開帳差免帳』明和元年条にも残されている(18)。

京粟田口青蓮院御門跡院内金蔵寺　宥主中教房

右堂社及大破候ニ付為助成、青蓮院御門跡御伝来之、笑不動像并門出蛭子神之像、親鸞聖人植髪像、其他霊宝、来申三月十八日ゟ日数六十日之間、深川八幡社地ニ而開帳仕度旨、来十月大炊頭方江願出候ニ付、同十二月六日飛騨守宅於内寄合願之通差免之（傍線筆者）

冒頭に「青蓮院門跡院内金蔵寺」とあり、出開帳が金蔵寺によって取り行われていた事がわかる。興味深いのは、『華頂要略』には相槌稲荷の名が書かれているのに対して、幕府への差免願には書かれていない点である。公の書類である『開帳差免帳』に記されないという事から、霊仏霊宝としての順位は低かったと予想される。その一方で、

「はじめに」で引用した『武江年表』には、相槌稲荷の名は二番目に記述されている。この『武江年表』は、江戸で人気を集めた開帳などの記事を集めて年表にした本である。その性格から考えれば、相槌稲荷は開帳神仏としての序列は低かったが、一般諸衆の興味関心はひいたと考えられる。したがって、相槌稲荷はまさしく、「参詣者の興味をひく霊仏霊宝」であったのだろう。

こうした存在が生まれる背景には、先述の通り金蔵寺が、末寺の開帳場であったこと、竹生島や善光寺等の開帳ノウハウに長けた末寺の開帳神仏を、閉帳後に見ていた事などが大きいだろう。また、金蔵寺が開帳場であった事により、末寺の出開帳中には多くの参詣者が青蓮院門跡を訪れた。青蓮院門跡は自ら出開帳をする事なく、末寺の出開帳に訪れる多くの一般諸衆より、賽銭を集める事ができたのである。

したがって、青蓮院門跡の「参詣者の興味をひく霊仏霊宝」は、江戸にあっても京にあっても、参詣者の興味を集めるものが望ましかったであろう。

五　相槌稲荷の成立背景

相槌稲荷は京都と江戸では、どのように参詣者に受け入れられたのだろうか。明和元年、青蓮院門跡と同時期・同地域で出開帳を行った寺院に、日蓮宗・光則寺がある。この寺院は、明和の開帳に際して刊行した『延齢高祖大菩薩略縁起』に「愛敬稲荷大明神、小鍛冶宗近作」と記し、稲荷神像の作者を小鍛冶宗近だとしている。ただし、それ以前の開帳ではそのような由来は確認できず、明和元年の開帳から新たに付与された由来である。光則寺はその後も開帳毎に略縁起を作成し、文化二年（一八〇五）の開帳に際して刊行した『愛敬稲荷略縁起』では「宗近（中略）稲荷の神像を彫刻し、合鎚（ママ）稲荷を尊號し我家に安置し奉る」と記し、字は違うものの青蓮院門跡の相槌稲荷を連想させる「合鎚稲荷」の名を、略縁起の中に組み込んでいる。この事については以前拙稿に記したので多くは触れないが[19]、光則寺は明和元年に青蓮院門跡と出開帳が重なった事を契機に、愛敬稲荷の由来に「小鍛冶宗近作」という由来を付与し、その由来にかかわる伝説を開帳毎に膨らませていったと考えられる。その事から考えれば、江戸での相槌稲荷は参詣者の興味を惹く開帳神仏であったと言えよう。

しかし、京の都では江戸以上に参詣者の興味をひいたと考えられる。京都では元禄期に能をはじめとする文化的伝統が町民社会に定着する。しかもそれらは「鑑賞したり見聞する性格のものではなく、彼ら自身が習得すべき「諸芸」として」位置づけられた[20]。それにより京の町では、能が他の都市とは異なる受け入れられ方をされた。赤井達郎によれば、京では辻能などが親しみ深い芸能として行われ、町人たちは能楽を享受するだけでなく、能の詞章をうたう「謡」という芸能に直接参加してつぎつぎに新作の謡を作っていったという[21]。また、十七世紀後半に出版された噺本のなかには、謡に関するものが多くみうけられ、「謡の知識なくては理解できない落し噺」などもあったという。そこからは、京の町衆に謡がどれほど深く浸透していたかが窺われる。京では謡本は演能の台本ではなく、謡のテキストとしてひろまったともいう。京の町衆にとって能の詞章は、自らが吟じて楽しむものであったのである。江戸中期の京都では、こうした謡の流行と定着によって、能の詞章が他の都市と比べものにならないほど浸透していたのである。

したがって能〈小鍛冶〉を伝説の下敷きにする相槌稲荷は、江戸の町民以上に、京では親しみ深い存在として捉えられたはずである。青蓮院門跡のある東山は、もともと三条小鍛冶宗近が住した地とされ、それだけでも相槌稲荷が作られた理由となるが、同時期に東山が行楽・遊楽の地として整備された事も見逃せない。最も大きな整備は寛文十年(一六七〇)の鴨川堤の大規模改修である。これにより、鴨川以東は都市化すると共に行楽的基盤が拡大され、四条には芝居町も形成された[22]。

東山が行楽・遊楽の地として広く知られるようになると、近世初頭に成立した名所記などにも数々の名所・旧蹟が記されるようになる。（表2）として名所記等に記された宗近伝説地を、初出の寛文五年『扶桑京華志』から、青蓮院門跡・江戸出開帳の年である明和元年まで、管見の限り挙げた。

（表2）名所記・近世随筆・記録等に記された東山一帯の宗近伝説地

刊年	書名	内容
寛文五年（一六六五）	扶桑京華志	宗近鐵盤石（知恩院）
寛文九年（一六六九）	ひともと草	宗近鉄盤石（知恩院）、鞴祭（知恩院）
延宝四年（一六七六）	日次記事	宗近鉄盤石（知恩院）、鞴祭（知恩院）
貞享三年（一六八六）	雍州府志	小鍛冶宗近鑪盤石（知恩院）、吉水（安養寺）
元禄二年（一六八九）	京羽二重織留	宗近鉄盤石（知恩院）
元禄三年（一六九〇）	名所都鳥	小鍛冶宗近が鐵盤石（知恩院）
正徳元年（一七一一）	山州名勝志	鍛冶池（仏光寺）
正徳元年（一七一一）	山州名跡志	小鍛冶鑪盤石（知恩院）、鐵砧石（安養寺）、小鍛冶宅地（粟田天王社）
宝暦七年（一七五七）	祇園会細記	長刀鉾（八坂神社）
明和元年（一七六四）	華頂要略	相槌稲荷（青蓮院門跡）

この表をみると、『扶桑京華志』に、宗近がここで刀を打ったとされる「宗近鐵盤石（むねちかかなとこいし）」が記されたのを皮切りに、時代が下るにつれて様々な伝説地が、宗派の別なく東山の寺社にあらわれる事がわかる。この表に前述の先行研究を重ねると、鴨川の改修が始まる寛文年間から伝説地が登場し、謡の流行する元禄期に増え始めている。

ところが相槌稲荷の記述は、先ほど開帳記録としてあげた『華頂要略』以前には、名所記類からも見つけ出す事はできない。したがって、相槌稲荷は、周囲の行楽地化にあわせ、明和の開帳にほど近い時期に作られたと予想される。

六　何故「あいづち」稲荷か

〈表2〉にあげた〈小鍛冶〉の伝説地を、その名前に注目して見てみると、「宗近鐵盤石」や「小鍛冶宅地」など、「宗近」や「小鍛冶」を名乗るものが多く、「相槌」という名前は青蓮院の「相槌稲荷」のみである点に気付く。何故「宗近」稲荷や「小鍛冶」稲荷ではなく、「相槌」稲荷だったのだろうか。

青蓮院門跡の記録に相槌稲荷の名が出てくる宝暦・明和頃、京都ではある所作事が何度も上演されている。それは刀の相槌を打つ所作を通して、主に「狐の神力によって主の敵の正体を明かし、敵討ちをする」場面を様式的に見せるもので、お家騒動ものの演目に多く使われた。評判記によればその所作事は「相槌の所作事」という。「相槌」という語が「相槌稲荷」と重なるこの所作事が、相槌稲荷の名前、そして略縁起に影響を与えたとは考えられないだろうか。

「相槌の所作事」は、江戸時代を通じていくつもの演目に挿入された。そのうち上演外題のわかっているものを（表3）として、明和三年まであげた。相槌稲荷の名が最初に記述された年であり、江戸で開帳が行われた明和元年は、表3のGにあたり、それ以前に「相槌の所作事」が何度も上演されていることがわかる。この「相槌の所作事」の初演がいつかは正確にはわかっていない。ただ、表Aの『巣籠蛭小嶋（すごもりひるかこじま）』を評した役者評判記『役者大雛形』[23]には、「此役は三五郎と金作平九郎がいたされしがさいしよにて、近比（ちかごろ）に三十郎さきの介大五郎にてあたりしきやうげん」とあり、表3のA以前にも少なくとも二作品は「相槌の所作事」の挿入された演目があった。

表からは、この所作事が主に上方で上演されていることが読み取れる。その背景には「江戸の荒事好み、上方の

（表3）「相槌の所作事」が登場する歌舞伎・浄瑠璃（寛延元年～明和三年）

	上演年代	上演場所	座元	上演外題	備考
A	寛延元年（一七四八）	京都	嵐三右衛門座	巣籠蛭小嶋	
B	同年	尾張	嵐小才二座	巣籠蛭小嶋	Aと同作品。
C	寛延三年（一七五〇）	大坂	中村座	優平家咲分武者	
D	宝暦二年（一七五二）	江戸	中村座	赤澤山相撲日記	相槌の部分はCと同。
E	宝暦八年（一七五八）	京都	嵐三五郎座	稲荷宮殿入船嵐	ここから評判記に相槌の図が入る。（図2）
F	宝暦十三年（一七六三）	京都	澤村国太郎座	松竹梅大島臺	
G	明和元年（一七六四）	京都	嵐松之丞座	昔真向猿嶋仇討	
H	明和三年（一七六六）	大坂	竹田芝居	神使嫁入小鍛冶	Gの一部をとりあげ人形浄瑠璃にしたもの。その後歌舞伎でも再演多数。

（『歌舞伎評判記集成』第二期、安富順「『神使嫁入小鍛冶』覚書き」（『歌舞伎』24、一九九九年十二月）をもとに作製）

和事好み」といわれる地域による好みの差が関係していると考えられる。また、上方のなかでも京都と大坂での上演数を比べると、京都の方がより多く上演されている。その背景にはおそらく次の事が関係しているだろう。一つは京・四条の歌舞伎座が宗近の住したとされる東山三条に近接していた事、もう一つは元禄以降の謡の流行により京の町衆達が能の詞章に親しんでいた事、そして寛文以降宗近の伝説地が東山の寺院に作られていった事である。

出開帳の周囲に見世物小屋が軒を連ね、全体で「盛り場」として栄えたように、東山が開発され広義の「遊山の地」となった時期、人々は行楽の一つとして、歌舞伎小屋へも寺社へも訪れるようになった。逆から考えれば、寺

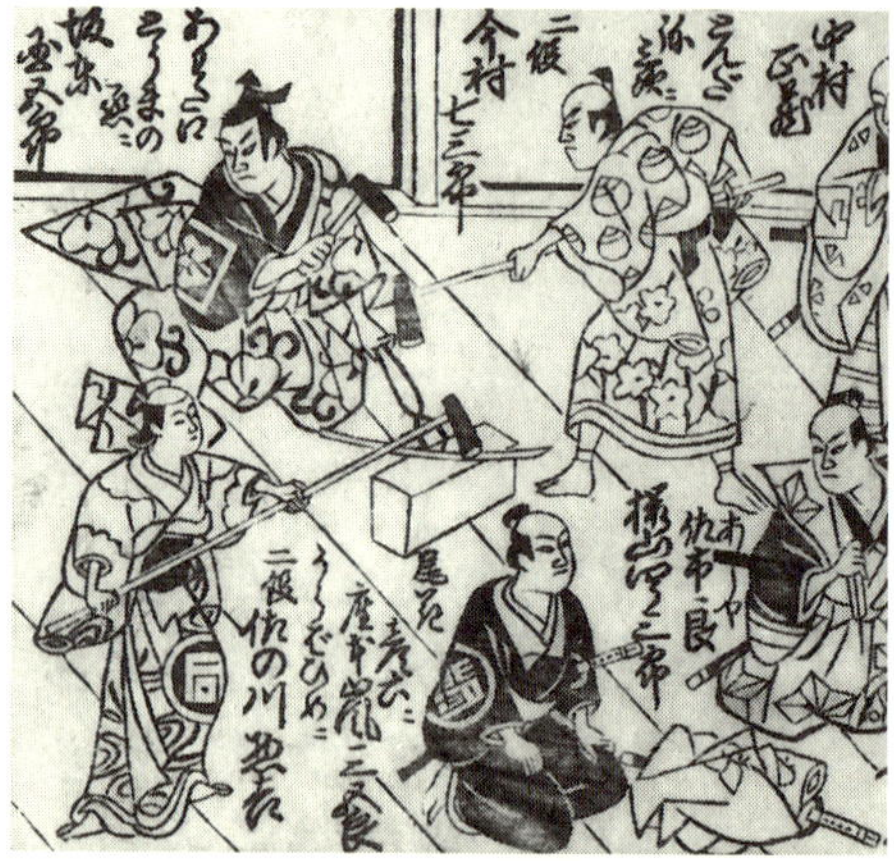

（図２） 表３のE.『稲荷宮殿入船嵐』における「相槌の所作事」。この演目以降、役者評判記に図が描かれるようになる。（『役者談合膝』早稲田大学坪内博士記念演劇博物館蔵）

社側と歌舞伎小屋側の求めるターゲットが同一になったのである。元禄期からの謡の流行で、京では能を「見る」のではなく謡を自らが「する」ものとして実践していた。そうした町衆らにとっては、他地域に比べて、能〈小鍛冶〉を典拠とする歌舞伎の所作に対して、興味が大きかったであろう。

「相槌の所作事」にもう一度立ち戻る。寛延元年から宝暦二年までの間に行われた四都市での上演を、役者評判記の記述を中心にみてゆくと、いずれも「大当り」とあり、ある程度の人気をもって受け入れられた事がわかる。

ただし、評判記の図に注目してみると、表３のE『稲荷宮殿入船嵐』を境目に図が描かれるようになっており、この時期からさらに人気がのびているようだ（図２）。この演目は、「座本嵐三五郎殿のいなり大明神信仰のあまり、七日が間参籠の満ずる夜、御霊夢ありし」（『役者談合膝』）と評判記に記され、十一月の顔見世で上演された。評判記には、稲荷神を信仰する座本が稲荷山に参籠し、夢告を受けてつくられたとあり、作品全体が稲荷と関係する形でまとめられている。十一月といえば、冒頭で少し触れた伏見稲荷のお火焚祭の月である。お火焚祭の別名である鞴祭りは、〈小鍛冶〉を出典とする宗近の故事を祭礼由来にしており、この祭の月に「相槌の所作事」を含む稲荷の物語を上演する事は、時節柄ふさわしい物だった。この演目に限らず「相槌の所作事」の含まれる演目は十一月に上演される事が多い。

そして、表３のH『神勅嫁入小鍛冶』が、「相槌の所作事」の演じられる演目の中で、もっとも有名な作品である。幕末に書かれた『伝奇作書』にも「鍛冶に名高きは三條小鍛冶宗近なり。（中略）宗近の狂言は神勅嫁入小鍛冶と云有り」[24]と書かれ、初演の明和三年以降、江戸時代を通じて上演された。この演目は表3のGの一部を改作して人形浄瑠璃として作られたものである。歌舞伎での上演も多数ある。

こうして「相槌の所作事」は、徐々に歌舞伎作品の中に定着し、代表作『神勅嫁入小鍛冶』を生み出した。評判記の図が描かれるようなった時期は、相槌稲荷が作られたと考えられる宝暦であり、そうした事から考えても、「相槌の所作事」から「あいづち」の語をとって、相槌稲荷は命名された可能性がある。

七　相槌の数の問題

さらにもう一つ、略縁起の中に「相槌の所作事」の影響と考えられる点がある。それは相槌の数の違いである。冒頭に示した『相槌稲荷大明神略縁起』には、「いつくともなく童子（どうじ）一人来り、相鎚を取」とある。そして歌舞伎の「相槌の所作事」の相槌の数も二人である。しかし、謡曲〈小鍛冶〉では相槌の稲荷神は一人なのである（図3）。

神仏の相槌というモチーフは、能〈小鍛冶〉以外にも、古くから存在する。しかし、歌舞伎の「相槌の所作事」以前の神仏は、必ず単体で描かれている。

能〈小鍛冶〉成立以前の例としては、『建保職人歌合』（図4）と『鍛冶名字考』がある。図によってわかるとおり、『建保職人歌合』に描かれている鬼は単体である。また、刀剣書『鍛冶名字考』（享徳元年〈一四五二〉）においても以下のように書かれている[25]。

「筑紫住鍛冶」
鬼神大夫行平作　桓武天皇御宇延暦年中ノ作者也。紀新大夫アル日人ム刀ヲ作時鬼神人ニヘンシテ来テ、相共ニ

（図３）　謡曲〈小鍛冶〉における相槌
（謡曲本『小鍛冶』二十四世観世左近・訂正著作、檜書店、1967年）より。

（図４）『建保職人歌合』に描かれた相槌
（国立国会図書館蔵）より。

アイウチヲスト云ヘリ。（傍線筆者）

このように能〈小鍛冶〉成立以前から、神仏の相槌というモチーフはあったが、その相槌は単体であった。

また能成立以後の物語としては、古浄瑠璃『五郎正宗』（元禄中頃）がある。[26]

かくて正宗は、只壱人心をすまして、へいを切、しめをはり、つるきをうつ所に、其たけ壱丈斗の山伏こつせんとあらはれ、いかに正宗、五尺のほうけん、きたへてたべとかすのこかねをつみにける
五郎聞て、尤成共、相つちなければ御めんあれ、かの者聞て、某相つち打申さん、そのきにて候はゝ、いざやきたへて参らせん、へんしか内に打ちたてゝ、山伏参らする、客僧扨我をたれとか思ふらん、大山ふとう明神也と、火ゑんとなつて飛び給ふ、（傍線筆者）

この物語は、鍛冶の名や神仏は異なるものの、ここでもやはり、相槌の大山不動明神は単体である。

以上のように、神仏の相槌というモチーフは、能〈小鍛冶〉以前より相槌は必ず一人で描かれており、神仏の相槌が二人に増えるのは「相槌の所作事」からなのである。

したがって、「童子二人」と記されている青蓮院の相槌稲荷の略縁起は、能〈小鍛冶〉をベースにしつつも、歌舞伎の所作事の流行を取り込む形で成立していると考えられる。

青蓮院門跡のそうした行為の背景には、最初の方で述べたように、竹生島や善光寺といった末寺の出開帳神仏を閉帳後に閲覧し、さらに院内の金蔵寺で出開帳を受け入れていた点が大きいと考えられる。

江戸期の寺社は、開帳や普段の参詣者から、賽銭や奉納物をより多く確保し、それを堂社の修復費にあてなければならなかった。その為には、「民衆の参詣を集める神仏・霊宝」は必要不可欠であった。何が民衆の興味を惹くのか。竹生島や善光寺のあやしげな霊宝以上に当時の民衆が興味をもったもの。それは謡であり、歌舞伎であったのではないだろうか。

そうした背景から、青蓮院門跡は当時京都に定着しつつあった歌舞伎の所作事を自寺の稲荷の由来に取り込んだと考えられる。

八　まとめ

相槌稲荷の略縁起成立背景には、江戸期の寺社がおかれた状況の変化があった。それまで寺社の経済は幕府によって保護されていたが、江戸幕府の宗教政策の引き締めによって、営繕費などを自力で確保しなければならなくなったのである。その為、寺社は参詣者から現金収入を得る必要性がでてきた。その手段の一つとして大きかったのが、江戸への出開帳や自地で行う居開帳だった。開帳は短期間の催事で多額の賽銭を得る事ができる為、寺社は多くの参詣者が集まるよう開帳神仏に工夫をこらし、事前に略縁起を刊行して、参詣者の興味をあおるなどした。青蓮院門跡も明和元年を皮切りに、江戸・出開帳を行っている。

そこまでは青蓮院門跡も他の寺院と同じであるが、この寺院が特殊であったのは、天台三門跡の一つという立場上、末寺の開帳神仏を上方での出開帳が閉帳した後に閲覧出来た事である。しかもその末寺の中に竹生島や善光寺など、出開帳や居開帳を精力的に行った寺院が含まれていたのである。この二ケ寺から青蓮院門跡が得られた開帳知識は、他寺社をはるかに上回る物であったにちがいない。

そうした中で、寛文の鴨川改修以降、東山は遊山の地として次第に整備されてゆく。また、元禄頃からの謡の流行もあってか、東山の寺院に宗近の古跡も多く作られた。そうした東山の変化の中でもっとも大きかったのが、四条に歌舞伎小屋が常設された事である。その歌舞伎小屋では寛延頃から「相槌の所作事」が登場するようになり、次第に人気を集め歌舞伎作品の中に定着してゆく。その中で、青蓮院門跡は「小鍛冶物」の稲荷をつくりだす。それは前述したように、竹生島や善光寺の開帳神仏を閲覧し、参詣者である民衆の好みを把握していたからできた事ではないだろうか。

相槌稲荷の記述は、明和元年以前には見あたらず、この年からそれほど遡る事ができない稲荷なのではないかと考えられる。

一方「相槌の所作事」は宝暦八年以降、評判記の図に描かれる様になる。刊年不明の『相槌稲荷大明神略縁起』は、江戸出開帳時の参詣者、四条の歌舞伎小屋を訪れる観客、謡を「諸芸」としている京の民衆、金蔵寺における末寺の出開帳に参詣する人々、を目的としてつくられたと予想される。

江戸時代の開帳ブームは元禄期にはじまり、享保期後半からさらに盛んになり、宝暦・明和・安永期がピークであったといわれる。青蓮院門跡の開帳は、まさにそのピークの時期から始まっている。元禄期、開帳場のそばでは、「開帳物」とよばれる歌舞伎が多く上演された。これは開帳への参詣者を当て込んだ歌舞伎興行であるが、郡司正勝は「(寺社と歌舞伎の興行者は)浄るりのごとき隷属的関係でなく、対等的立場において、お互いに宣伝に利用しあって、かぶき興行の経済的樹立を計った」[27]と述べている。

宝暦・明和頃に入ると「開帳物」の上演はなされなくなるが、寺社と歌舞伎興行との関係が絶たれたわけではない。開帳が盛んになるにつれ、開帳寺院の周囲は華美な幟や奉納品で飾りたてられ、周囲は見世物や芝居小屋によって「開帳場」という遊興の場を形成するようになった。『武江年表』の記述からは、開帳は奮わなかったが開帳場は賑わった、という記事もみえ、開帳よりもむしろ見世物や芝居が人々の参集に影響を与えていた事実もあった。開帳の周辺にあるものの人気が、開帳そのものの成否を決定する場合もあったのではないだろうか。

こうした事から、青蓮院門跡も開帳には大きな力を注いだと考えられる。『開帳差免帳』のようなまとまった記録がないのでわかりにくいが、京都は非常に開帳の多かった都市だともいわれている。鴻池義一による正徳元年(一七一一)～享保十九年(一七三四)の三都の開帳比較によると、京都での開帳が三〇四回なのに対し、江戸は八〇回大坂は一三回とかなりの差がある。[28] そのうち出開帳の割合は、京都が二八・三%、江戸五八・八%、大坂三八・五%とあり、京都では出開帳より居開帳の数が圧倒的に多かった事を示している。青蓮院門跡はそうした京都のなかで、院内に出開帳の宿寺・金蔵寺を有する寺院であった。また、末寺の善光寺は、古浄瑠璃の時代から「開帳の節は必ズ角太夫の芝居、其の辺りにて興行に及ぶ」(『摂陽奇観』)と書かれており、開帳と芸能興行とが密接に絡み合った寺院であった。[29] さらに青蓮院門跡の立地は、「遊山の地」として寛延以降に造成された東山の一角を占めている上、四条の歌舞伎小屋とも近接しており、芸能との間で影響関係があってもおかしくない。

青蓮院門跡と「相槌の所作事」との関係を考えると、寺社と歌舞伎興行との関係は、どちらかが一方的に影響を与えてゆくのではなく、双方が「京都の文化」の一つとして、互いに相関関係を与える関係にあったと考えられる。

注

(1) 三条小鍛冶宗近が信仰していたと伝える稲荷には、京都山科の花山稲荷、京都一条堀川の土橋稲荷(現存せず)、京都男山八幡の相槌稲荷の他、鎌倉の光則寺・愛敬稲荷、藤沢の妙善寺・正宗稲荷などがある。

(2) 八嶌正治「作品研究〈小鍛冶〉」(『観世』一九七五年一月号)。

(3) 拙稿「「小鍛冶物」の略縁起―江戸中期における歌舞伎と日蓮宗―」(『伝承文学研究』55、二〇〇六年八月)。拙稿「相槌の稲荷開帳と狐芸の流行―明和元年の青蓮院・光則寺の出開帳をめぐって―」(『朱』50、伏見稲荷大社、二〇〇七年二月)。

(4) 大橋正叔「芝居と稲荷大明神」(『朱』49、伏見稲荷大社、二〇〇六年三月)。

(5) 『東洋文庫116　増訂武江年表　一』(平凡社、一九六八年六月)。

(6) 五来重監修『稲荷信仰の研究』(山陽新聞社、一九八五年五月)。

(7) 簗瀬一雄『社寺縁起の研究』(勉誠社、一九九八年二月)。

（8）久野俊彦「略縁起の流行」（『国文学解釈と鑑賞』63―12、一九九八年十二月）。同「「愛敬稲荷略縁起」の成立」（『国文学論考』34、一九九八年二月）。
（9）比留間尚『江戸の開帳』（吉川弘文館、一九八〇年十月）。
（10）「略縁起」〔植髪尊像由来〕（石橋義秀・菊池政和・橋本章彦『略縁起　資料と研究3』勉誠出版、二〇〇一年二月）。
（11）『尭恕法親王日記』二（妙法院史研究会編『妙法院史料2』吉川弘文館、一九七七年三月）。
（12）『尭恕法親王日記』三（妙法院史研究会編『妙法院史料3』吉川弘文館、一九七八年三月）。
（13）比留間尚「江戸の開帳」（西山松之助編『江戸町人の研究2』吉川弘文館、一九七三年六月）。
（14）注（13）と同。
（15）『京城勝覧』（野間光辰編、新修京都叢書刊行会編著『新修京都叢書12』臨川書店、一九九四年九月）。
（16）『華頂要略』（天台宗典刊行会編纂『天台宗全書16』第一書房、一九七三年一月）。
（17）『都の手ふり』（駒敏郎編『史料京都見聞記1』法蔵館、一九九一年九月）。
（18）『開帳差免帳』（国会図書館蔵）。
（19）注（3）と同。
（20）守屋毅『京の芸能　王朝から維新まで』（中公新書、一九七九年十月）。
（21）赤井達郎「元禄期の都市生活と民衆生活」（『岩波講座　日本歴史10』岩波書店、一九七五年十二月）。
（22）森谷尅久「東山区概説・近世」（京都市編『史料　京都の歴史10』平凡社、一九八七年三月）。
（23）『役者大雛形』（『役者評判記集成　第二期3』岩波書店、一九八八年七月）。
（24）『西沢文庫伝奇作書』（市島謙吉編集『新群書類従1』一九〇六年四月）。
（25）『鍛冶名字考』（天理図書館善本叢書和書之部編集委員会編『天理図書館善本叢書　和書之部第七二巻』天理大学出版部、一九八六年三月）。
（26）『五郎正宗』（横山重、室木弥太郎、阪口弘之校訂『古浄瑠璃正本集9』角川書店、一九八一年二月）。
（27）郡司正勝「元禄歌舞伎における開帳物」（『かぶきの発想』弘文堂、一九五九年一月）。

(28) 鴻池義一「大坂の開帳」(『大阪の歴史』22、大阪市史料調査会、一九八七年九月)。
(29) 服部幸雄『江戸歌舞伎文化論』(平凡社、二〇〇三年六月)。

高野山麓の苅萱伝承群

――略縁起から近代資料へ――

三野　恵

一　はじめに

中世以来の一伝承としての「苅萱」に多種多様な変容が見られるのは、近世期のそれもさることながら、じつは幕末から明治期、すなわち維新期前後以降にあるといっても過言ではないように思われる。既に論者は前稿において若干ながら指摘してきたことであるが[1]、この時期に苅萱伝承が収載される媒体として、それまでの伝統的なジャンル（浄瑠璃・歌舞伎・唱導など）に加え、新興の文芸ジャンル（絵本・大衆小説・浪曲など）が多数誕生し、それぞれに影響を及ぼし合いながら、いわば「近代苅萱伝承」とでもいうべき展開を見せている。無論、それら複数の「苅萱」は突然変異的な内容を記すものでは必ずしもなく、大部分はそれまでのものを踏襲しつつ改変・再構成したものである。本稿で扱う苅萱堂仁徳寺、時代はやや下って観音寺苅萱堂、また苅萱の物語には必ず登場する学文路の宿屋の玉屋は、いずれも高野山麓に位置するが、三者ともそれ以前の苅萱の物語を参照しつつ、それぞれ別の内容を紡いでいる。

従来の苅萱研究としては、中世末から近世初期までの説経・謡曲などを軸に苅萱伝承を検討してゆくものが多かったといえる。[2]それらの研究では、苅萱の物語と原拠との関係や、その背景にある伝承世界について様々に論じられている。本稿ではそうした苅萱説話の原初のあり方についての膨大な研究があることは承知の上で、あくまで近世後期から明治・大正期までの時代的限定のもと、いずれも高野山麓に位置する前掲の三つの場における「苅萱」の姿について、仁徳寺が近世期に刊行した略縁起を出発点としつつ考察を試みたい。

二　苅萱堂仁徳寺刊の三つの略縁起

高野山麓学文路村の苅萱堂仁徳寺については、すでに日野西眞定「高野山麓苅萱堂の発生と機能——特に千里御前の巫女的性格について」(『シリーズ女性と仏教4　巫と女神』平凡社、一九八九年六月、所収)に詳論が備わり、当寺の苅萱伝承や寺宝の数々について整理されているが、それらを通覧して感じられるのは、苅萱上人の妻にまつわる寺宝に関して独自の異伝が目立つことである。本節では、日野西論の成果を適宜参照しつつ、略縁起をはじめとする近世中後期から明治期までの仁徳寺関連の刊行物を取り上げることで、仁徳寺の苅萱伝承において、石童丸[3]の母の表象がいかにして再整備されてゆくのかを跡付けてみたい。

仁徳寺で刊行された略縁起は現在、『苅萱御内の縁記』・『高野山麓学文路村苅萱堂仁徳寺縁起』・『石堂丸由来』の三点が確認されるが、いずれも刊年についての記載を欠いている。

最も早く刊行されたと思しいのが『苅萱御内の縁記』であり、『寺社略縁起類聚Ⅰ』(勉誠社、一九九八年一月)に内田康による紹介が備わる。奥付には「紀州高野山之麓学文路宿　仁徳寺御内墓所」とあるのみ。本書について、内田は次に触れる『高野山麓学文路村苅萱堂仁徳寺縁起』と比較の上、「本書『苅萱御内の縁起(ママ)』の方が簡略で、やや古い形かと思われる」と述べているが、首肯されよう。なお、刈谷市中央図書館村上文庫にも同一のものが所蔵されている(国文学研究資料館マイクロフィルム参照)。

『高野山麓学文路村苅萱堂仁徳寺縁起』は略縁起研究会編『略縁起　資料と研究2』（勉誠出版、一九九九年一月）に紹介が備わる。糸川武志による同書解説では、刊年について言及がないものの、天保九年（一八三八）刊、加納諸平他『紀伊国名所図会』三編巻之四に学文路の苅萱堂について、「縁起略ニ云ク」としつつ記す文章が『高野山麓学文路村苅萱堂仁徳寺縁起』と概ね同文であることを指摘している。糸川の指摘を踏まえ、架蔵の一本の板面から判断するに、おおよそ文化・文政期頃の刊行と見られる。

また『石堂丸由来』は林雅彦・徳田和夫編『絵解き台本集』（三弥井書店、一九八三年十二月）に翻刻が備わる。同書に書誌の記述がないため、いま架蔵の一本によって記しておくと、全一紙、一紙当たりの行数　三一行、匡郭四周単辺、寸法　縦三三・九×四八・三㎝。『絵解き台本集』解説では「江戸末期刊」とし、日野西は江戸末ないし明治初期の刊行とする。架蔵本の板面は磨滅が甚だしいが、明らかに先の『高野山麓学文路村苅萱堂仁徳寺縁起』よりも遅れて刊行されたものと判断でき、『紀伊国名所図会』など近世後期・幕末期の諸資料にも、本略縁起を参照した形跡が見えないことから、近世期としてもごく末期のものと見られるが、論者には明治初期の刊行である可能性が高いように思われる。

これら三点とも、説経「かるかや」の筋に、寛延二年（一七四九）刊の勧化本『苅萱道心行状記』（春帳子作、以下『行状記』と記す）の内容を加えて簡略化し、再構成したものと言いうるが、『苅萱御内の縁記』については若干検討を要するだろう。内田解説も指摘するとおり、『苅萱御内の縁記』の記述は他の二点に比べてかなり簡略であり、また板面から判断しても、時代的にやや遡るように感じられる。私見では、本書の刊行は安永から天明期頃と思われるが、幾つか傍証を挙げておく。まず、文中に見られる年記「仁平二年四月廿四日」（『行状記』での叡空上人入門年次と同一ながら、本書では法然への入門年次）、「永万元年二月七日」（苅萱、高野山へ登る。『行状記』には記載がないが、石童丸が苅萱を探しに筑紫を出た年が「永万元年」）、「酉の三月廿四日」（苅萱の妻の往生）、「仁安戌の七月十五日」（石童丸の出家）、「建保二年四月廿四日」（苅萱の往生）、「建保四年七月廿四日」（石童丸の往生）、また苅萱の妻の戒名「建泰妙尊大姉」など、いずれも『行状記』のそれを踏襲している点が挙げられよう。無論『行状記』が『苅萱御内の縁記』に拠ったという可能性も想定しうるのだが、だとすれば『行状記』が仁徳寺には全く触れるところがない点が不審に思われる。更に、日野西論に紹介がある仁徳寺の苅萱御台の墓碑の左面に「于時安永五丙申年九月建之」とあって、また戒名、没年も刻されているが、全て本書の記述と、つまりは『行状記』と一致する。あくまで「苅萱御内」の縁起であることを謳う内題や奥付の「御内墓所」などの割書からも、本書は仁徳寺が苅萱御内の墓の建立に合わせて刊行したものである蓋然性が高いように思われる。本書の内容が、説経「かるかや」と『行状記』の内容を混在させていながら、後の略縁起二種に比しても『行状記』に拠ったと判断される記述の割合が殊に低いものである点なども傍証となろう。

『苅萱御内の縁記』の記述の中心は、いうまでもなく「苅萱御内」の由来を語ることにある。しかし本略縁起内で言及される具体的な由来物は、ただ墓碑のみであって、その由来語りの材料として『行状記』が利用されているかのような印象がある。しかし、以下に見てゆくように、これ以後仁徳寺が刊行する略縁起は『行状記』を更に活用しつつ、『苅萱御内の縁記』には見えない、夥しい数の「苅萱御内」にまつわる寺宝を登場させ、当寺の苅萱伝承を彩ってゆくのである。

例えば『高野山麓学文路村苅萱堂仁徳寺縁起』には、

> （論者注・加藤重氏が）往昔筑紫の守護職たりし時の妻なる千里の前、繁氏の母より伝へ持たる石を懐中して妊胎ありしが（下略）

との一条が存する。『苅萱御内の縁記』には見られなかった「千里」の名が、『行状記』に拠って記述されている点がまず注意されようが、この「石」に関して『行状記』では、石堂川の辺の地蔵が手にしていた「鶏卵の如き円石」を得た重氏の父繁昌が、その石を妻に与えたことで重氏を懐胎したと語られている。本略縁起はこの点を踏襲しつつも、その「石」を重氏の母が千里へ譲ったという独自の筋を付け加えている。より後年の『石堂丸由来』でも同様の伝承を伝えるが、こちらでは当該の石を「夜光の宝珠」という名称で記している。ただし、石堂川の地蔵が手にしていたものを「夜光の宝珠」としながら、それが後に重氏の妻千里が家に伝えられた際には「子安の玉」と呼んでいて、名称は異なるが、話の筋からいずれも同一のものを指していると見て良いだろう。

日野西前掲論文に紹介のある苅萱堂仁徳寺蔵の寺宝「夜光の玉」は「霊石子安の玉」の別名を持つとされているが、ここでこの玉（ないし石）の名称が、『高野山麓学文路村苅萱堂仁徳寺縁起』ではなく、『石堂丸由来』の記述と一致している点が注目される。すなわち、仁徳寺の寺宝として伝わる玉（ないし石）自体は、少なくとも近世後期には存在が確認されるわけであるが、その名称が現在のものとなったのは、恐らく天保以降、つまり『石堂丸由来』が成立した近世末から明治初期にかけてのことであると推測される。

更に仁徳寺のもう一つの千里御前関連の寺宝「鏡石」についても見ておこう。千里御前の墓前に現存する「鏡石」に関し、日野西論では『紀伊続風土記』（仁井田好古著、天保十年成）が仁徳寺の草創について語る内容を踏まえ、「もとここ（論者注・玉屋）に鏡石が墓標としてあったのが、安永五年の塔の建立と共に同寺に移されたものと推察される」としている。確かにいずれの苅萱説話においても、苅萱の御台が亡くなったのは玉屋である。一方、『石堂丸由来』では、「鏡石」について、千里が貞節を末世に残すために操の鏡にしようと岩を磨いて墓印にしたものであると語られている。しかし、実はこの「鏡石」については、先の『苅萱御内の縁記』や『高野山麓学文路村苅萱堂仁徳寺縁起』、及びそれを参照して書かれた『紀伊国名所図会』・『紀伊続風土記』などには全く記載がない――但し千里の墓自体については記述がある。鏡石にまつわる『石堂丸由来』と同様の伝承は、やや時代は下るが明治二十六年の玉田藤吉著『苅萱石童丸一代記』にも見られる。著者玉田藤吉は苅萱伝承とも関わりの深い、学文路の宿屋玉屋の当時における主人である。本書については後に詳しく論じるが、こちらでは「今尚鏡石とて（論者注・千里御前の）墓前に存す。其所に一宇を建立し苅萱堂仁徳寺と号」すとある。また日野西論では、明治四十年刊行の西村徳左衛門編『苅萱親子一代記』にも、この鏡石について記述があるとするが、論者未見である。いずれにせよ、「鏡石」が文献上確認される上限は、管見の限り明治初期刊と思しい『石堂丸由来』であり、従って先の寺宝「夜光の宝珠」と、ほぼ同様の成立過程を「鏡石」に関しても想定して良いように思われる。

安永五年九月における「苅萱御内」の墓碑建立と、恐らくそれと連動した『苅萱御内の縁記』刊行にはじまる仁徳寺での苅萱伝承の成長と再編成は、従って『石堂丸由来』に至って漸くほぼ現在のような形に整備されたものと考えられる。『石堂丸由来』の奥付には「高野麓苅萱堂鏡石仁徳寺印」とあって、「鏡石」を前面に押し出したような記述すら見えるが、これも当時新たに導入された「苅萱御内」（千里御前）にまつわる寺宝の喧伝として解釈しうる。如上の「苅萱御内」（千里御前）を中心とした伝承及び寺宝の整備は、当然ではあるが、仁徳寺の高野山麓における、より一層の名所化として帰結したようである。

ここに明治四十五年四月刊行の井口龍城著『高野山霊記』（高千穂社、定価二〇銭）なる高野山案内書がある。表紙・写真口絵キャプションに英字表記を付すなど、外国からの観光客をも対象に含めた体の土産本である。本書表紙には石童丸らしき童子が高野山を登っている絵が印刷されており、更に冒頭より二四頁まで口絵写真を付し、金剛峰寺をはじめとする高野山内の名所四六枚の写真を掲げる。苅萱堂仁徳寺に関しては三頁にわたって六枚の写真があり、それぞれ「苅萱堂全景」「苅萱堂」「苅萱堂親子地蔵尊」「石堂丸母公廟」「苅萱堂御宝物の一」「苅萱堂御宝物の二」とのキャプションが付されている。他の場所の写真は単に仏閣や石塔・石碑などを一、二枚程度挙げるのみであるのに対し、仁徳寺の寺宝のみかなり詳細である。紹介記事にも、これらの種々の寺宝を羅列した上で「何れも拝観することが出来る」とわざわざ記しており、苅萱堂の寺宝群は他に比しても観光資源としてよほど充実していたのであろう。

三　仁徳寺・観音寺と千里御前信仰の展開

本稿はここまで苅萱上人の妻について、『苅萱御内の縁記』に倣って「苅萱御内」、あるいはそれ以後の仁徳寺刊行物に見える「千里」の双方を適宜用いてきた。だが、先にも触れたように、「千里」の名は『行状記』以来のものであって、説経の「かるかや」など、近世前期までの資料に照らす限りでは単に「御台」や「妻」とのみ呼ばれ、『苅萱御内の縁記』同様、名を持たない。前節で指摘した「夜光の玉」と「鏡石」という「千里」ゆかりの寺宝をめぐる、幕末明治期の仁徳寺における苅萱伝承の再編成という現象は、当然だが「千里」を中心とする説話の変質を伴う。懐胎中に夫が出家し、夫を訪ねて石童丸と連れ立って高野山を日指した苅萱の妻は、安産に効能のある玉を携え、貞操を全うした女人の鏡として、次第に女訓を説くための唱導の材として特化されてゆく経緯を辿ったのだといえようが、その際、彼女をめぐる仁徳寺の伝承に、様々な揺れが認められる点は注意されて良い。「千里」の名をめぐる問題もその一例である。

小林健二は、大森固庵と目される人物が記した道中記『千種日記』を引きつつ、『行状記』刊行以前の天和三年（一六八三）に、学文路において苅萱の唱導活動が行われていたことを指摘している。(4)いま『千種日記』の原文を引くと、

此里の内に、昔、苅萱筑紫よりつきてきたりし梅の木の杖をさしてをきしに、根を生じて今の世まで残れり。老木は枯て若木の梅有。なをその右に苅萱の妻の石塔有。此墓なん、五百回なりとて、近きあたりの法師集まりて経よみ、供養せしとなん（鈴木棠三・小池章太郎編『千種日記』下〈古典文庫、一九八四年二月〉）

とあって、ここでも「苅萱の妻」であり「千里」の名は見えない。ここで言及されている墓と同一のものを指すと

思われるものに、刊年不明『高野山独案内道鑑』（中野猛編『略縁起集成3』〈勉誠社、一九九七年二月〉所収）がある。本文には、

かふろの宿此所茶やはたごや有。かるかやみだいはか所常念仏有。

とある。本書の原本は論者未見のため、刊年の推定は差し控えたいが、上掲の学文路についての記述に仁徳寺の名がみられないことから、元文年中の仁徳寺成立以前のものと考えてよいだろう。

また、仁徳寺に「千里の前」として伝わる木製の尼像があり、底面銘に「元禄十四年辛巳九月日　苅萱御台之像（下略）」とある（日野西前掲論文参照）。これも『行状記』以前の年記ながら、銘にはあくまで「苅萱御台之像」とのみあり、「千里」の名は見えない。したがって同像もまた、先の略縁起同様、『行状記』の影響のもと、ある時点から千里の名を蒙って伝えられたと考えられる。『苅萱御内の縁記』は、従って「千里」の名称が与えられる前の、過渡期に位置する資料と言えるだろう。

ところで、日野西前掲論文中に、「石堂丸守刀」なる仁徳寺の寺宝が紹介されている。この守刀について日野西は「此ノ短刀ハ千里御前ノ生家ナル原田大蔵種高ノ所蔵セシモノ也」との伝承を紹介した上で、『行状記』では原田氏は正妻桂御前の父であること、「山鳩という守刀」は登場するが「石堂丸の守刀」などは登場しないことから、それが誤伝であるとしている。しかし『行状記』に照らせば誤伝として処理する他ない本伝承も、如上の仁徳寺における千里御前伝承の再整備を考慮すれば、一考に価するものと思われる。『行状記』においては加藤重氏こと苅萱上人をめぐって正妻桂御前、妾千里という二人の女人が登場するわけであるが、仁徳寺における石童丸の母を中心とした伝承の整備にあたって、桂御前の出生に関する要素の一部を、千里御前に付与させてゆくような操作が行われたと思しいのである。この事に関して、『苅萱御内の縁記』の以下の記述が傍証となろう。

そもく、きしうかうやさんのふもとかぶろのしゆくハ、つくし六ヶこくのたいせう、まつらのばつそん、か

とうさへもんしげうぢのミだいのはかしよなり。みだいハ、はらたのきやうぶしけまさこうのそく女なり（前掲『寺社略縁起類聚Ⅰ』）

「苅萱御内」の出生について述べた箇所であるが、「石堂丸守刀」の伝承のごとく、『行状記』での桂御前の父方の姓原田が、石童丸の母の姓として語られているばかりでなく、『行状記』での加藤重氏の父の名「しけまさ（重昌）」が、桂御前の父の名「種正」と混淆したかのように記述されている。

更に『石堂丸由来』においても桂御前の存在を、原拠の『行状記』の内容を組み替え、新たに別の形で登場させている点が併せて考慮される。『石堂丸由来』では、

筑紫の大守加藤兵衛之尉重昌、石堂川の石仏に世嗣の一子を祈り、地蔵尊の御手より夜光の宝珠を授りしより桂御前懐胎して、長承元年正月廿四日に誕生せしを石堂丸と名付く。

と桂御前が繁氏の母親の名前として登場している。繁氏の母親に、単に『行状記』から適当に名前を与えたものとも考えられるが、このように『行状記』における正妻「桂御前」と妾「千里」をめぐって、仁徳寺の伝承に様々な揺れが見られる点は注意されてよい。諸資料を対照した際に垣間見える、こうした伝承の揺らぎにこそ、石童丸の母、すなわち『行状記』以来「千里」なる名を与えられた女人を中心に据えた唱導活動の整備を目指していたと思しき、この時期の仁徳寺の骨折りが見受けられるように思われる。

さて、昭和初期頃より、高野山麓で千里を中心に唱導活動を行っていたいま一つの寺に、観音寺苅萱堂がある。本寺についても日野西眞定による紹介が備わる。[5] この観音寺における苅萱伝承は、氏も論中で挙げている阪ノ上多一郎『悲史　千里御前と石童丸　附西国三十三所御詠歌』（観音寺苅萱堂、昭和八年五月、定価二〇銭、以下『千里御前と石童丸』）によって知ることができる。

本書は『行状記』に基づいて書かれた高野山苅萱堂発行の野寺（徳富・元隆『苅萱と石童丸』（高野山苅萱堂、大

正四年四月）を参照したと思しく妻妾の蛇髪化について言及がある点は共通しているが、とりわけ上記のような千里御前に関する独自の伝承を記しており、以下の箇所などは特に注意される。

千里姫はキット心を定め『今迄石童丸より何の便りも無いのは数多き御坊の事なれば未だ対面に至らず只一人広い山路を尋ねさまよふて居るに違ひない此上は有るに甲斐ない妾の命を犠牲として父子の対面を祈るより外はない、妾の魂は屹度石童丸に付き添ひ必ず父君に逢せ申すべし』と覚悟を定め、宿料の支払から、手荷物に至る迄残る方なく取りまとめ、（中略）心静かに普門品を読誦し、南無大慈大悲の観世音菩薩、又当高野山に鎮ります、遍照金剛何卒妾の命を縮めて父子の対面をなさしめ玉へと念じつゝ、哀れ三十二歳を一期として自害して相果てたのでありました、

すなわち、千里が父子再会を祈って自害することで、石童丸が父親と再会を果たすという筋である。幕末から明治期において仁徳寺で語られたような貞女の域を超え、ここではさらに犠牲的な末路が付与された千里像を描く。また物語中、麓の宿に残った千里が程近い「観音堂」に詣で、本堂に参籠し石童丸の無事を祈るさまなども描かれる。本書口絵写真に「観音寺苅萱堂本堂」とあるごとく、暗に本寺と苅萱伝承との接近を示唆しようとしたものだろう。更に、千里が没した際に「観音堂」の住職が呼ばれて読経し、法名を与えたなどの筋も見え、千里御前の伝承を観音寺に関連付けようとする姿勢はあらわである(6)。

また、先の引用部からも分かる通り、本書は説法の口吻を残した読み物となっており、観音寺における唱導の様を窺うことのできる資料でもある。ともあれ観音寺苅萱堂の伝えるこうした苅萱伝承は、幕末・明治期の仁徳寺にはじまる、千里を中心として編成された唱導のあり方をより一層先鋭化させたものとみてよい。

『千里御前と石童丸』制作にあたり、観音寺が参照したと思われる前掲『苅萱と石童丸』などでは、重氏の正妻桂御前が嫉妬に狂い千里殺害を命じるが、最期には狂死するという末路を辿っており、徹底した悪女として桂御前

が語られている。これも桂御前と千里とを対照的に描くことで、千里御前の高潔さを強調しようとする操作と考えられる。

付け加えれば、『石堂丸由来』には、それ以前の諸書に見えない千里御前による「あさ日かげ待たで消るもよしや世におき処なき露の身なれば」なる辞世の句が記されている。この和歌は『千里御前と石童丸』、及び山縣玄浄著『苅萱法話高野涙雨』（明治二十七年六月、千蔵院蔵版）でも引かれているが、実は『高野山麓学文路村苅萱堂仁徳寺縁起』にある、千里が暁に「朝の露とともにはかなく消うせ」たように亡くなったという記述を踏まえたもので、ここから一首の和歌として発展させたものと見られる。更に『石堂丸由来』は、「ふく風に禿の峯の霧はれて千里くもらぬ月を見るかな」なる苅萱上人が千里へ手向けた歌を収めるが、これは『行状記』の「高野山松の嵐に雲晴て千里くもらぬ月を見る哉」なる苅萱が高野山内の庵中で詠んだ歌を、高野山から学文路に場を変じ、『行状記』では単なる眺望としての語「千里」に、亡き妻を巧みに当て込んだものであろう。いずれ、これも如上の千里を中心とする唱導活動の編成と同様の傾向を見せるものといえよう。

すでに日野西論でも「女人禁制の山麓には、その祖師の母を祀る場合が多い」点を挙げつつ、千里御前信仰と高野山の慈尊院との関連などについて指摘があるが、ともあれ、前節から本節にかけて仁徳寺の略縁起三種を足掛かりに、昭和初期の観音寺にまで至る千里御前信仰の展開と、それに伴う伝承の再整備の具体的過程について跡付けてみた。これら略縁起も含めた種々の刊行物の記述には、それぞれ寛延二年刊行の『行状記』と旧来の説経「かるかや」の筋が溶け込み合い、さらに新たに創造された寺宝群との整合性をも保とうとした結果、様々な伝承内容の揺らぎを生じさせているわけである。

四　玉屋主人の語る「苅萱」

苅萱伝承の中で、中世期の説経・謡曲、更に近世期の浄瑠璃・勧化本・略縁起と各作品の時代・ジャンルを通じて登場するのが苅萱親子の三人であり、そして宿屋の玉屋である。逆をいえば、夥しい苅萱の物語の中で玉屋が登場しないものは皆無といってよい。この点、明治二十六年に刊行された玉田藤吉著『苅萱石童丸一代記』（明治二十六年一月、日進堂、定価四銭）は、実に特異なものである。日野西論に拠れば、玉屋最後の主人玉田藤吉は明治三十五年没、享年三十二歳とのことであるが、本書の著者はこの玉屋主人であった。刊行時には二十三歳であったことになるが、内容に比してやや若年に過ぎる印象も拭えないので、代々藤吉と名を同じくしていたのだとすれば、あるいは先代の手に成ったものかもしれない。

本書もまた『行状記』に基づく改作であるが、次のような記述はこの時期の玉屋のあり様を知る上でも興味深いものである。やや長くなるが次に引用する。

> 玉屋の与次兵衛は維新以前地主帯刀を免され、各国々司の御用宿にて、高張提燈御紋付なる上下等一切の礼服を下附せられたり。其後与次右衛門を以て改称し、今明治廿六年に至る迄、七百数十有余年、尚其古跡宝物を守り、益其旧業に勉励し、去る明治十六年を以て館宅全く新築し、土地高燥、苅萱父子の建立に係る仁徳寺を右にし（中略）客の高野に詣づるもの、此舎を於て南海第一の旅館とし、尋ねざるものなきことを聞く。有栖川親王殿下に、三條公の母君に、毛利公爵の高野山に御参詣あらせらる、、三井家の登山に於ける、皆御宿所に充てられ、他に華族紳士の枉駕の数、枚挙に遑あらざる由。（国立国会図書館マイクロフィルム参照）

と、玉屋繁盛のさまが綴られている。この明治十六年における玉屋新築の話題に続けて、本書は昨今の玉屋の様子を、唯うらむらくは、目今続々緒新聞紙にも掲載せらる、の一弊風、車夫舟子に賄賂を行ひ、道中の宿屋業者に金銭を取らせ、以て数十里の遠き初めて来るの我同胞を欺き、貧欲飽くことなきの利を営み、不潔極まるの旅舎に陥らしめ、其良を良とせざるの狡猾児の少しとせざることを終りに望む。同胞諸彦の名山古跡を捜る彼の狡猾児の為めに、其実地を誤まられず、非を避け是を此れ取られんことを。

と記している。

そもそも、寛永八年（一六三一）刊の説経正本（室木弥太郎校注『新潮古典集成　説経集』所収、昭和五十二年一月）では、玉屋についての記述は「高野三里のふもとなる、学文路の宿と申すなる、玉屋の与次殿にこそはお着きある」とあるのみ。また謡曲〈苅萱〉も、いくつかの諸本があるが、等しく学文路の「宿の主人（亭主）」が苅萱上人に対し、親子の名乗りをあげるよう説得する場面などがある程度であって、その出生などについては言及がない。しかし『紀伊続風土記』巻之四五には割注で、

与次は旧筑紫にて玉田与藤次清忠といひしものなりとぞ（『紀伊続風土記2』歴史図書社、一九七〇年）

と記されており、玉屋与次こと玉田与藤次はもと筑紫の住人であったとしている。また先の略縁起『高野山麓学文路村苅萱堂仁徳寺縁起』には、

昔筑紫にて玉田与藤次といえる浪人の、今は此里にて玉屋与次といへるもの、宿

と、筑紫の浪人玉田が玉屋となったことを記しており、本書を引用する『紀伊国名所図会』の「縁起略」に曰くとする箇所にも同様の記述がみられる。

さて、玉屋主人の手に成る『苅萱石童丸一代記』（以下『一代記』と記す）では玉屋与次、すなわち玉田与藤次清忠の出自について以下のように語る。

（論者注・加藤家）譜代の老臣玉田与藤次清忠、千脇源太左衛門矩忠を召し寄せて、石童丸元服の礼を調（ママ）えしめ

（下略）

と、加藤家の譜代の家臣として登場し、また、

　　繁昌臨終の命によりて玉田清忠、望月安元、二人高野山え遺骨を奉じて登りける

と語られ、苅萱の物語中に頻繁に顔を出す。しかし『行状記』当該場面に照らすと前者については、

　　譜代の郎従千脇源太左衛門矩忠、望月平次兵衛安元、堀内九郎、家木藤内等を召寄石童丸元服の礼を調へ（下略）

と、『一代記』に見える千脇の名は挙げられているが、玉田の名はみられない。また後者についても、繁昌の遺骨を高野山へ納める役は望月平次衛安元と家木藤内光継の二名であると記されており、玉田の名は見当たらない。『行状記』に登場する玉屋与次は自らを「某も古は筑前に住し者にて」と語るに留まり、後妻である弥生の口からは「玉田与藤次清忠と云婬乱者[7]」と語られるのみである。『石堂丸由来』では、「古の家臣玉田与藤次」との一節が見えるものの、それ以上の記述はない。一方、『一代記』においては弥生に「玉田与藤次清忠殿と云ふ侍」と語らせ、玉田が玉屋となった経緯については、先に引いたように繁昌の納骨のために高野山に登って以来、

　　去る年、悔悟する事情ありて、未来の救を高祖大師にさんげせん為、当地に越して已に十数年を経過し、手馴れぬ業に身をやつし、今は玉屋の与次兵衛

と、もとは加藤家の家臣である玉田が役目のために高野山へ赴き、そのまま玉屋となったとして、『行状記』との整合性にも気を遣っている。こうした玉田の家祖に関する記述について、先に引用した『紀伊続風土記』・『高野山麓学文路村苅萱堂仁徳寺縁起』、また『紀伊国名所図会』などは玉田を加藤家の家臣とまでは語っていない。

　これらを併せて考えれば、玉屋家祖に関する伝承の成長の跡が明白に見て取れる。筑紫からきた元加藤家家臣たる玉田与藤次という、玉田家家祖にまつわる伝承が『行状記』以降、恐らく幕末・明治初期頃に、玉屋周辺で発生

していたと考えてよい。先に触れたように、ちょうどその頃の刊行と思しい『石堂丸由来』のみに、明治二十六年、玉田藤吉著『一代記』によって集成される玉屋伝承の片鱗が窺われることも、その証左といえる。ちなみに、この『一代記』に描かれる玉屋の出自を踏襲するものに、前掲の山縣玄浄著『苅萱法話高野涙雨』があり、そこには「此玉屋と申すは、加藤重氏の旧臣玉田与藤次清忠なる者、国許を脱走し来て、高野の麓に足を留め、旅人宿を営み居る者なり」と記されている。

以上からもわかる通り、『一代記』は近隣に位置した仁徳寺発行の略縁起類を参照せず、細部においても『行状記』を積極的に参照し、それらの記述を玉屋家祖に関する伝承を語るために巧妙に再構成を図ったものである。前節において触れたように、仁徳寺刊行の略縁起を見る限り、仁徳寺の「苅萱」は『行状記』のような入り組んだ筋を用いず、加藤重氏とその妻子にまつわることのみをシンプルに描くものであった。これに対し『一代記』は、略縁起では省略されていた数高・爪木夫婦をめぐる筋を記すなど、より複雑な『行状記』の筋を踏襲している。この点、両者は近隣に位置しながらも大きな相違がある。

確かに玉田与藤次の存在を強調するのであれば、仁徳寺の略縁起類ではなく、加藤家の悪臣である数高・爪木夫婦が登場する『行状記』を参照する必要があろう。というのも『行状記』に即せば、数高・爪木夫婦の子、弥生は玉田与藤次の後妻に当たるが、この弥生を乞食の身分に貶めたのは玉田であり、その玉田が登場する物語を紡ぐために、こうした人物関係をも踏襲する必要があったのだといえよう。

更にいえば『行状記』がこのような複雑な筋を持つのは、苅萱石童丸の父子邂逅の物語だけでなく、別に二組の親子邂逅譚が物語中に仕組まれているためである。『行状記』に即してやや詳しく記しておくと、加藤重氏が出家する以前、加藤家の転覆を企む奸臣、中井権藤太数高とその妻爪木らは、架空の妻妾嫉妬劇を演じて側室千里の殺害を計画していた。この時殺害を命じられた正妻桂御前の家臣、中村勇太夫早足は千里の身をかばって、ある女乞食（弥生）の首を差し出す。ところで彼女は子供を連れており、その子は玉田の先妻の子で早足に預けられる。それがのちの僧明源で、石童丸の母親の臨終に最後の教化を施すため、玉屋を訪ねて偶然に父親と再会を果たす。また、この弥生と数高・爪木夫婦も親子関係にあり、爪木は図らずも自分の子供を自らの悪巧みの犠牲にしたことを知ると、すぐさま自害する。こうした複雑かつ緊密な因果関係と教訓的な人物造形を用いたドラマツルギーについては、勧化本というジャンル自体が抱え持つ特徴でもある[8]。

前掲『紀伊国名所図会』には、学文路の条に「此村旅舎多し。玉屋与次兵衛といふ臥房繁昌す。苅萱道心の因縁ある家なりとぞ」と記され、玉屋の図が描かれている。図の上方には狂歌師泥田坊の狂歌が配され、「かるかやのむかしより、とし〱にしげりさかえて遊びどもおほかる宿也」との詞書に続き「あそびめの皃の玉屋にゐつゞけの子を尋ねくる父もあるべし」とある。高野山麓における玉屋の繁昌を記すこれらの記述からも、商業活動に余念ない玉屋の姿を、商家としては当然の事ながら、ありありと見て取ることができる。また、図に描かれる玉屋の看板には玉の意匠の下に玉屋与次兵衛とあり、「玉田」ではない。

知られるとおり、玉屋は『行状記』以前からも苅萱ゆかりの場所であった。だが、明治期に至っても『一代記』で「今現に高野山三里麓学文路の駅に玉屋与次右衛門（ママ）とて其墓を守り古器宝物等存せり」と書くあたり、商家として巧みに苅萱伝承を活用していた様が知れる。「古器宝物等」と物に即した伝承を語ろうとしているあたり、仁徳寺のあり方と軌を一にしているようで興味深く感じられる。

中世期の玉屋について、宗教者として位置付ける先行論も備わる[9]。そうした側面もあるいはあったのかも知れないが、今となっては当初の玉屋の姿を知ることは難しい。ともあれ、近世後期から明治期における玉屋周辺の苅萱伝承の成長は、上記のように『行状記』の記述を巧みに作り変えながら、まさに玉屋縁起なるものを成立させ、商業活動と仏教伝承との見事な協調関係として位置づけることができるだろう。

五　おわりに

近世後期から近代初期にかけての高野山麓における苅萱伝承の姿は実に多彩である。本稿では、とりわけ苅萱堂仁徳寺および観音寺周辺における唱導活動、また玉屋の商業活動について、これらが先行する「苅萱」の物語にいかなる変容を加え、一つの物語を互いにどのような形で取り込んでいるのかという問題をめぐって考察してきた。

仁徳寺に関していえば、この時期に苅萱の御台、千里御前を中心に据えた信仰を整備しようとした苅萱伝承の再編成を、昭和初年頃に成立する観音寺苅萱堂への継承とも併せて跡付けてきた。また、玉屋についても『行状記』によって近世中期に創成された苅萱伝承が「玉田」家において巧妙に語り直され、苅萱伝承とともに歩む商業活動の様をみてきた。

近世から近代に至る過渡期の苅萱伝承について、本稿ではごく世俗的な側面に注意を向け、これら高野山麓の三つの場の物語に関して瑣末な考証を加えてみた。とはいえ、略縁起を出発点としつつも、こうした雑多な近代期の刊行物に目を向けることは、かくも様々な表情を見せる高野山麓の苅萱伝承の姿を描く上で不可欠の作業であると考える。本稿が近世期の略縁起から時代的に遡行するのではなく、あくまで近代への波及に拘泥してきた所以である。(10)

注

（1）拙稿「苅萱物語の伝承と変容」（『仏教文学』29、二〇〇五年三月）、及び「〈資料紹介〉明治・大正苅萱資料四種――石童丸夭折の物語」（『伝承』2、二〇〇六年三月）、「絵本・漫画における苅萱説話――近現代唱導文芸に関する一考察」（『伝承』3、二〇〇六年十二月）。

（2）岩崎武夫「「かるかや」と聖の世界」『さんせう太夫考』（平凡社、一九七三年五月）所収、筑土鈴寛「かるかや考」『中世・宗教藝文の研究一　筑土鈴寛著作集3』（せりか書房、一九七六年七月）所収、室木弥太郎『増訂　語り物（舞・説経・古浄瑠璃）の研究』（風間書房、一九八一年六月）第三篇第四章など。

（3）石童丸の表記については、「石堂丸」あるいは「石動丸」と記すものがまま見られるが、本稿では原文にそうあるもの以外、全て「石童丸」で統一した。また「加藤重氏」の表記についても「繁氏」と記すものもあるが、本稿では原文以外、「重氏」で統一した。

（4）「語り物の展開（2）―説経「苅萱」と「高野の巻」―」（『講座日本の伝承文学3』三弥井書店、一九九五年十月）所収。

（5）「観音寺苅萱堂」九度山町史編纂委員会編『改訂　九度山町史』（二〇〇四年十二月）所収。

（6）同じく千里が自害するという筋を持つものに、山田鶴川編『孝道夜話』（榊原文盛堂・魚住書店、一九一二年二月、定価二五銭）所収「石童丸」がある。本書では千里が、

我が子の帰りの遅きを案じ煩つて、果ては心も狂はしくなり、匕首右手に執るより早く、グサと喉を差し貫いて、無残なる最期を遂げた。

とあり、自害といっても焦れ死に近い形をとっている。千里自害の内容を記すものは、管見の限り本書が最も早いが、観音寺伝承における父子再会の祈念しての自害とは、やや隔たりがあるように思われる。

（7）原文からの引用は中村幸彦蔵本に拠る。また、引用に際しては漢字片仮名文を漢字平仮名文に直した。国文学研究資料館マイクロフィルム参照。

（8）勧化本に関しては、後期読本への影響を論じる中村幸彦「読本発生に関する諸問題」（『中村幸彦著述集5』中央公論社、一九八二年八月、所収）、また演劇利用などの仏教唱導の文芸化を指摘する堤邦彦『近世仏教説話の研究』（翰林書房、一九九六年七月）などの論がある。

（9）岩崎武夫「禁忌の世界――『説経』から『近松』へ」（『日本文学誌要』一九八〇年二月）、日野西前掲論文、及び阪口弘之「説経「かるかや」と高野伝承」（『国語と国文学』一九九四年十月号）など。

（10）本稿では、高野山麓の上記の二つの場に限って論じたが、さらに高野山中の萱堂においても法燈国師覚心と苅萱伝承との接合（『紀伊続風土記』等）など、特色ある異伝が少なくない。また当然ながら、信州の西光寺・往生寺の苅萱伝承との関連も重要であるが、そうした様々な問題群については別の機会に論じたい。

○原文引用は、適宜新字体に改め、句読点については原文にないものに限り私に付した。また、特に断りのない資料については架蔵本を使用した。

『開山呑龍上人略伝除雷名号縁起』と呑龍信仰

――付、翻刻

堤　邦彦

一　はじめに

群馬県太田市の大光院は浄土宗関東十八檀林のひとつとして知られる名刹である。この寺の開山を源蓮社然誉大阿呑龍（一五五六～一六二三）という。宗門史のうえの呑龍は、大本山増上寺一二世の存応（観智国師、一五九四～一六二〇）の片腕となって近世初頭の浄土宗教団の宗政にたずさわった傑僧であるが、一方、民衆教化の場に語られた上州の呑龍伝には、これとは別の顔がうかびあがる。すなわち大光院周辺の呑龍信仰に目を移すと、貧農の子を門弟にして養育し、間引きの悪風を嘆いて捨子を引き取った故事が信徒の間に流伝し、幼童守護の「子育て呑龍」に対する崇敬の深さがうかがえる。それは土地の信仰生活に根をおろした呑龍像といえるだろう。

この地方では子供のすこやかな成長を祈願して、五歳、七歳になるまで呑龍様のお弟子と称し、坊主頭にしておく風習（呑龍っ子、五つ坊主、七つ坊主）を今に伝えている。

大光院の宗徒が布宣した呑龍尊の功徳はこれにとどまらず、治病をはじめ救命、降雨、雷除け、火伏せ、安産といった民衆の日々の暮らしに深く関わる霊験が少なくない。

現世利益の思想にいろどられた呑龍信仰のありかたをめぐって、川添崇は、それらが浄土宗の伝統的な教義体系から逸脱した在地性の強い得益説話群である点に言及している(1)。

明治初年以降、大光院の僧侶や在俗の篤信者を中心に呑龍尊称揚のための「故信講」(呑龍の字「故信」にちなむ)が結成され、上州はもとより全国各地に教線を拡大した。その際、具体的な霊験・利益の実録譚をともなう呑龍伝があいついで編まれ、開山上人のたぐいまれなる法力を世に広宣する拠り所となるのであった。明治初頭の廃仏毀釈の嵐のなかで、浄土宗高僧の報徳説話が伝奇性さえ漂わせた講談調の呑龍一代記に姿を転換するさまを、われわれは目のあたりにすることになる。

もっとも、〈呑龍外伝〉ともいうべき得益説話の形成は、すでに近世中・後期の大光院より生まれた縁起資料に見出されるものであり、中央教団の主導する高僧史伝の枠組みに左右されない呑龍伝記の在地的な胎動をものがたる。それらはいわば、北関東の風土を背景に生成した地域社会の高僧伝説ともいえる性質を帯びているのである。関東十八檀林において、土地の地勢・風土や寺をとりまく固有の事情を反映したオリジナルな開山史伝が意図的に創り出され、信徒に向けて発信されたとすれば、そこに江戸の高僧伝説誕生のメカニズムを見出し、布教の現場にそくした縁起生成のありようをうかがい知ることはそう難しくないだろう。

そのような観点から、本稿では大光院の略縁起である『開山呑龍上人略伝除雷名号縁起』をとりあげ、縁起の特色と呑龍伝全体の位置付けに言及してみたい。

二　呑龍伝編纂のながれ

現存の呑龍伝は編纂の経緯や目的により、およそ次のA～Dの四群に分離して考えることができる。ひとまず個々のデータを略述し、呑龍伝記の全体像を把握しておこう。

A　浄土宗僧伝の一部

・『浄土鎮流祖伝』（宝永元年〈一七〇四〉成立、正徳三年〈一七一三〉刊）所収の「新田大光院呑龍上人伝」

B　大光院系縁起

・『義重山開祖然誉大阿呑龍上人伝』（享保五年〈一七二〇〉写）漢文体、大光院二七世霊雲編

・『開山呑龍上人略伝除雷名号縁起』（刊年不明）平仮名本、一冊一〇丁

C　近代成立の僧伝

・『開山呑龍上人略伝』（明治十一年刊）、六三世日野霊端編、木版平仮名絵入本一冊

・『開山呑龍上人御一代行状幷古今得益之図』、大光院版の銅板絵伝、一幅、刊年不明

・『呑龍上人御実伝』（大正二年刊）、藤沢紫紅編、活字本一冊

・『呑龍聖人伝』（昭和九年刊）、三大寺本紹編、活字本一冊

D　大光院以外の寺院による略縁起

・『三祖呑龍上人略伝』（明治版か）、武蔵八王子大善寺版。内題は『当山第三世呑龍大菩薩略伝』

Aの『浄土鎮流祖伝』は近江国松江・称名寺の僧・心阿の編んだ鎮西流白旗派の高僧伝である。元禄十年（一六九七）に開祖法然が円光大師号を賜ったことに刺激を受けて成立した僧伝集であり、法然以下一九四人の伝記をまとめている。そのなかの一篇である「新田大光院呑龍上人伝」は、大本山増上寺を頂点とする近世浄土宗の高僧列

伝に組み込まれた呑龍伝であり、それだけに中央教団の教義や価値基準に照らして選述された公的伝記の性格を帯びている。十七世紀以降、徳川幕府と結び付いて教線を伸ばした鎮西流白旗派の布法特色を反映した叙述が目につく資料である。

一方、十八世紀に入り大光院を中心として編まれたBの系統は、いちように在地性、風土性のまさる内容であり、呑龍信仰布宣の場の生の雰囲気を伝えている。ことに略縁起（『除雷名号縁起』）は寺蔵の霊宝にからめた招福除災の霊験譚を話の中心点にすえている。そうした現世利益重視の傾向性は、明治初頭の寺勢復興の時代に発刊されたCの一群にさらなる展開をみせ、やがては講談調の藤沢紫紅版を生み、大衆娯楽の要素を増大させて行く。それらの展開史を念頭に置きながら、各々の特質を細部に踏み込んで検証してみたい。

Aの「新田大光院呑龍上人伝」は、大光院の開創にあたり呑龍を初世としたこと、後陽成帝より紫衣を賜り、家康の命で三〇〇石を与えられたことなどの公的史伝を漢文でしるし、さらに上人の法力を示す葬棺守護のエピソードにふれるのであった。

あるとき呑龍の庵室に鬼形の異人が現れ、上人に忠告して言う。寺の門前に造悪を積んだ老婆が住んでいる。この者の命は明朝に尽きるであろう。しかしどのように請われてもこの女の葬儀にかかわりを持ってはならない。鬼はそう告げると高笑いを残し、一陣の風とともに消え去った。次の日、老婆の法要の最中に突然空が暗くなり、激しい風雨と稲光に人々は驚き逃げまどう。呑龍は棺の前に座して、一心に偈頌を唱えていた。

智火之煙昇㆓第一義天㆒
法水之流帰㆓薩般若海㆒

すると黒雲のなかから師を讃える声がして空はもとのように晴れわたるのであった。

説話の内容からみて、この話は高僧の「火車落し」をテーマとする唱導説話の一類型とみてよい。それらは主に中世～近世の曹洞宗寺院の縁起伝承にしばしば見受けられるものであり、和尚の験力をあらわす証拠の品（火車の爪、火車落しの数珠など）が寺の宝物となっていまなお伝存する例も少なくない。[2]

浄土宗の僧伝においても同様の妖魔鎮圧の法力譚は援用されており、臨終に火車を呼び寄せた音誉上人の故事（『天文雑記』『浄土鎮流祖伝』『火車現米図』）や、幡随意白道伝による奪屍鬼封じの話を残している。もっとも、浄土宗の類話には、すでに世俗に広まっていた禅僧の火車落しに対する批判の姿勢がうかがえ、浄土宗門独自の解釈を鮮明にする。

呑龍と同じ法系に属する幡随意（一五四二～一六一五）の場合には、みごとに葬棺を守り抜いた上人の験力に疑念をもつ禅僧と対決し、問答のすえに論破した逸話さえ付載する（『本朝三聖利益伝』）。また『浄土鎮流祖伝』の嵩山上人の伝記をみると、寺堂の再興に執着する禅僧の悪念が棺を襲う妖雷に化した説話を例証に、禅の民間葬法をさりげなく否定する態度がみてとれる。

これらは、いわば禅宗の法儀にまさる〈浄土宗高僧の引導〉を強調した教義性の強い唱導説話であった。いずれにしても、火車落しの因縁は、この時代の浄土僧の布法戦略に合致するオーソドックスな話材にほかならない。もちろん呑龍の奪屍鬼鎮圧もまた、そうした教団規模の教化譚の常套的な語り口を前提とする。関東十八檀林に展開した近世浄土宗の動向にあい通ずる霊験譚のひとつと考えてよいだろう。

三　現世利益の重視

これに対して、ほぼ同時代の享保五年に大光院二七世の心阿が編纂したBの『義重山開祖然誉大阿呑龍上人伝』（以下「享保本」）の方は、誕生から出家、修行、大光院の開創、そして入寂にいたる呑龍の生涯をつぶさにしるすばかりか、のちの呑龍伝説の源流となる上州一円の霊験利益譚をくまなくあつめ、大光院独自の開祖伝に仕立てた点を特色とする。呑龍の伝記的足跡と民衆救済の著名なエピソードをつづった心阿選述の享保本について、その内容を略記すると、以下のようになる。

①誕生

弘治二年、武州一割村（現春日部市）にて出生、父は井上将監信貞。

母、龍神社に詣でて懐妊。

②出家

夢のお告げを受け、林西寺（大善寺）に入り岌弁のもとで薙髪、時に十四歳。曇龍と号す。

③増上寺

元亀元年、増上寺に遊学し、源誉上人（観智国師）の法弟となる。

④雨乞いの念仏

下総・西岸寺に入り、林西寺住職を兼務。そのころ農民の願いを受けて「龍神森」にて百万遍念仏を行う。黒雲より、小龍が現れ三日のあいだ雨を降らせる。村人の帰依。

⑤家康と観智国師

天正十八年、徳川家康が江戸城に入る。源誉上人（観智）とともに家康の御前で法談。

⑥武州大善寺

慶長五年、八王子の大善寺第三世の住職となり、『無量寿仏戒秘訣』を伝授され、法燈を継ぐ。

⑦大光院

慶長十八年、徳川秀忠の命により太田に大光院新田寺を建立。開山初世となる。

⑧呑龍改号

夢の中に龍宮を訪れ説法。災いを為さんとする悪龍のあることに気付き、金翅鳥（こんじちょう）に変化してこれを呑む。これより呑龍と号す。また、迷霊に十念を授けて救済し、境内の喧蛙を密呪により黙らせるなどの法力をあらわす。

⑨二条城の説法

元和元年、大坂城落城。呑龍は観智国師に従って二条城の家康を拝賀。並居る公武の御前で法問して道声を得る。

⑩殺生の民を救う

元和二年、国禁を犯して鶴を殺した孝子を救う。

⑪紫衣拝賜

元和八年、将軍秀忠の上申により朝廷より紫衣を賜る。

⑫自ら刻した像に問答。うなずく呑龍像。

⑬雷神教化

元和九年の夏、赤城山の雷神が山伏の姿で示現、上人より十念を授かり帰伏。以後、農作に害を与えぬことを約束。

⑭入寂

元和九年、入寂に際して雷声がひびきわたり十念に和す。

心阿の享保本縁起は、浄土宗史の公的史実に立脚した呑龍の閲歴をたどりながら、説話の要所に入山・開堂の節目に起きた霊験利益のかずかずを差し挿み、大光院開山の卓越した法徳を礼讃するという、重層的な縁起語りの構造をそなえる。たしかに観智国師との師弟関係（③）、家康・秀忠の外護（⑤⑪）、諸寺への止住と開創（②⑥⑦）などの事柄は、正統的な浄土宗僧伝として不可欠な記述に違いない。だが、その一方では、農民の困苦を除く請雨

図1　呑龍御影符

の百万遍念仏④にみるように、土地の信徒との間に交わされた教化と救済の交流史が説話化され、布法実践の場に花開いた呑龍尊のものがたりを土台として、大光院独自の呑龍伝説の世界が形成されたことも事実であった。

さらにまた、享保本を特徴付けるいまひとつの要素に現世利益の強調を指摘することができる。たとえば⑫の「うなづきの自像」の由来は、大光院の霊宝である呑龍像の奇瑞をつまびらかにする。

あるとき（元和七年〈一六二一〉とも）自像の開眼式にのぞんだ折のこと、上人はおもむろに木像を一喝し「これこの木呑龍、果たして死龍か、はたまた活き龍か。汝よくこの老僧に代わり得て百世万代に寺門を鎮護せんや否や」と問いかけること三度。木像が黙して語らずとみるや、すぐさま斧を手にしてこなごなに打ち砕き火中に投じてしまった。あらためて上人自ら刀をとり入念に木像を彫りつけ、前と同じように開眼供養したところ、今度は目を輝かせ三度まで點頭（うなづ）いたという。霊像はいまも大光院に安置されていて、鋭い眼光をはなつその姿は、まるで生前の呑龍上人かと見紛うほどの威厳にみちている。そのように述べたあと、心阿の享保本は「うなづきの自像」をめぐる現世利益の功徳を解いて、

郷里諸人、水旱疾疫凡有レ求必禱焉無レ不二効験一、誠可二尊信一矣。

と述べ、洪水、日照りの災厄より村人を守り、悪疾をたちどころに治してくれる効験のいちじるしさに言い及ぶのであった。こうした叙述態度をみるかぎり、そこには史実を重視する正統僧伝とは明らかに方向性を違えたあから

さまな現世利益志向と、土着的な招福除災の功力にからめた呑龍伝の神秘化がみてとれるのではあるまいか。「うなづきの自像」は、呑龍没後も上人になり代わって寺を守り民衆の救済にあたると信じられていた。のちには座像の御影を印刻した札が同等の効験を発揮する霊符とされ、大光院はもとより門派の諸寺を通じて信徒・参詣人に配布された（図1）。

安政三年（一八五六）に大光院より呑龍上人像を勧請した伊勢崎市・本光寺の場合は、毎月七日を呑龍様の縁日と定め、日伏せ、子育ての祈願に詣でる人々に「開山呑龍上人之影」を出している。(3) これを持ち帰り仏壇に供える風習がいまも行われている。そのような仏教民俗の起源として、尊像の霊験説話が呑龍伝の一景に加えられて機能した点は、大光院を発信源とする高僧伝説とその習俗化の構図をものがたると理解してよかろう。

なお、近世浄土宗の高僧伝説全体に照らしていえば、うなづく尊像の霊験が幡随意の事跡に転用されていることに気付かされる。江戸の幡随院開山堂に安置の自作像は喚びかけに点頭して立ち歩いた感応説話で知られ、「対言の御影」と称した（『幡随意上人諸国行化伝』）。確認されただけでも、幡随院は元文四年（一七三九）の開帳をはじめ、数度にわたり御影像の開帳を行い、『直作点頭木像縁起』と内題する略縁起も刷られている。(4) これに加えて、開山堂の前で火・水・病の厄難を封ずる百万遍念仏が修され、「幡随意講」の名で親しまれたことなどを考え合わせるなら、ひとり呑龍のみならず、観智国師の法脈にかような御影礼拝の神秘伝承と現世利益の信仰が行きわたり、近世浄土宗の民衆教化を支えていた点は想像にかたくない。

四　『除雷名号縁起』をめぐるコトとモノ

近世中期以降、大光院の布教活動は寺宝の尊像という具体的な信仰対象をともなうことにより、北関東の村落に教線をひろげ、身近な招福除災を願う民衆の希求に応えて行く。いわばそれは寺宝・霊符（モノ）にからめた現世利益思想（コト）の広宣であり、呑龍信仰の世俗化をうながす方便であった。

大光院版の略縁起である『開山呑龍上人略伝除雷名号縁起』の発刊は、そのような布法環境の変遷を反映したものであった。したがって、略縁起に散在する「名号」の奇特や現世利益の言説も、〈モノに象徴化して語られる高僧伝説〉という文脈（コンテクスト）から理解しうる側面をもつのではないだろうか。この点について、いますこし踏み込んだ考究を加えてみたい。

全一〇丁（表紙一丁、本文九丁）より成る略縁起は刊年未詳ながら、巻末に「義重山大光院幹事謹識」とあるので、大光院の関与は間違いない。現存の伝本は日本大学総合学術情報センター・黒川文庫蔵「寺社縁起集続編第十四」（K51／J54／20）所収の孤本である。呑龍関係の略縁起として、この他に武蔵八王子の大善寺から出た『三祖呑龍上人略伝』が知られている。(5)

さて、『除雷名号縁起』の内容であるが、はじめの四丁分に龍神社の夢告と上人の誕生、雨乞の念仏、悪龍鎮圧にちなむ「呑龍」改号、うなづきの自像にまつわる奇瑞を掲げて伝記のダイジェストを行う。叙述はおおむね享保本に近い。ただし、宗門史的事項を散りばめる享保本に比べると、全般に公的史伝の省筆が目につき、俗耳に入り易い因縁に傾いているのがよくわかる。とりわけ徳川家との関わりや観智国師の法脈、紫衣拝領の一件などをすべて捨象する書きぶりは、享保本にみられない略縁起の特性といえるだろう。両者のスタンスの違いは、いまだ伝統的な寺誌・僧伝の性格をとどめる写本呑龍伝（享保本）の考証的な姿勢と、開帳・講会の折に一般参詣人に向けて配布されることを念頭に印刻・量産された簡易版（略縁起）との本質にかかわる落差を如実に示すものであった。

端的にいえば、略縁起の編集方針は、歴史僧伝のなかから布法実践の法席に適した霊験・利益の説話を拾い出し、信徒の目の前に並びたてた寺宝や霊符の由来を語り、あらたかな効験を説きひろめることにあったのだろう。日常の唱導活動の目的性を優先させた結果、神異の験力にみちあふれた略縁起の伝承世界が現出した。それはまさしくモノの聖性に焦点をあわせた開祖伝の読み直し行為といえるものではないだろうか。

五　赤城山の雷神

現世利益を中心にすえた略縁起の主題が赤城山の雷神教化を発端とする除雷名号の由来譚（後半五丁分）にあることはいうまでもない。外題の示すとおり、この縁起の意図は、前半の法徳説話を枕として、大光院の配布する呑龍名号の効験を衆庶に知らしめるところにあったわけである。では、略縁起のしるす雷神帰伏の因縁とはどのようなものなのか。本文の叙述にそって略縁起の内容を検証して行こう。

元和九年の夏、上州一の井村の生品大明神に詣でた呑龍は、境内の幽寂な趣きに心を打たれ、拝殿にぬかずき念仏を唱えていた。突然空がくもり、激しい風雨とともに稲妻が走る。雷雨を避けて社殿につどうた徒僧たちを前に、上人は震雷と天罰の係わり合いを説法してかく云うのであった。

> 夫、雷は天の怒なり。聖人といへとも迅雷風烈には必変ずといへり。況や其余をや。予曾て紀伝を見るに古より雷難にかゝるものは惣てこれ悪人なり。此則、自業自得の感報にしてみづからなせる孽は逭るべからざるの謂なり。但善人といへとも富貴の程は知べからず。恐れ慎むべし。

この部分は享保本に

> 夫雷也者天之怒也。（中略）書太甲所レ謂。天作孽猶可レ違自作孽不レ可レ逭。惟此之謂也。茲以従レ古。罹二雷難一者。惣是悪人也。

などとして『書経』太甲篇の悪人雷死説を引いたものを、平易な和文にやわらげ説明した一文とみてよい。

もっとも、これらの教戒は呑龍伝のオリジナルな着想ではなかった。さりげなく示された〈懲悪としての雷難〉の故事は談義僧の言説にしばしば援用された話材であるからだ。中世末の事例では、天台系唱導書の『直談因縁集』巻八の三五に二枡の奸商をはたらいて震雷に打たれた男の返報がみえる。近世勧化本に目を移すと、元禄六年（一六九三）刊『夷堅志和解』巻四にも同材の中国種説材の引用例を確認することができる。中国明代の勧善書『迪吉録』などに記載された悪徳商人の雷難は、どうやら我が国の僧坊によく知られた題材であったようだ。(6)

西田耕三によれば、雷撃震死の現象に「天誅」「雷誅」の意味を持たせる思想の源泉には、やはり明代の空谷景隆（一三九一～一四四三）による『尚直編』（和刻本は寛永十八年〈一六四一〉刊）の影響が色濃くあらわれているという。(7) また西田は、享保本の呑龍伝のなかに『尚直篇』に拠る文言（上天豈無二慈心一乎）のある点を指摘している。要するに、呑龍伝の語り口には、当時の唱導僧のあいだに浸透していた大陸系雷誅思想の投影がうかがえるわけである。(8)

もっとも略縁起の際立つ特色は、むしろそのあとにみえる雷神教化の因縁にある。そこには悪人雷死の因果広報を述べるにとどまらず、風土神の帰伏と護法神化を解き明かして聖なる名号の由来に言い及ぶ明確な意図がうかえるのであった。

生品明神の社殿で法を説く証人の声に和するようにひときわ大きな雷鳴がとどろき、一叢の黒雲が神社の中庭に落ちかかる。逃げまどう人々のただなかで、呑龍はひとり容儀泰然として念仏三昧の境地に入った。しばしあってあたりが静まると、山伏の姿の異人が上人の前でひれ伏している。「自分は赤城山の雷神です。誦経の法音に歓喜して示現しました。なにとぞ十念と法脈をお授け下さい」。そう言って掌を合わせ頭を垂れるのであった。上人は雷神の願いを聞き届けながらも、準備なしに法儀を執り行うわけにはいかないことを伝え、

然れども今爰に在て法脈を弁ずるに由なし。却後七日、予が方丈に来るべし

と諭してきかせる。約束の日が来た。上人は大光院の内道場を荘厳にととのえ、雷神のための法脈を用意して待つ。赤城山の方角に三度雷が鳴り異人が姿をあらわす。雷神を道場のなかに案内し、梵香趺座の法式にしたがい三帰戒

を授け十念を口授するのであった。

一見遠まわりとも思える手順を踏んで法脈授戒の場を描き出しているのは、当時の浄土宗教団が最重要視した法脈の相伝方法すなわち「伝法」（弟子となる作法）を土着神教化の説話に重ね合わせて語ろうとした結果であった。主に関東十八檀林の僧坊において行われた宗教儀礼が略縁起のなかに組み込まれたわけである。

浄土宗の伝法は十四世紀末に了誉聖冏が唱えた「五重相伝」を起源とする。五重とは浄土宗の教えを五つの法会に分けて伝える方法の謂である。その後、戦国乱世の時代に了誉の古式を簡素化した略式の伝法（箇条作法、浅学相承）が貞把、存貞により確立し、江戸期には広く行われるようになった。また、この時代には、僧侶だけではなく一般の在家信者を対象とする伝法（化他五重、在家五重）が、本山側のたび重なる禁止にもかかわらず世俗に慣習化して行った(9)。

こうした歴史変遷を経て、近世中期になると了誉の古式に回帰することを目指す「大五重」「総五重」の伝法が関東十八檀林の諸寺を中心に盛行した。大光院版略縁起の発刊された時代は、まさに浄土宗伝法史の曲がり角に位置していたものと想察される。土着神の付法にあたり、道場の配置から三帰戒、十念の口授を詳細にしるす略縁起の書きぶりに、近世浄土宗ならではの伝法重視の宗風をみるべきではないだろうか。

六　霊宝の呪力

さらにまた、略縁起にこめられた大光院のメッセージは、除雷名号の効験を強調するところにもあった。土地の人々の生活感覚に訴えかけ易い現世利益の強調は、略縁起の生成に不可欠の要素にほかならない。雷神帰伏の霊験があってからというもの、この地方の農民のあいだに雷災に遭う者が絶えてなくなった奇端について、略縁起は繰り返しつまびらかにする。ことに呑龍直筆の名号（実際は刷物）の絶大なる効き目に風土神教化譚の帰結点を結び付ける筆法は、略縁起の真の目的をものがたるであろう。謝恩返礼を申し出る雷神に対して、呑龍は里人の立場に立って応ずるのであった。両者のやりとりを以下に引いてみよう。

「予において更に望なし。但郷里の農民歳ごとに降雷の災に罹りて憂ること尤も甚し。吾子これこれを憫の心なきや」との給ひければ、雷神諾して曰、「上人仁愛の深き、我なんぞこれに背かんや。自今已後仮ひ降雷することありとも五穀をして傷害することなからしめん。又上人の書給へる六字の名号を所持する所には雷難なからしむべし」と慇懃に盟約せり。

雷神は法悦の念をあらわにして田畑を荒らさないことを誓う。そればかりか、略縁起は説話の末尾に割注のかたちで「除雷名号と称することは蓋此因縁によるが故なり」と付言し、現に配布されている印符の霊妙なる聖性を讃嘆してみせるのであった。明治十一年版の『開山呑龍上人伝』に「今雷除名号と称して普く人に施すものすなはちこれなり」などとあって、上人真蹟を写した霊符が印刻され、参詣人に布されていたことを述べる。かような実態はすでに略縁起の時代にも眼前の事実となっていたのであろう。

関東平野の北辺に位置する上州地方は、今においても吹き荒れるからっ風と赤城おろしによる不順な天候で知られる。なかでも農作に害を与える降雷や雹は在地農民の風土的関心事であった。そうした暮らしに密接な話材の導入が略縁起を特徴付ける点は傾注すべきであろう。すでに享保本に萌した風土伝承への接近を、さらに凝縮して雷封じの名号の由来にしぼり込んだところに略縁起の成立がもたらされたわけである。

話を略縁起の本文に戻す。同じ年の八月、呑龍は六十八歳でこの世を去る。入滅にあたり、かねて約束のとおりに雷神が赤城山より飛び来たり、末期の十念の声に唱和して「法雷」をとどろかせ「法雨」を大地に漱いだという。雷災の神はついに大光院の護法神に転身したのである。時に元和九年八月九日のことであった。

以上の開祖伝のおわりに、略縁起は上人名号の功徳を再度述べ、常にこれを所持し怠らず念仏を唱えるならば、雷難はもとより「横病横死横殺」をまぬがれ、あらゆる願いが成就することに筆をついやす。「開山呑龍上人の法力」とその感応をくどいほどに繰り返し、「名号」の利益を主張してやまない略縁起の言説は、まさしくモノの聖性を知らしめることを第一義と考える大光院の布法目的にかなう叙述様式とみてよかろう。聖なる寺宝の由来説明と霊符所持の功徳に特化した民衆教化のありようが、『除雷名号縁起』の解析を通して明らかになって行く。

ちなみに前述した幡随意上人の奪屍鬼鎮圧のケースにおいても、験力譚にまつわる証拠の霊宝を縁起語りの中心にすえる説話構造がみてとれる。宝暦五年（一七五五）刊の長篇勧化本『幡随意上人諸国行化伝』によれば、武蔵国熊谷寺の所蔵になる長さ七寸の「鬼ノ牙歯」は極悪人の葬棺を二鬼の天魔より護った因縁の遺宝という。上人の投げつけた念数で牙を折られた鬼は仏法への帰順を約束し、「向後ハ師ノ引導シ玉フ亡者、并ニ師ノ名号安置ノ家」には決して災厄をもたらさないことを明言する。証拠を見せよ、との問いかけに鬼は「爪ヲ以テ板間ニ判形ノ如キモノ」を書きつけた。『行化伝』はこの遺物の行方について次のように詳述する。

爪形（ツメカタ）ノ判モ今彼ノ寺ノ霊宝ナリ。師ノ名号ノ下ニ華押（カキハン）ヲ居（スヱ）玉フニ、右ノ方ノ黒キ丸ニハ熊野権現ヨリ授リ玉フ印点ナリ。又左ノ細キ形ハ彼鬼ノ爪ノ判ナリ。故ニ師ノ名号ノ有ル所ニハ鬼類曾（カツ）テ入リ乱（ミタル）事能（アタ）ハズト云ヘリ。

幡随意伝のひとこまに交絡させた「爪形」の名号と呑龍ゆかりの除雷名号――。両者に共通するのは、いずれも開祖高僧の崇敬を信仰対象の「名号」に具現化して語り、その利益をつまびらかにするという、極めて実践的な唱導の姿勢であろう。それは、近世社会における念仏信仰の大衆化をじつによく示す縁起伝承といってもよいだろう。およそ十八世紀のなかごろを境に、開帳の目玉となるモノ（什物）にからめた高僧伝承が関東十八檀林の門流に広く行われたことはおそらく事実であろう。むろん『除雷名号縁起』も近世浄土宗のかような布教戦略の一環に位置付けるべき性格のものであった。

なお、『除雷名号縁起』の成立年代を推察しうる資料が、西田耕三の報告のなかに見出される(10)。すなわち九州大学図書館松濤文庫に『大光院開山呑龍上人本伝』と題する写本があり、大光院の宝庫に伝存する『義重山風土見聞録』からの筆写であることを付記する。編者は津誉玄竜で、天明六年（一七八六）に写し、その後「除雷名号」の一件を含む「今時の奇瑞、聞見の霊験」をあつめ「附録」として追補したという。末尾識語の「明治六年九月四日」の年号とあわせて推測するなら、天明より明治初頭にいたる百年余の間に名号の功徳を説く〈モノの由来〉が法席に浸透し、呑龍伝の主要モチーフに加えられて行ったのであろう。『除雷名号縁起』の成立・刊行も、おそらくは同じ時期とみて大きくあやまつまい。

七　近代縁起への展開

略縁起の志向した現世利益信仰への傾斜は、明治初年の寺勢復興運動のさなかで名号、霊宝や寺域名勝の験益にからめた縁起伝承を増殖させて行く。

維新以後の寺領三〇〇石返上、あるいは廃仏思潮の影響下に衰微した大光院を存続させるため、六三世の日野霊瑞（一八一八～九六）は、地元の篤信者であった中村浄観、蓮与七、引間藤八らに諮り、呑龍上人の威徳を奉讃する講社「故信講」を組織し、庶民霊場としての大光院の再興に力を尽くした。子育て呑龍尊の信仰を中心に、やがて講社は全国一〇万人の講員を擁するまでに発展する。

そうした動向のなかで、明治十一年に霊瑞は『開山呑龍上人伝』を刊行し、開祖の生涯を明治の世に広宣した。その際、史伝のほとんどを享保本に依拠しながら、一方では呑龍尊の威大なる法徳の証である大光院宝物のあらたかな利益にふれて、

郷里の諸人、水旱、疾病等除災の祈、行ばいふも更なり（点頭自像の項）。

今にいたりて雷災、火盗、難産はじめ水旱、蝗虫の時に遭へるごとき、すべて上人手筆の名号或は御影を仰

て此（これ）に祈らざるものなし。これ上大悲の余沢非常の利益を千歳（せんざい）に施すものなりといはざることを得ず（自筆名号、御影の項）

のごとくに効験のほどを特筆している。そしてさらに、巻末に「今二三の験益を出して伝末に付す」とことわり、近世以前の縁起類に載らない四話の利益譚を付け加えるのであった。

こうした近時実見の験益の追補は、大光院版の掛幅絵伝である『開山呑龍上人御一代行状幷古今得益之図』においても著しい。こちらは日野霊瑞本所収の四話の利益説話の他に、さらに二話の新載霊験譚を採録する。唱導の法席を介して呑龍の験益伝説が次々と増殖する様子を示す一資料といえるだろう。

宗門の伝統的、正統的な歴史僧伝に引き比べるなら、たしかにこうした験益説話は呑龍伝の傍流にすぎないかもしれない。しかしながら、民衆に一番近いところで機能した高僧伝説とそのテクストを考究対象とするとき、モノに関わる呑龍伝説こそは、最も重視すべき宗門資料にほかならない。そしてまた略縁起の位相も、かような視点をもってとらえるべきものといえるだろう。

注

(1) 川添崇「既成仏教における民衆運動――呑龍講形成のばあい」（『宗教・その日常性と非日常性』雄山閣、一九八二年）。

(2) 堤邦彦『近世説話と禅僧』（和泉書院、一九九九年二月）。

(3) 『伊勢崎市史民俗調査報告集・第六集市街地の民俗』（一九八六年三月）。

(4) 堤邦彦「近世高僧伝と実録のあいだ」（『江戸文学』29、二〇〇三年十月）。

(5) 『略縁起集成6』解題、六〇二頁。

(6) 堤邦彦『江戸の怪異譚――地下水脈の系譜』（ぺりかん社、二〇〇五年十一月）。

（7）西田耕三「雷撃震死の説話」（熊本大学『文学部論叢』66、一九九九年三月、のちに『人は万物の霊』森話社、二〇〇七年三月に再録）。

（8）注（7）の西田論考。西田は享保本の記述に、雷難を厭うべき現世の象徴としてとらえ平穏な極楽浄土を求める思想の発露を見出し、呑龍伝の独自性を指摘する。略縁起の場合、享保本の深奥なる言説はすべて省かれる。俗伝に徹する略縁起の性格がよくわかる。

（9）恵谷隆戒「近世浄土宗伝法史について」（『仏教大学研究紀要』41、一九六二年二月）。

（10）注（7）に同じ。

○貴重な資料を閲覧・翻刻を御許可いただきました日本大学総合学術情報センターに深く御礼申し上げます。

〔翻刻〕

開山呑龍上人略伝 除雷名号縁起

抑上野国新田郡義重山大光院は総鎮守府将軍義重公の御追薦の為に慶長年中　神祖大君の興営し給へる御菩提所にして浄家十八檀林の随一なり。開山を然誉呑龍上人といふ。俗姓は源氏武蔵国埼玉郡一割村の産なり。父は同国岩築の城主大田美濃守の家臣井上将監信貞といふ。一割村はすなはち信貞の采地なり。

　村の近辺に龍神の森あり。松杉鬱々として幽邃の霊地たり。或日上人の慈母龍神の社に詣られけるが、其夜かの森のかたより黒雲一（1オ）片飛来り、閨中に入と夢見て懐胎す。月満て一男子を産。すなはち上人これなり。二三歳のころに至り、世の言葉を学給ふに、いまださだかならざれとも、若人弥陀の名号を唱ふるをき、給へは、笑をふくみ六字あきらかによく唱へ給ふ。七八歳のころに至り、動もすれば竹馬の友を誘ふて龍神の森に遊び、沙を聚め泥を摶りて仏像を作りならべ、専ら念仏し給ふ。且幼年の比より身量奇偉にして郡童に踰、眼光威ありて凡庸に異なり。然に宿因の感する所にや、十二歳の春のころ出家の心ざし萌（1ウ）せしが、其後また霊夢の告を蒙り給ひしかば、いよ〳〵其心ざしを決し、父母に其事を告て隣村の大善寺岌辨上人を師として剃髪染衣し、名を曇龍といへり。志学にして縁山に攀登り、讃仰孜々として膏を焚て燈に継給ひしかば、学業早〳〵就て名誉遠く聞ふ。

其後師嘱を受て大善寺に住すること凡十七年、或年春夏月をわたつて大に旱し、社僧神覡、雨を祈給はんことを願ふ。上人示曰、「雨を祈るは家の本意にあらず。然（2オ）とも釈氏の通務なり。既に仏世尊我正依の妙典に天下和順風雨以時と説給へり。況や念仏の法門は万徳の帰する所なれば、請雨の秘法もまた其中にあり。宜く願ひに任すべし。幸ひ近村に龍神の森あり。雨は龍神の司どるものなれば彼森に詣て百万遍の念仏を修行し加祐を龍神に祈るべし」との給ひければ、村翁大に悦び、翌日村里の老若を誘因して彼森に集る。上人すなはち神前に向ひ、拈香頂礼して百万遍の念仏を開闢し給へば、集会の老若同音に仏名を唱ふ。（2ウ）其声泱々として天外にもきこえつへし。時に一聚の黒雲忽然として森の上にうかび、回転してさらに其中に小龍の形彷彿たり。集会の老若これを見て奇異の思ひをなし、いよ〳〵励声念仏す。将に回向に至らんとするころ、晴天俄に曇り雷霆地に響き、沛然として甘雨を降すこと三日、郷民雀躍しておの〳〵上人の法力を称してやまず。爾より巳来近里遠郷　上人に帰依し朝夕来て教化を受るもの門外市のことし。此事　神君の御聴に達せしかは御帰依浅からずまし〳〵ける。これによて（3オ）慶長年中当山御建立のみぎり、上人を請して開山となし給へり。

また上人当山住職の後、或夜海龍王の請によて龍宮にいたり説法し給ふ。諸龍微妙の法味を喰受し渇仰の頭を傾く。其中に一の悪龍あり、密に邪念を起し障碍をなさんとす。上人これを察し、忽ち金翅鳥と化して其悪龍をとらへ呑了すと夢見給ふ。これより後、みづから曇字を改め呑龍と称し給ふ。其外或は十念を授て迷霊を救ひ、一文を唱へて喧蛙を制し給ふ等の奇特の事具に述べからず。（3ウ）

又元和七年の秋の比、仏師に命して自の肖像を彫刻せしめ、開眼供養し如意をもて案頭を打て曰、「これ此木呑龍、死龍乎活龍乎、汝能我に代り得て百世万代寺門を鎮護し、衆生を利益するや否や」との給ふこと三度、しかるに肖像黙して応なし。爾時上人手づから斧をもて肖像を打砕き火中に投し、然後更にみづから肖像を彫刻し已然のごとく開眼して後事を命じ給ふ事三度、肖像忽ち眼光を放ち其度ごとに點頭し給ふ。即今当山に安置する所の肖像これなり。上人斯精心を（4オ）籠て彫刻し開眼し給へる所の肖像なれは、威容厳然たること、猶生存のごとし。まのあたりこれを拝するに畏敬の心おのずから生す。昔より已来郷里の諸人水旱疾疫凡求むることあれは必来て此肖像に祈るに其験あらずといふことなし。

また元和九年の夏、一日上人聊か祈願の事ありて一の井村生品大明神に詣て拈香頂礼し、祈願をはりて神前を起出給ひけるが、たま〳〵霊地の幽寂なるに感じて和光利物の方便いと妙なることなどを思ひつゞけて盤桓給ひけるが、日かげを見（4ウ）給ふにはや午時に近ければ、幸ひ爰にて日中の勤行を修し和光の神慮を慰むべしとて、再び拝殿に入随従の僧侶とともに礼讃誦経念仏を修行し、回向をはりて帰去として給へは、天気俄に変し疾風雨を吹て迅雷殷々たり。因暫く雷雨を避んがために復拝殿に入て念仏し給ひ、左右を顧みて示曰、「夫、雷は天の怒なり。聖人といへとも迅雷風烈には必変ずといへり。況や其余をや。予曾て紀伝を見るに古より雷難にかゝるものは惣てこれ悪人なり。此則、白業自得の感報にしてみづから（5オ）なせる孽は逭るべからざるの謂なり。但善人といへとも富貴の程は知べからず。恐れ慎むべし」といひて念仏し給ふに、迅雷の霹靂して一声特に震ふとおもへは、一聚の黒雲社頭の中庭に降。従僧みな驚伏す。上人独り念仏三昧に入て容儀泰然たり。少焉ありて四隣稍はれぬ時に雷神忽ち化して修験の形となり、近来りて上人を再拝稽首す。上人問曰、「迅雷疾風更に人の往来なし。不審、吾子何より来るや」と。修験対曰、「我はこれ赤城山の雷神なり。上人今日此神叢におき（5ウ）て誦経念仏し給ふ。其声上界に通徹するが故に諸天善神みな聞て歓喜す。我も幸ひに良縁にあひ始て微妙の法音を聞ことを得て歓喜にたへす。更に卜人を拝して十念を受法脈を得んと欲してことさらに爰に来れり。仰願は上人授与し給へ」といひて抵頭合掌す。上人曰「善哉、吾子が願ひ実に称賛するに堪たり。然れども今爰に在て法脈を弁ずるに由なし。却後七日、予が方丈に来るべし」との給ひけれは、雷神歓喜し礼を作てさりぬ。既にして約日に至りぬれば上人方丈の（6オ）内道場を荘厳し、法脈を具へ梵香趺坐して待給ふ。時に赤城の方にあたりて雷声発すること両三度、忽然として雷神内道場の外に現ず。上人延て道場の内に入給ひ、すなはち法を秉して三帰を授け、法脈を与へ十念を口授し給ひ、附法既に畢ぬれば、雷神所願満足して歓喜極りなし。因聊か附法の深恩を謝せんが為に丸金一顆を几下に呈上す。其形量、禅鞠のごとし。時に上人曰、「謝恩の実慎は我これを納受す。金玉の施物は我に所用なし、持去るべし」と敢て受給はず。雷（6ウ）神の曰、「しからば我何をもてか此深恩に報んや、伏願は上人別に望給ふ事あらば命じ給へ」といふ。上人曰、「予において更に望なし。但郷里の農民歳ごとに降雷の災に罹りて憂ること尤も甚し。吾子それこれを憫の心なきや」との給ひければ、雷神諾して曰、「上人仁愛の深き、我なんぞこれに背かんや。自今已後仮ひ降雷することありとも五穀をして傷害することなからしめん。

又上人の書給へる六字の名号を所持する所には雷難なからしむべし」と慇懃に盟約せり（除雷名号と称することは。蓋此因縁によるが故なり）

また上人（7オ）更に雷神に告て曰、「予既に老衰して残齢幾もなし。今歳中秋かならず滅を唱ふべし。冀は予が終焉の時、吾子雷声を発して予が十念の声に相和し則十念の声をして雷声とともに乾坤に通ぜしめ、一度耳根に触るものをしてひとしく同生安養の良縁を結ばしめんことを吾子それこれをいかん」との給へば、雷神の曰、「善哉、上人終焉の契約利物の善巧我もまた幸ひに勝縁を結ん」と歓喜再拝し命を願して去ぬ。

然に同年七月下旬より上人微疾あり。八月三日弟子の僧衆会大の（7ウ）学侶を集め遺言して曰、「予が報命わづかに七日に迫れり。来九日午の時これ予か正しき命終の時なり。其時雷鳴天地に轟べし。これ予が最後利物の勝縁なり。汝等必驚ことなかれ」としめし、即仏前に向ひみづから金磬を打鳴し臨終の別行念仏を開闢し給ふ。弟子の僧衆かはる〳〵助音して一七日の間勇猛に称名念仏を勤修し、正しく九日の午時に至り回向の文を誦して十念を唱へんとし給ふ時、一聚の彩雲赤城の方より飛来、忽ち堂上を覆ひ、前約たがわず十念称名の（8オ）声に相和し、法雷を乾坤に震ひ法雨を沙界に濺く。時に上人、莞爾として笑を含み恬然として寂し給ふ。世齢六十八。法臘五十餘。実に元和九年癸亥八月九日なり。

上人在世の化縁大略かくのことし。若其滅後の利生は今に至るまで猶新なり。就中、上人の書給へる名号を護持し念仏おこたらず唱ふる人は更に雷難にあはず。又横病横死横殺等をまぬかれ、所願成就せすといふことなし。現に其利益あることは世の人の能知所なり。且又郷人か伝へて此辺の郷里には昔より雷の降ことなく、たま〳〵降れ（8ウ）とも物を傷害することとなし。是開山呑龍上人の法力によるが故なりといへり。

蓋惟に昔吾開山上人齢ひ古稀に垂〳〵として自住世利物の久しからざることを知給ひ、肖像を彫刻し滅後万代の利益を肖像に附嘱し給へり。其事虚しからず。肖像の霊験日に新に利生月に盛なり。若人信心の掌を合せ帰敬の頭を傾れは、其心願に随て必霊応あること、譬は水澄ときは月影の浮ふることし。感応道交不可思議なり。但仰て信すへし。賛曰、仰則彌高開祖霊徳無方応用非凡所測（9オ）

義重山大光院幹事某等謹識

（9ウ）

大谷大学博物館蔵・「神田家記録」『鳴滝御坊縁起』と『鳴滝御坊略縁起』について

石橋義秀

一　はじめに

平成十三年二月に菊池政和・橋本章彦と共編で『略縁起　資料と研究3』を刊行した（勉誠出版）。その内容は、大谷大学図書館（現在、博物館）に所蔵する「神田家記録」・第九類《聖跡寺院刊行物の蒐集資料[1]》のうちより、略縁起に関する資料二〇点を翻刻して解説をつけ、さらに影印を附したものである。それらは真宗関係の略縁起が中心であり、『鳴滝御坊略縁起』（鳴滝御坊　真宗大谷派・了徳寺）もそこに収録した。

今回は、右の研究成果をふまえて、その本縁起である『鳴滝御坊縁起[2]』と、『略縁起』の比較検討を目的にする。本縁起と略縁起の関係をどう考えるかについては、種々議論がある。それについては、小稿の〈むすび〉で論ずるが、要するに、本縁起を忠実に抄出して略縁起が作られた一例として両資料を紹介したい。

ちなみに、「神田家記録」とは、昭和四十四年四月に故神田喜一郎博士より大谷大学図書館に寄贈を受けた貴重資料であり、それは神田家に伝わる真宗関係の資料や江戸時代両替屋（津田屋）に関する記録等が含まれている。「神田家記録」の中には、神田寿海（俗名信久、文化五年～文久二年）の著述[3]が多く見られる。寿海は幼少より篤学の人であり、歴史・故実等にくわしく、さらに篤信の人であった。その根幹をなすものは真宗の信仰であり、その深い報恩の志によって諸寺院で刊行された縁起類を求め集めたものが《聖跡寺院刊行物の蒐集資料》である。

二

『鳴滝御坊縁起』と『鳴滝御坊略縁起』との関係について比較する。まず、A・B・C三段に分けて『鳴滝御坊縁起』の全文を翻刻し、つぎにa・b・c三段に分けて『鳴滝御坊略縁起』の全文を翻刻する。なお、本縁起・略縁起とも、漢字は原則として通行の字体に統一し、振り仮名は省略した。

A　鳴滝御坊縁起【注1】　三巻　　神田家所持

①一　抑　当寺御本尊者　忝も聖徳太子の御真作也　其由来を委敷尋奉るに人皇三十四代推古天皇の御宇十二年秋八月　②皇太子大和国斑鳩の宮にまし〳〵し御時　御霊夢を感じ給ひしは是より北方去る事十余里にして山城国一の美邑あり　諸木繁茂す　其林中に桂の大樹有　此木のうへに無量の賢聖集りて諸大乗経の要文を読誦し給ふ　是者これ唯事にあらず　稀有の不思議なりとて③則近臣秦の川勝を前駈に召供し給ひ　黒駒に召れ　彼地に駕を遶し給ふに恰も御夢の如く無数の菩薩聖衆微妙の声をして妙法を演説し給ひ　或は天童妙花を供ずる事目のあたり拝しまし〳〵是全仏法流布すべき勝地なりとて川勝に命じさせられ　倶に一の精舎を建給ひ川勝の姓氏を以地名を太秦といひ又諱を以広隆寺とす　所謂始は桂宮と名づけ在す故尓レ今桂宮院と号す　太子御自ら④此桂の霊木を以阿弥陀如来の尊像を御彫刻し給へり　扨も中頃⑤応仁兵乱の折しも何者の所為か知らず　或時此本尊を当所路傍の辻堂に捨置有しを座主正西法師一度是を礼拝し誠に無二の霊像なる事を窺ひ知りて速かに当寺え移しまいらせ　則持仏堂に安置し奉りぬ　係る不可思議の因縁によりて数年来尓レ今当寺の御本尊と崇奉る処なり　是全如来の本誓に相応し奉

る処の⑥末世有縁の凡愚をして他力御回向の念仏の信心を得さしめ終に西方の妙台に往生なさしめ給はん済度引接の御方便なるべし　然者此尊像を拝し奉らん人々は弥　渇仰の思ひより仏恩報謝の称名と倶に余念を除ひて謹んで拝礼あられよ

a　鳴滝御坊略縁起

一 1抑　当寺御本尊は聖徳太子の御真作なり　2皇太子大和国斑鳩の宮に御在し時　遥に乾の方に梵音にて御経の声聞ゆ　太子則3近臣秦の川勝召具し黒の駒に召れ　山城国今の太秦に至りて見たまへば　大なる桂の梢に諸の菩薩聖衆在して御経読誦し給ふなり　4此桂の霊木を以彫刻し給ふ御本尊なり　5応仁兵乱にゆへありて当地へ移らせられ6末の世の凡愚を済度したもふもの也

B　（鳴滝御坊縁起）

一　抑　御厨子の中に安置し奉る処の祖師聖人御真筆十字御名号①一躰は嘉禎元年八月聖人御年六十三歳にして関東北国の御化益済せられ御帰洛し給ひしより以降満九十歳御往生の砌り迄は長安洛陽の所々に御移住ましく〱けり其折しも　洛西の庶民御化導のため態々当所に来り給ひ暫く②御行在あらせられ一流他力の念仏を諸人に御教化し給ひしに皆々随喜せずといふ事なし　③別而当寺先祖は在家の老尼にて有しが女人往生の実機を聴聞し奉り忽に疑心自力を捨て誠に末代の悪凡夫女人がために諸仏に超勝れたる弥陀悲願の深重なる事を無我に信じ奉りければ聖人も御満悦斜ならず入らせ給ふ　④時しも冬の事なるが老婆が心丈の御馳走に有合ふ大根を煮て捧げ申けるに早速御賞翫ましく〱是又深く御喜び有し倩数百年の今に至る迄無二退転一　毎年十一月九日に者大根焚とて法莚を設けて諸人に弘むる旧義の永式たるもの也　扨も聖人当所御帰りし御時先祖老尼流石に【注2】御別れを惜みければ其志を感じ給ひ折節⑤庭前に生たる艸の穂を以　帰命尽十方無㝵光如来の尊号を即座に御染筆ましく〱末の世の御形身に下され遺し置給ふ

往古より所謂薄の名号と称し奉る事は普く以世の知る処なり　更ば此御真筆を拝し奉るにも其古しへ聖人の広大なる御重恩の程を思ひ奉り今正しく我等へ下さる処の直の御形身ぞと有難き思ひに住し　称名念仏の声諸共に謹んで拝礼を遂られよ

b（鳴滝御坊略縁起）

一　帰命尽十方無导光如来の十字の尊号は[1]　往古祖師聖人嘉禎元年八月御歳六十三歳にして関東北国御化導済せられ　御帰洛後満九十歳御往生の砌り迄長安洛陽の所々に御移住し給ふ　当所も其一ヶ所也　[2]暫く御行在あらせられ他力信心を諸人に御勧化あらせらるゝに　皆々随喜せずといふ事なし　[3]別而聖人御満悦斜ならず入らせ給ふ　[4]時しも冬のことにて大根を煮て捧申けるに　深く御怡びまし〳〵て　後の世の形身にとて[5]庭前の艸の穂を以　此御名号を御染筆まし〳〵遺し給ふ　則薄の穂の名号と称じ奉る事はあまねく世の知る処也

C（鳴滝御坊縁起）

一　①蓮如上人御直筆六字御名号の由来を尋申に当寺は宗祖聖人の御遺跡なる旨聞し召れ深く御慕ひ有て　②頃は文明末の年蓮如上人山科の御本坊より態々当所え御来臨あらせられし折節祖師聖人より御形身に下し置給ふ御真筆十字の尊号を御拝礼まし〳〵予も師に等しからんとて正敷其証拠のため当寺中興正西法師え御染筆を以　重て六字の御名号を被ㇾ下しなり○【注3】　③○御哥にも【注4】　形身には六字の御名を止め置なからん世には誰も用ひよ△　△係る御縁厚き両上人の御旧跡なれ者当寺え○　○の由緒をは伝へ△【注5】　△参詣する人々にをゐては此御名号を拝するにも中古蓮如上人我祖の御遺跡を慕はせられし尊慮を察し奉り弥△　△崇敬の上より参詣の歩みを運びて報【注6】　恩の作業に備へ奉るへきもの也

万延元年庚申歳　六月七日写之　喜久（花押）

右縁起三巻は洛西鳴滝御坊所了徳寺住主徳恵法師之需に応じ愚老述作する処也　愚息喜久に命じ草案を写さしめ早ぬ
寿海

C（鳴滝御坊略縁起）

一　蓮[1]如上人御真筆六字の名号の由来を尋申に　御開山聖人の御遺跡なる事　蓮師聞し召れ　頃[2]は文明末の年　山科の御本坊より態々当所へ御来臨あらせられ　祖師聖人御形身に残し置給ふ十字の尊号を拝し給ひ　予も師にひとしからんとて　六字の御名号を御染筆成し下され　中興正西法師へ授与し給ふ　御[3]歌にも

かた身には六字の御名を残し置　なからん世には誰もゝちいよ

祖師蓮師両聖人御形身に弥陀の尊号を残し給ふ事は　念仏往生の弥陀の本願を信じて　仏恩を報謝すべしと末世の我等を哀み御化導なし下さるゝもの也

城州葛野郡鳴滝村　御坊

【注1】「縁起」、喜久は誤って「縁記」と写すが、寿海が「識語」の後に「右縁起三巻……」と記しており、「縁起」に統一する。

【注2】「慕ひ」をミセケチにして、右に「惜み」と墨書する（寿海の手によると考えた。以下同じ）。

【注3】左に「御哥にも形身には六字の御名を止め置なからん世には誰も用ひよ」と朱書で補筆する。

【注4】「歩みを運び」をミセケチとして、次行の右に「の由緒をは伝へ」と墨書する。

【注5】「仰ぎて拝礼せられよ」を削除する〔ミセケチ〕。

【注6】「謝」を朱で「恩」と改める。

【補注】『鳴滝御坊縁起』の識語〔万延元年六月七日、喜久、書写〕の次に、寿海が鳴滝御坊・了徳寺住主徳恵法師の求めに応じて、本縁起を述作し、草案を息子喜久に書写させたとあるが、その写本を寿海は、校閲し【注2】～【注6】

のごとく補訂をしたものと考えられる。

三

前節で対比した本縁起と略縁起について、次にその内容を第一段・第二段・第三段に分けて〔ア〜シの順に〕検討する。

(1)

Aとaの第一段には、鳴滝御坊の御本尊は聖徳太子の御真作であるという由来が語られている。

ア　A本縁起の冒頭「①一　抑　当寺御本尊者　忝も聖徳太子の御真作也」と、a略縁起の冒頭「[1]一　抑　当寺御本尊は聖徳太子の御真作なり」は、全く同文である。それに続いて、【あ】A本縁起には、a略縁起にない「其由来を委敷尋奉るに人皇三十四代推古天皇の御宇十二年秋八月」が見られる。〔a略縁起はこの――部分を省略したと考えられる。〕

イ　A本縁起の「②皇太子大和国斑鳩の宮にましく〳〵し御時」と、a略縁起の「[2]皇太子大和国斑鳩の宮に御在し時」は、ほぼ同文である。

しかし、【い】A本縁起のこれに続く部分は、「御霊夢を感じ給ひしは是より北方去る事十余里にして山城国一の美邑あり　諸木繁茂す　其林中に桂の大樹有　此木のうへに無量の賢聖集りて諸大乗経の要文を読誦し給ふ　是者これ唯事にあらず　稀有の不思議なりとて」とある。a略縁起の続く部分は、「遥に乾の方に梵音にて御経の声聞ゆ」と簡略になっている。なお、A本縁起、右記の「山城国」「桂の大樹」「木のうへに無量の賢聖」「読誦し給ふ」の語句は、a略縁起、左記の「太子則近臣[3]秦の川勝」の部分に、ほぼ同様のかたちで取り入れられている。

ウ　A本縁起の「③則近臣秦の川勝を前駈に召供し給ひ　黒駒に召れ」と、a略縁起の「太子[3]則近臣秦の川勝召具し黒の駒に召れ」は、ほぼ同文である。しかし、【う】A本縁起のこれに続く部分は、「彼地に駕を逶し給ふに恰も御夢の如く無数の菩薩聖衆微妙の声をして妙法を演説し給ひ　或は天童妙花を供ずる事目のあたり拝しまし〳〵是全仏法流布すべき勝地なりとて川勝に命じさせられ　倶に一の精舎を建給ひ川勝の姓氏を以地名を太秦といひ又諱を以広隆寺とす　所謂始は桂宮と名づけ在す故尓〻今桂宮院と号す」とあるが、a略縁起には、右に該当する部分は省略されている。それに代わり、前述のごとく、A本縁起の「山城国」「桂の大樹」「木のうへに無量の賢聖」「読誦し給ふ」に相当する語句が「山城国今の太秦に至りて見たまへば　大なる桂の梢に諸の菩薩聖衆在して御経読誦し給ふなり」に取り入れられている。

エ　A本縁起の「④太子御自ら此桂の霊木を以阿弥陀如来の尊像を御彫刻し給へり」は、a略縁起の「[4]此桂の霊木を以彫刻し給ふ本尊なり」とほぼ類似する。

ところが、【え】その後のA本縁起の部分は、「扨も中頃⑤応仁兵乱の折しも何者の所為か知らず　或時此本尊を当所路傍の辻堂に捨置有しを座主正西法師一度是を礼拝し誠に無二の霊像なる事を窺ひ知りて速かに当寺え移しまいらせ　則持仏堂に安置し奉りぬ　係る不可思議の因縁によりて数年来尓〻今当寺の御本尊と崇奉る処なり」と詳しく記されるが、a略縁起では、「[5]応仁兵乱にゆへありて当地へ移らせられ」と大幅に簡略化されている。

オ　A本縁起の末尾部分は、「是全如来の本誓に相応し奉る処の⑥末世有縁の凡愚をして他力御回向の念仏の信心を得せしめ終に西方の妙台に往生なさしめ給はん済度引接の御方便なるべし　然者此尊像を拝し奉らん人々は弥渇仰の思ひより仏恩報謝の称名と倶に余念を除ひて謹んで拝礼あられよ」と詳細に記されているが、a略縁起では、「[6]末の世の凡愚を済度したもふもの也」と、非常に簡略になっている。

（2）

Bとbの第二段には、祖師聖人（親鸞）の十字名号の由来が語られている。

カ　B本縁起の冒頭は、「一　抑　御厨子の中に安置し奉る処の祖師聖人御真筆十字①御名号一躰は嘉禎元年八月聖人御年六十三歳にして関東北国の御化益済せられ御帰洛し給ひしより以降満九十歳御往生の砌り迄は長安洛陽の所々に御移住まし〳〵けり」とあり、b略縁起の冒頭「一　帰命尽十方無㝵光如来の十字[1]の尊号は　往古祖師聖人嘉禎元年八月御年六十三歳にして関東北国御化導済せられ　御帰洛後満九十歳御往生の砌り迄長安洛陽の所々に御移住し給ふ」とほぼ類似する。

しかし、【か】B本縁起のこれに続く部分は、「其折しも　洛西の庶民御化導のため態々当所に来り給ひ」とあるのに対して、b略縁起は「当所も其一ヶ所也」と簡略化されている。

キ　B本縁起の②「暫く御行在あらせられ一流他力の念仏を諸人に御教化し給ひしに皆々随喜せずといふ事なし」とある部分は、b略縁起には[2]「暫く御行在あらせられ　他力信心を諸人に御勧化あらせらるゝに　皆々随喜せずといふ事なし」とあり、ほぼ同文である。

ク　しかし、B本縁起のキに続く部分は、③「別而当寺先祖は在家の老尼にて有しが女人往生の実機を聴聞し奉り忽に疑心自力を捨て誠に末代の悪凡夫女人がために諸仏に超勝れたる弥陀悲願の深重なる事を無我に信じ奉りければ聖人も御満悦斜ならず入らせ給ふ」と、詳細であるのに対して、b略縁起では、[3]「別而聖人御満悦斜ならず入らせ給ふ」と、――部分を省略している。

ケ　また、B本縁起に、④「時しも冬の事なるが老婆が心丈の御馳走に有合ふ大根を煮て捧げ申けるに早速御賞翫まし〳〵是又深く御喜び有し倩数百年の今に至る迄無二退転一　毎年十一月九日に者大根焚とて法莚を設けて諸人に弘むる旧義の永式たるもの也」とあるのに対して、b略縁起では、[4]「時しも冬のことにて大根を煮て捧申けるに深く御怡びましまして」と、----部分を省略している。

⑤コ　B本縁起の末尾部分は、「扨も聖人当所御帰りし御時先祖老尼流石に御別れを慕ひければ其志を感じ給ひ折節庭前に生たる艸の穂を以　帰命尽十方無㝵光如来の尊号を即座に御染筆まし〳〵末の世の御形身に下され遺し置給ふ往古より所謂薄の名号と称し奉る事は普く以世の知る処なり　更ば此御真筆を拝し奉るにも其古しへ聖人の広大なる御重恩の程を思ひ奉り今正しく我等へ下さる処の直の御形身ぞと有難き思ひに住し　称名念仏の声諸共に謹んで拝礼を遂られよ」と詳細に記されているが、b略縁起では、「後の世の形身にとて庭前の艸の穂を以　此御名号を染筆まし〳〵遺し給ふ　則薄の穂の名号と称じ奉る事はあまねく世の知る処也」と、前半部分を簡略化し、かつ、後半の----部分を省略している。

(3)

Cとcの第三段には、蓮如上人御直筆六字名号の由来が語られている。

サ　C本縁起の冒頭①部分、その後の②部分③御哥の部分は、

一　①蓮如上人御直筆六字御名号の由来を尋申に当寺は宗祖聖人の御遺跡なる旨聞し召れ深く御慕ひ有て　②頃は文明末の年蓮如上人山科の御本坊より態々当所え御来臨あらせられし折節祖師聖人より御形身に下し置給ふ御真筆十字の尊号を御拝礼まし〳〵予も師に等しからんとて正敷其証拠のため当寺中興正西法師え御染筆を以重て六字の御名号を被下しなり　③御哥にも　形身には六字の御名を止め置なからん世には誰も用ひよ

とあり、c略縁起の冒頭[1]部分、その後の[2]部分、[3]御歌の部分と、ほぼ一致し、類似する。

一　[1]蓮如上人御真筆六字の名号の由来を尋申に　御開山聖人の御遺跡なる事　蓮師聞し召れ　[2]頃は文明末の年山科の御本坊より態々当所へ御来臨あらせられ　祖師聖人御形身に残し置給ふ十字の尊号を拝し給ひ　予も師

にひとしからんとて　六字の御名号を御染筆成し下され　中興正西法師へ授与し給ふ　[3]御歌にも
かた身には六字の御名を残し置　なからん世には誰も、ちいよ

シ　しかし、C本縁起の末尾部分の

係る御縁厚き両上人の御旧跡なれ者当寺えの由緒をは伝へ参詣する人々におゐては此御名号を拝するにも中古蓮如上人我祖の御遺跡を慕はせられし尊慮を察し奉り弥仰ぎて拝礼せられよ　崇敬の上より参詣の歩みを運びて報恩の作業に備へ奉るへきもの也

は、c略縁起の末尾部分にはみられず、省略されている。

その代わりに、【し】略縁起は、本縁起にない次の付け加えをしている。

祖師蓮師両聖人御形身に弥陀の尊号を残し給ふ事は　念仏往生の弥陀の本願を信じて　仏恩を報謝すべしと末世の我等を哀み御化導なし下さるゝもの也

四　むすび

第一段・第二段・第三段〔ア・【あ】～シ・【し】〕について、比較検討した結果は、次の通りである。

㈠本縁起の文章と略縁起の文章が同じか、ほぼ同じであり、略縁起が本縁起の文章に忠実に従ったと考えられる例――ア・イ・ウ・キ

㈡本縁起の文章と略縁起の文章が若干異なるが、ほぼ類似しており、略縁起が本縁起の文章を少々改変したと考えられる例――エ・カ・サ

㈢本縁起の文章が、略縁起では簡略化されている例――【い】・【え】・オ・【か】・コ（前半部分）

㈣本縁起の文章が略縁起に見られず、略縁起が本縁起の文章を省略したと考えられる例――【あ】・【う】・ク・

ケ・コ（後半部分）・シ

㈤本縁起にない略縁起の付加部分が見られる例――【し】

つまり、㈤本縁起にない略縁起の付加部分が見られる例が僅かに一例あり、略縁起の独自性が全くないわけではないが、㈠本縁起の文章と略縁起の文章が同じか、ほぼ同じであり、略縁起が本縁起の文章に忠実に従ったと考えられる例や、㈡本縁起の文章と略縁起の文章が若干異なるが、ほぼ類似しており、略縁起が本縁起の文章を少々改変したと考えられる例、㈢本縁起の文章が、略縁起では簡略化されている例、㈣本縁起の文章が略縁起に見られず、略縁起が本縁起の文章を省略したと考えられる例が多いという点などから考えて、『鳴滝御坊縁起』という本縁起をもとにして、『鳴滝御坊略縁起』が作られたことは確かといえよう。

前述の通り、『鳴滝御坊縁起』の識語に（本縁起は）万延元年六月七日に神田喜久が書写したとあるが、その成立の事情は、神田寿海が鳴滝御坊・了徳寺住主徳恵法師の求めに応じて、本縁起を述作し、草案を息子喜久に書写させたのである。その後、了徳寺の側が参詣者に頒布する必要から、本縁起を上記のように抄出し、『鳴滝御坊略縁起』一紙に簡略にまとめ、出版したものと考えられる。

一般に、略縁起の成立過程を考える場合、様々な事例があり、その時代性や資料の個別性などを考慮する必要があるから、簡単に本縁起と略縁起の関係を結論付けることはできない。この問題について、久野俊彦は「略縁起の流行」（『国文学　解釈と鑑賞』63―12）で示唆に富む見解を示している。その論文の「二　寺社参詣と初期の略縁起」の中で、

> 略縁起とは寺社に所蔵される本縁起や広縁起に対する呼称であった。（中略）近世の略縁起の発生の時期は明らかではないが、十七世紀中期に三都の名所記が冊子状で板行されると、それらに誘発されて寺社参詣が盛んになり、……各地の寺社でもそれと同様の形状で略縁起を板行して参詣者を迎えたと考えられる。寺社内に

秘蔵されて説かれた本縁起は、近世には簡略化されて略縁起に製作され、……広く詠まれるようになった。
（下略）

と、本縁起と略縁起の関係を的確に述べられている。久野俊彦のいう本縁起や広縁起と、『鳴滝御坊縁起』を同一に考えることはできないかもしれないが、『鳴滝御坊縁起』という本縁起を抄出して『鳴滝御坊略縁起』を製作・出版したということは共通すると考えてよいであろう。今後、機会があれば、その他の本縁起と略縁起についても考察してみたいと思う。

注

（1）「神田家記録目録」（一九七四年十一月、大谷大学図書館）の分類による。
（2）「神田家記録」第四類　東本願寺関係資料（四－七）
（3）第二類　神田寿海の著述（教訓）・第三類　神田寿海の著述（史書等）に収録。

☆　☆　☆

大谷大学博物館蔵・「神田家記録」『鳴滝御坊縁起』と『鳴滝御坊略縁起』について比較検討し、いささか私見を述べたが、次に『鳴滝御坊縁起』の影印を附し、研究の資料として提供したい。

最後になるが、「神田家記録」の貴重資料の影印を許可された大谷大学博物館に厚く御礼申し上げる。

『鳴滝御坊縁起』書誌

形状　冊子　一冊　〔墨付　六丁〕
寸法　縦二四、五cm　横一八cm
本文　八行（一行二〇字前後）
識語　万延元年庚申歳　六月七日写之　喜久（花押）
　　右縁起三巻は洛西鳴滝御坊所了徳寺住主徳恵法師之需に応じ愚老述作する処也　愚息喜久に命じ草案を写
　　さしめ早ぬ　　　　　　　　　　　　　　　　　　寿海
※補筆・ミセケチあり。二の【注2】～【注6】、【補注】参照。

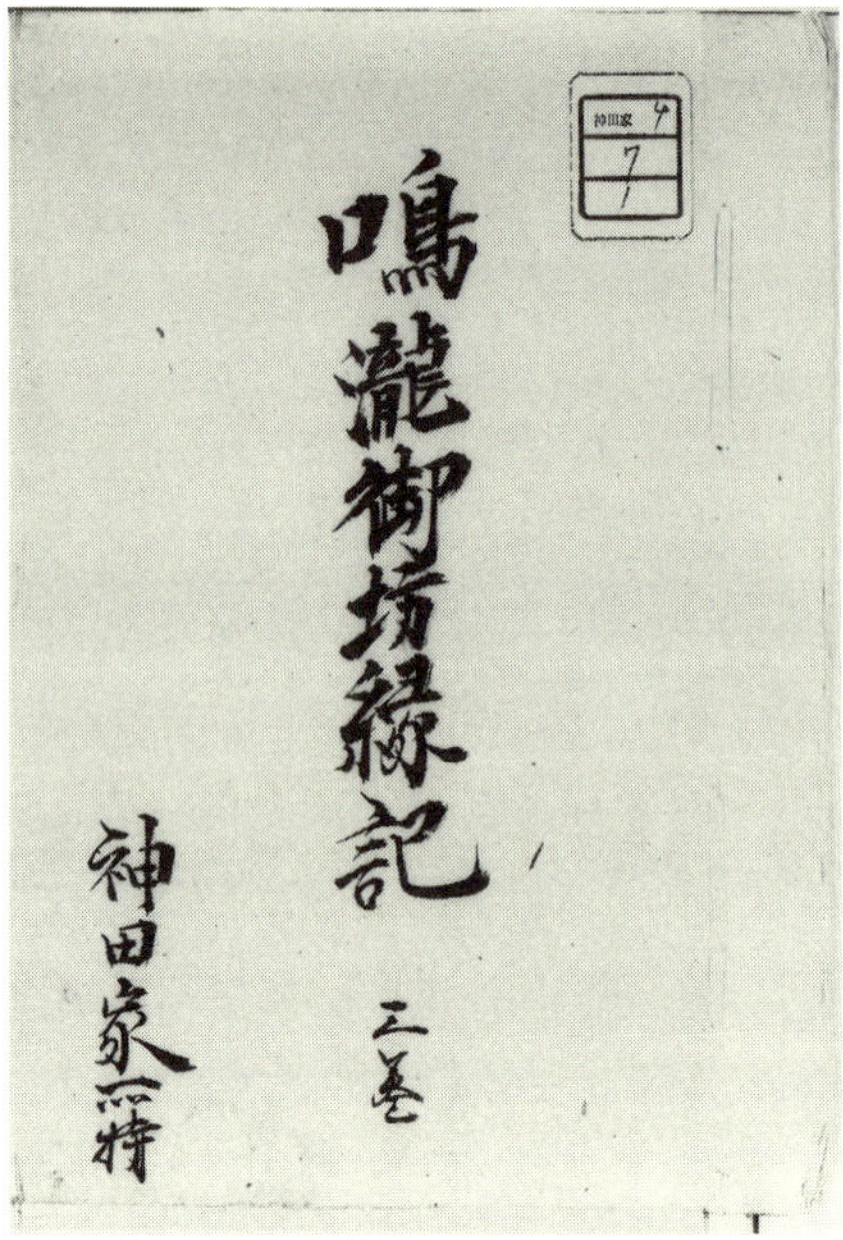

鳴瀧御坊縁記
三巻
神田家所持

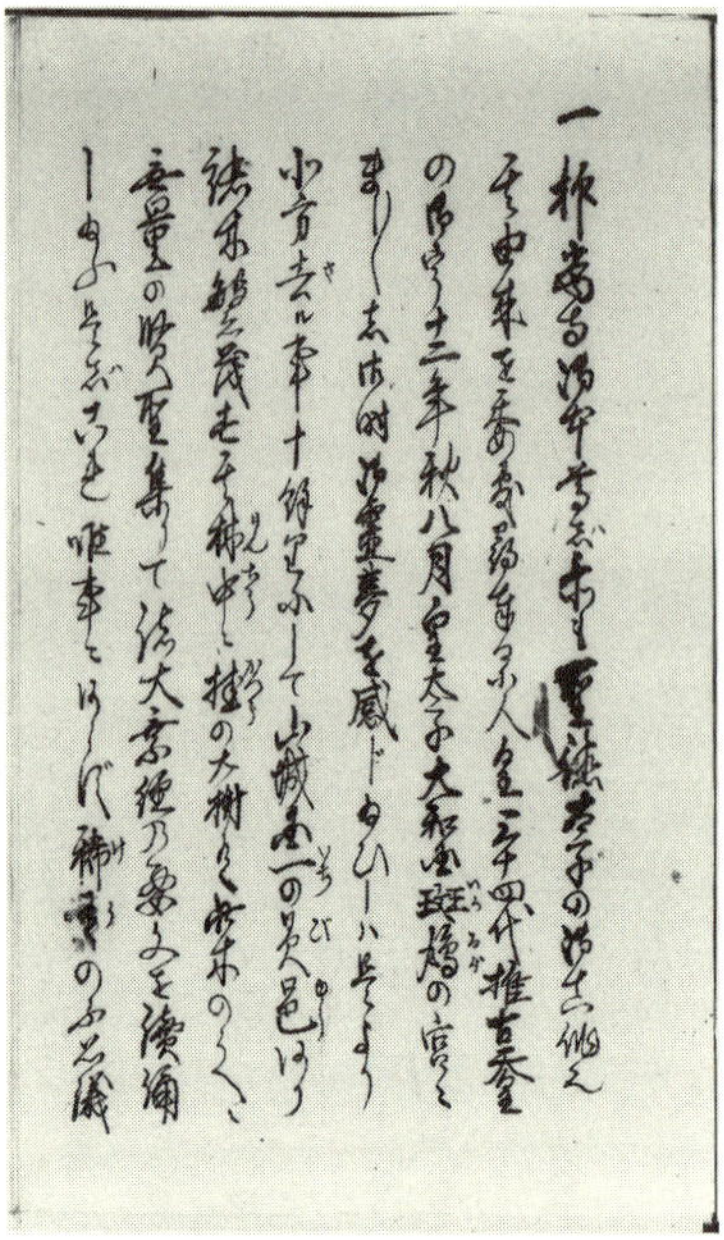

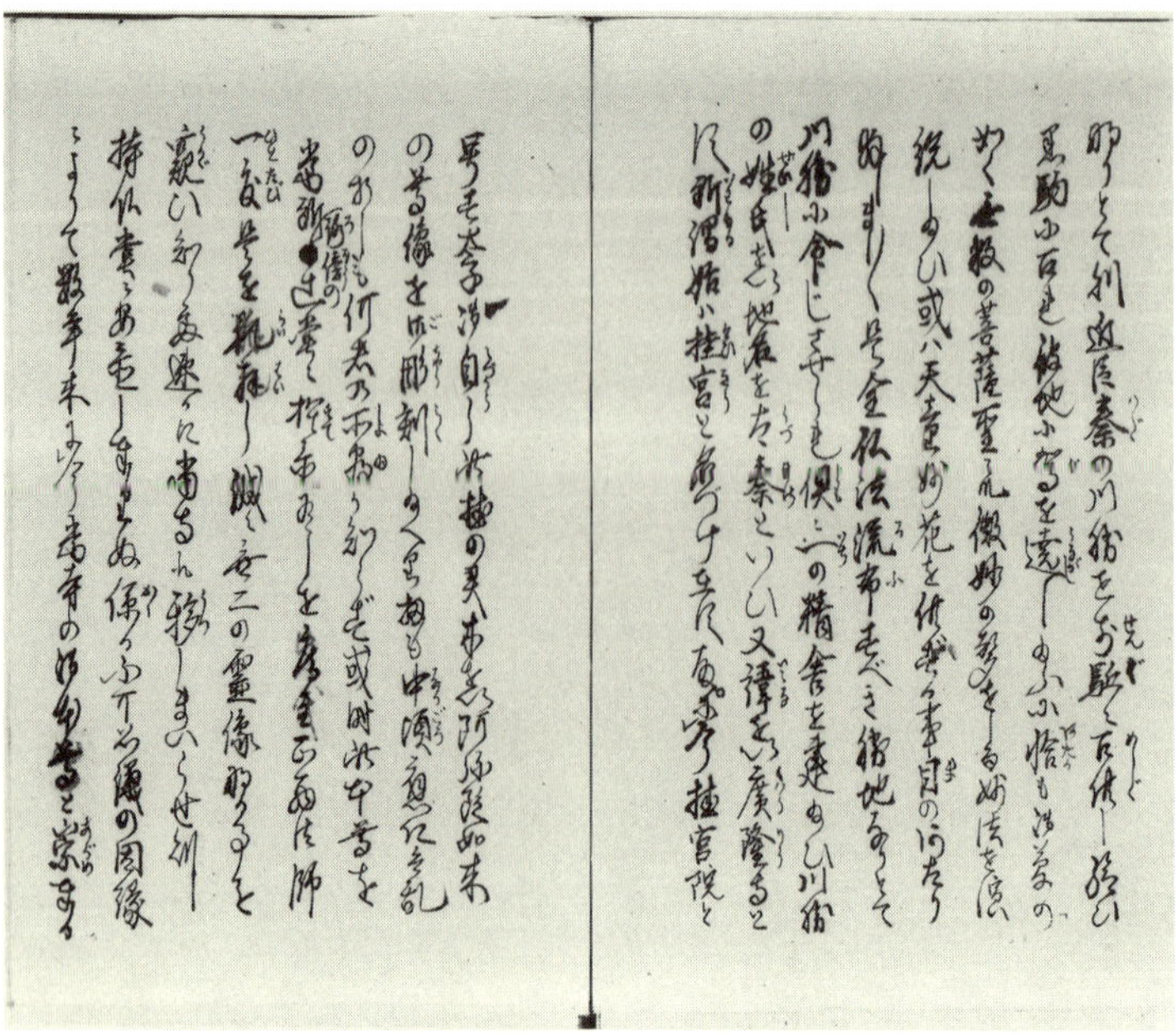

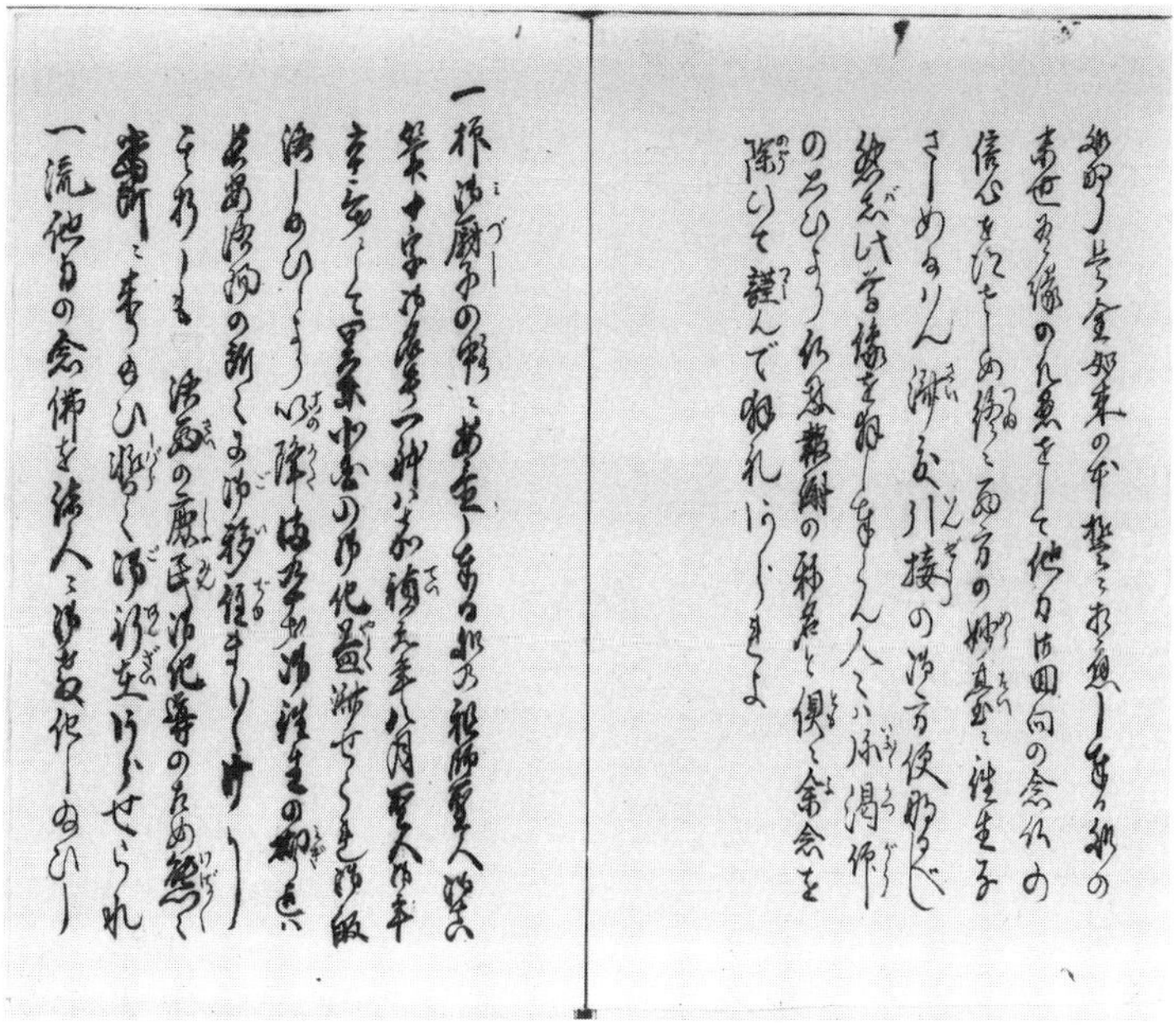

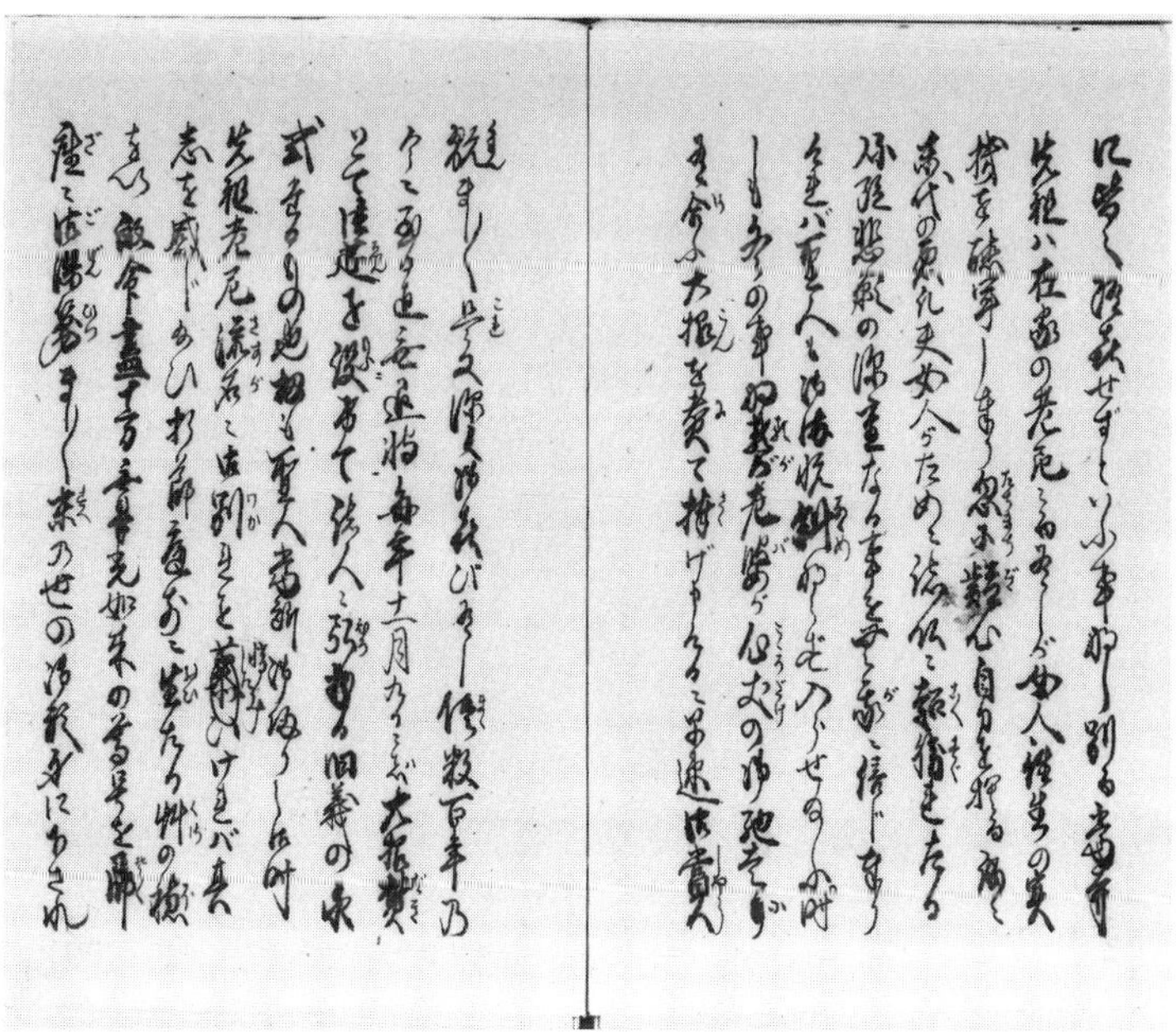

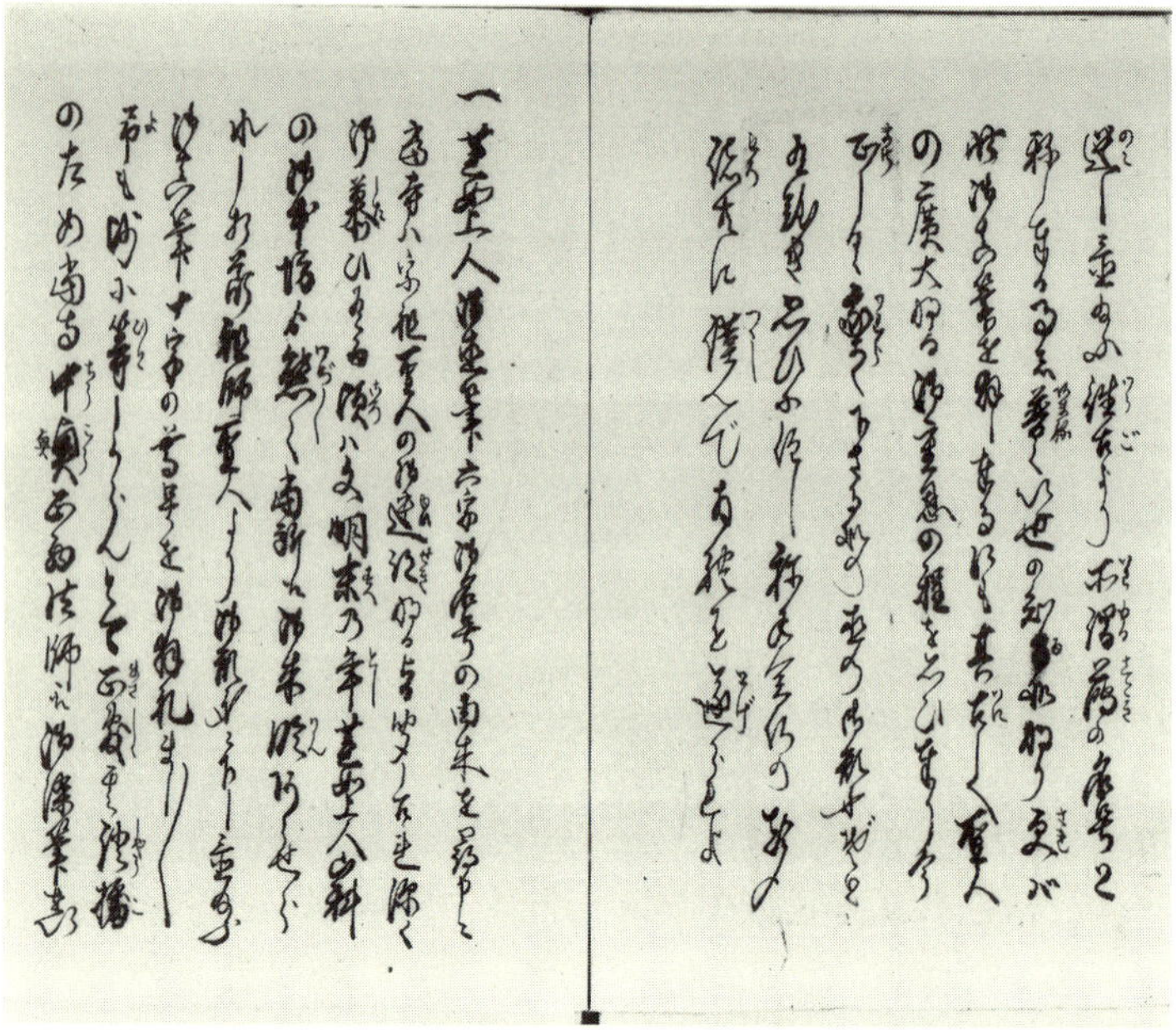

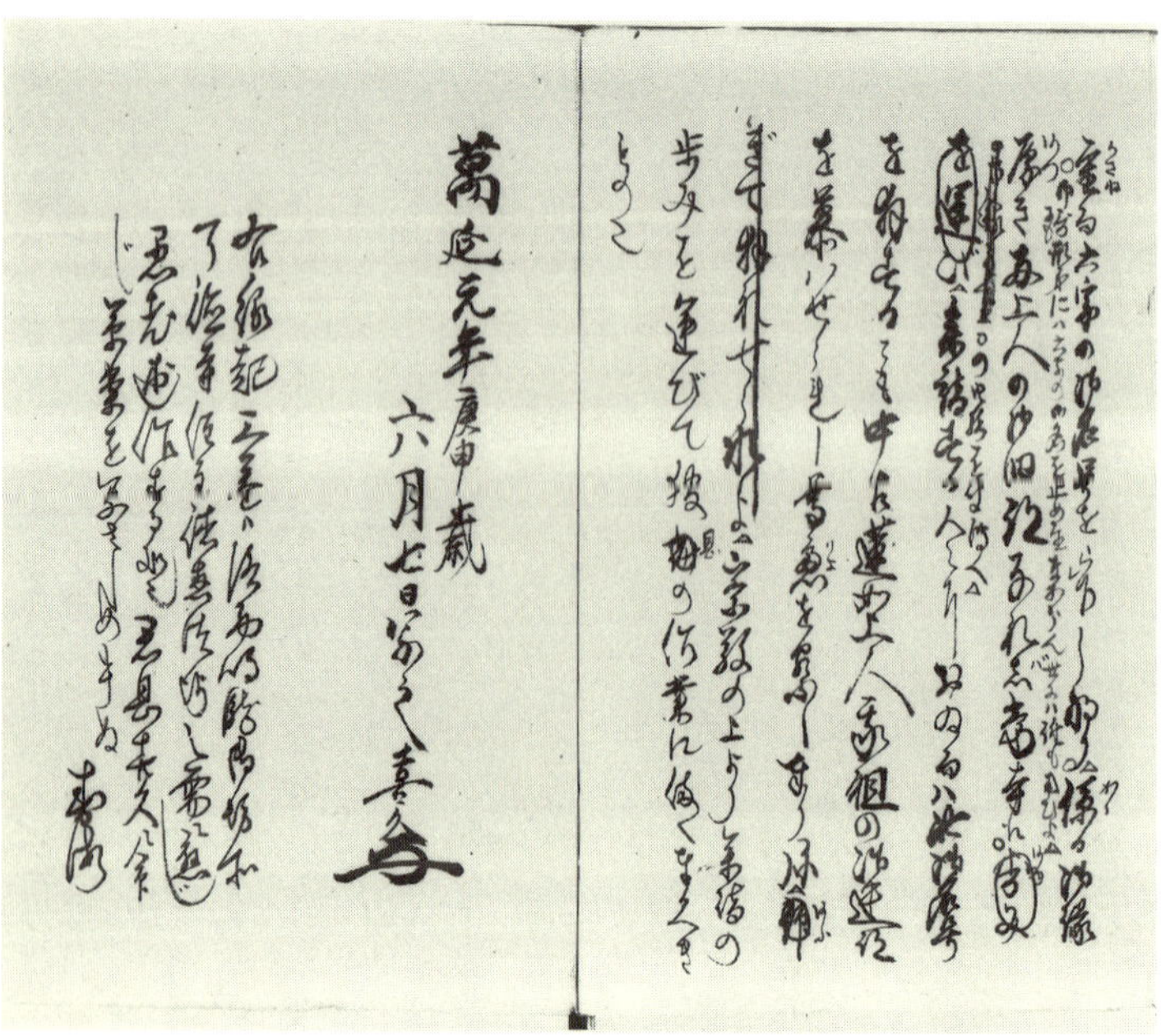
萬延元年庚申歳
六月七日

『日本最初馬櫪神御由来記』について

稲垣泰一

架蔵の『日本最初馬櫪神御由来記』を紹介、翻刻する。馬櫪神とは、民間において信仰される厩の神で、馬の守護神である。同様の守護神としては、蒼前神（勝善神・相染神とも）や馬頭観音が知られる。馬櫪神の名はすでに易林本『節用集』に「馬櫪神（バレキシン）厩ノ神」と見える。馬櫪とは厩のしきりの根太（横木）で、馬を繋ぐ木材のことである。また、飼い葉桶の意ともされる。十三世紀中頃、観勝寺の僧良胤大円によって編述されたとされる類書『塵袋』巻四「猿ヲ馬ノマホリトスルハイカナル子細ソ」の項に、次のようにある。

又馬櫪神（ハレキシム）ト云フ神ハ、馬ノマホリ也。ソノ神ノ形像ヲ図スルニハ、両足ノ下ニ猿ト鶺鴒（セキレイ／ニハクナフリ）トヲ踏テ、両手ニツルキヲ持スト云々。宋朝ニハコレヲ馬ノマホリトス。此ノ神ノフメルモノナレハ、猿ハカリヲモ用ル歟。櫪ノ字ヲハツネニハ、フミイタトヨム。但シ、馬寮式云、以テ櫪（ムマフネ）一艘ヲ宛ニ馬ニ疋ニト云ヘリ。ムマフネニハ槽ノ字ヲ用テフネトヨマスルニヤ。櫪ノ字又両物ニ通スル歟。

これと同様の記事は、行誉が編述した類書『壒嚢鈔』巻一（七十）にも引かれている。

馬櫪神の形像が猿と鶺鴒を踏みつけて立つという点については、柳田国男が『山島民譚集㈠』（『定本柳田国男集

27』所収）の中で、『塵添壒嚢鈔』を引いた後に、

> 猿ハ則チ災害ヲ除クト云フ神ノ力ヲ表現シタルモノナランガ、鶺鴒ハ全ク其趣旨ヲ解スル能ハズ。或ハ是レ馬ノ神ト水ノ神トノ相互関係ヲ推測セシムベキ材料ニハ非ザルカ。

と述べている。更に続けて、馬櫪神は後に馬力神と訛って呼ばれるようになったとして、次のように記す。

> 馬櫪神ト云フ唐ノ神ハ我邦ニモ正シク之ヲ輸入セリ。例ヘバ野州ノ大蘆川ノ谷、武州秩父ノ山村ナドニ於テ、馬力神ト刻シタル路傍ノ石塔ノ近年ノ建設ニ係ル者ヲ見ル。是レ察スルニ馬ニ牽カシムル荷車ヲ人ノ曳ク人力ニ対シテ馬力ト呼ブニ至リシ新時代ノ一転訛ニシテ、馬櫪神ノ神号ガ文字無キ平民ノ耳ニ馴レタル語ナリシ證トスルニ足ル。陸奥三戸（サンノヘ）郡三戸町大字川守田村字本木平（モトキダイ）ノ宗善ノ祠ハ、明治維新後改メテ馬力神社ト称ス。

このように見てくると、馬櫪神とは中国から伝えられた神で、わが国では鎌倉時代以降、馬の守り神として関東、東北地方を中心に、馬を生産、養育する者や、それを交易する博労たちによって祭祀された神であったようである。現在では殆ど祭祀されていない状況で、管見では、『日本歴史地名大系　宮城県の地名』（平凡社）の桜渡戸村（現、宮城郡松島町桜渡戸）の項に、馬櫪神社が存する旨を記し、平安時代、京都から移して祀ったものという記事を見出すぐらいである。柳田国男がいう宗善の祠は、現在青森県三戸郡三戸町川守田字下比良一九に所在する馬暦神社で、馬頭観音を祀っていた蒼前堂を昭和二十一年三月現社名に改称したものである。

本書によれば、馬櫪神は弘法大師が中国唐の陝西の地より、馬櫪神の尊像を写して伝え、陸奥国宮城郡国分寺の西門、荒野の里に勧請して、馬の生産、養育の神として祭祀したのが最初であるとする。慶長の始め、宮城郡荒野の里が国分町となった際に、国分寺の院主の許可を得て市中に移し、修験者に守らせた神であるという。本書の成立と作者は、奥付に「寛保三癸亥孟春記之／護国山国分寺／執事　善林坊」とあるので、寛保三年（一七四三）陸奥国分寺の執事善林坊なる人物によって記されたことが分かる。ただし、善林坊については未詳である。

なお、『増訂版国書総目録』『古典籍総合目録』によれば、国立国会図書館、東京大学、宮城県図書館、無窮会平沼文庫、玉川大学などにも所蔵されている。

本書は前半に「日本最初奥州宮城郡荒野ノ里馬櫪神由来記」（一オ～八ウ）を置き、後半に「馬櫪神由来記　附録」（八ウ～一五ウ）を付している。

前者は、天地開闢の始めから説き起こし、伏羲・神農・黄帝の三皇時代に八卦が考案され、文字の成立と農耕・漁撈の始まりから、衣・食・住の整備が成されたことを述べる。その後、交易が始まり、商人が現れて市場が開かれる。続いて、牛馬の利用を述べる。五帝の時代に至って、唐土陝西の地で馬の生産、養育が行われ、馬櫪神が祭祀される。仏教では和光同塵の結縁によって、馬頭観音、子安・子育観音として崇められたとする。一方、わが国では、陸奥国が馬の生産が最も多く、特に、宮城郡荒野の里で出生した馬は性質が優れ、代々の天皇に奉り、毎年九月には宮廷行事として、駒迎えの節会が行われたこと、その行事は徳川将軍にも受け継がれて、来春の祝い事となっていることなどを記す。最後に、この馬櫪神の尊像は弘法大師が入唐した時、陝西より像を写し、陸奥国宮城郡国分寺の西門、荒野の里に勧請したこと、その後、数百年を経て慶長の始めに、馬櫪神像を市中に移して修験者に守らせたことを記して終わる。なお、（六ウ）に載せる俊成の歌は未詳、慈鎮の歌は『拾玉集』巻二に見られる。

後者は、まず牛馬は畜類の長であり、大切にかわいがらねばならないと述べる。また、牛馬は戦場などで主人のために働き、主人を助けるにもかかわらず、最後は革を剝がされて無慚であると哀れむ。そして、馬を交易する伯楽、博労と呼ばれる人々を、決して疎かに思ってはならないと説く。次に、陸奥国は神代から馬生産の根源で、特に、宮城郡荒野の里の牧は、馬櫪神を勧請して馬を守護しているので、伯楽、博労家業の人々は勿論、貴賤を問わず、誰もが馬の生産、養育の世話をしなければならないと述べる。続けて、明和の頃、木曾八五原の駅に住む小平次夫婦が馬を大切にかわいがっていたところ、小平次が熊に襲われたとさ、馬は熊を踏み殺して、その恩に報いたというエピソードを記す。そして、四民誰もが馬の恩力を受けていること、また、馬櫪神が守護しているので、馬を非道に扱うと天罰を受けることなどを述べる。更に、漁業・狩猟業の者たちを含めて、生類の命を大切にすれば、その功徳は絶大で、天道が必ずこれに報いて、延命増福、無病息災の御利益を得るとする。最後に、渡世に当たっては善行を積み、法を守り、礼儀を欠かさなければ、一家無難で、子孫繁栄するであろうと結んでいる。

前者では、陸奥国宮城郡国分寺に馬櫪神が祭祀された由来を説き、後者の附録では、牛馬を大切に扱うべきこと、伯楽、博労家業の人々を重んずること、馬櫪神を尊崇すべきことなどを記している。後者に見えるエピソードは、三熊花顛著作、伴蒿蹊補筆の『続近世畸人伝』巻一馬郎孫兵衛の話と類似しているが、それは報恩譚にはなっていない。また、主人公の名も異なる。ただし、伴蒿蹊の評語には本書と同様の発想、内容が含まれているところがあり、注目すべきであろう。

馬櫪神は馬の生産、養育に携わる人々や、伯楽、博労家業の人々によって信仰され、祭祀された。本書はその信仰を支えるため、祝祭や馬の交易市場が催された際に、販売、頒布されたものであろう。

次に、本書の書誌を簡単に記しておく。(1)表紙　無地縹色。金箔粉を散らす。縦二一・八cm、横一四・六cm。(2)外題　表紙左肋上に子持ち枠茶色地の題箋に刷で、「日本最初馬櫪神御由来記　全」とある。(3)装訂　本綴（四つ目）、袋綴。(4)料紙　楮紙。(5)本文　四周単辺匡郭（縦一七・一cm、横一〇・六cm）内に、漢字平仮名交り文、漢字には平仮名ルビを付す。半丁七行。(6)柱刻　丁数初〜十五とあり、全一五丁。(7)内題　「日本最初奥州宮城郡荒野ノ里馬櫪神由来記」（一オ）。(8)奥付　「寛保三癸亥孟春記之／護国山国分寺／執事　善林坊 広直（印記）（八オ、八ウ）。(9)以下、「馬櫪神由来記／附録」（八ウ）を付し、「馬櫪神由来記附録終」（一五ウ）で終わる。(10)（裏表紙オ）に「弘化三年／四月吉日／舘正」の墨書がある。所持者名か。

なお、翻刻に当たっては、漢字は常用漢字を用い、それ以外は通行字体とした。仮名のミ・ハは片仮名とした。

改丁は」（丁数、オ・ウ）で示した。また、適宜句読点を施した。

〔翻刻〕

日本最初馬櫪神御由来記　全

（表紙オ）

（表紙ウ）

（白紙）

日本最初奥州宮城郡荒野ノ里馬櫪神由来記

抑、馬櫪神と崇奉し由来を尋奉るに、天地開闢の始、天理自然の気化にて人の生るといへとも、貴賤上下の品も分だす、形は人なれとも、心ハ禽獣に異ならす。父子兄弟の差別もなく、男女一所に挙居て、日をおくりしか、其中に強者有、弱者有。強者は」（一オ）弱者の衣食を奪ひとり、争闘といふ事出来りしかバ、此時幾億万人の中に、聡明睿智とて、神妙なる智恵の人生れ出て、強き者を叱り教訓して、弱きものを助、暴虐なさざらしむやうに世話いたしけれハ、其近辺の人々漸々に気服して、何にても分別にあたハぬ事をバ、持往てたつね問、裁断を受、今の世に郷里の者とも、其所の長老に従ふかことし。かやうに近辺の人々帰服」（一ウ）すれバ、其化漸々遠きに及んで、遠方の人々も帰服する故に、いつとなく諸人こぞりて君長と仰奉る。自己より高ぶりて、民の君長と成給ひたるにはあらす、自然の仁徳を以愚民に教導、如此なり玉ひし也。其後、伏義・神農・黄帝といへる三皇、是又聡明睿智仁徳の至る人々生れ出給ひて、天地を以師とし、天の日月星辰、地の風雷水火、時に従て宜敷を見て、春夏」（二オ）秋冬の時に違ハす、山沢気を通するの神を察し、其変を見て、天理自然の至誠無息の感ずる所を考玉ひて、近くは、我身に取、遠くハ万物に戻て、始て八卦を作給ふ。此八卦の象を深く見れハ、天地神明の徳に通じ、精く察すれバ、万物のことハ皆此中に有。此時迄ハ、文字も書物もなかりしなり。是によつて、八卦を以文字をつくり、経書のはしめとし、重る八卦の八ツをもつて、」（二ウ）八八六十四卦となる。爰に至て、天地万物の理委備り、木を削て耜となし、地を起し、草切、耕作なさしめ、五穀の実を取、人の養ひとすることを教給ひしを始、縄を以網をつくり、魚を取て人の食物とし、草木の皮を取て女の業となし、是を織て衣類を拵ひ、或は又、柱を建て棟をあげ、屋根を葺きて家といふ物をつくり、人々を是に居しめ、雨露霜」（三オ）雪暑寒を凌かせ、獣に遠さからせ給ふ。又、木を揉て弓をつくり、矢を拵ひ、獣人家へ交ハり、害する時の防とし給ふ。或は、鍋釜の類まで制作する事を教給ひて、人間朝暮の要用を弁理なさしめ給ふ。然る所、譬ハ、漁する者ハ、魚あれとも米穀なし。又、諸職人ハ、其品あれとも耕作のいとまなけれハ、自食物なし。爰を以、其中に商人といふものを立、双方の品物を買求、市をたて」（三ウ）売買して、双方の有無を通じ、弁理なさしめ給ふ。然所、遠路遠界は人力の及さるを以、山野にある獣の中に、牛馬ハちから強うして、其性素直なる故、人間に馴安きを以、是を取、万民に飼育させ、牛ハ鼻に縄を通し、馬ハ轡をはませて、人間の自由なさしめ、第一耕作の助とし、或ハ牛馬に重を負せて、遠国迄も品物を通路なさしめ、商人の要用助とし、或ハ人皆馬に乗て、遠路の労倦をたすかり、又官人ハ」（四オ）馬に乗弓を握て、大賊夷狄を防く備となし、帝を始大臣等ハ、数疋の馬に駕車を牽て、天下の政を司り給ふ。如斯三皇より五帝に至り、委く天下定り、五典十義の道迄も万民に教導玉ひし処、陝西といふ所は、唐土第一の馬生産撫育最上の地にして、諸国生産の馬も此地に集会して、帝の駕車を始、大臣諸候（ママ）の駕車、或ハ、騾馬、驢馬、騸馬の類迄、ミな此地におゐて」（四ウ）撰奉る所なるを以、帝勅まし〳〵て神象（ママ）をつくらせ、馬の生を養ふ器の名に奇（ママ）、神号となし給ひ、馬櫪神と崇祭、陝西（ママ）の地に勧請すと云。〈晋の天文志ニ曰、馬櫪神は房の四星にして、諸〳〵の生育を主神なり。又天駟ともいふ。各〳〵房星の神にして、馬祖なりと、〈周礼ニ見へたり。又天馬となして、車駕を主とも云。亦此神躰、八ツの御手に八卦の制具を握らせ、日月星辰、雨露霜雪、風」（五オ）雷水火、四時の恵を垂させ、万物生育を主り、四民を守護し玉ふ神となし、陝西（ママ）の地に勧請して、代々の帝是を祭せ給ふと云。此神徳の広大なるを考、世に弘くせんとて、釈氏此神（ママ）象をうつし奉て、和光同塵の結縁により、馬頭観世音菩薩、又子安子育の観世音菩薩とあかめ祭、我朝にて広く万民を守らせ玉ふ事、全仏法の及る処也とぞ。世に神馬の藁沓をもつて、」（五ウ）安産の守とするを以も考知るへし。亦、神功后皇三韓御征伐の時、御懐胎御祈の為、馬の手綱を以御腹をまとひ、御帰朝の後、安〱と御平産の御子、八幡大菩薩と仰れさせ玉ふなり。然るに、陸奥ハ日本六十余州の内、馬生産第一にして、中にも宮城郡荒野の牧に出生の駒は、其性第一なるを以、同郡多賀城の任官時の按察使兼陸奥守、国分寺の西門」（六オ）荒野の里におゐて、此牧の駒を相し撰んて、年毎に時の帝に奉しこと、我朝にて牧場の駒を撰ミ帝に奉し始元なり。

家集
宮城野の荒野の牧の駒たにも　　皇太后宮太夫俊成郷（ママ）
　とれは取られて馴行ものを

拾玉集
吾妻路の奥の牧なるあら馬を　　慈鎮和尚
　なつくるものハ春のわか草

如斯、往古より時の国主陸奥生産の駒を」（六ウ）撰て、代々の帝に奉りしを以、年々秋九月、駒迎の節会とて、禁裡におゐて御歌合有て、帝の御製をはしめ、百官の御歌、種々の歌書に見へたり。今、此行事将軍家にありて、秋九月、馬を相する者を仙台に下して、陸奥生産の駒、市中に集めゑらんて、将軍家に奉るを以、将軍家におゐても、是を来陽の事始と御祝ひ給ふといへり。」（七オ）

抑、馬櫪神の尊像を我朝に勧請奉りし事、人王五十代桓武帝延暦二十三甲申年、弘法大師入唐の時、勅まし〳〵て、唐土陝西（ママ）よりこの尊象（ママ）を写し奉り、陸奥宮城郡国分寺の西門、荒野の里に勧請まし〳〵て、生産馬育の神と崇させ給ふ。夫より数百年を経て、慶長の始、宮城郡荒野の里をひき移して、国分町と号る」（七ウ）のとき、国分寺の院主是を免して、馬櫪神の尊象（ママ）を今の市中に移させ、修験者に是を守す。此御神の御神徳、馬生産養育をはしめ、尊躰に八卦の至誠委く備り玉ひて、士農工商の要用を守せ、万物の生育を守護し玉ふ神なり。おの〳〵敬ふべし、信ずべし。

寛保三癸亥孟春記之」（八オ）

護国山国分寺

執事　善林坊 広直（印記）

馬櫪神由来記

附　録

夫牛馬を以畜類の長とし給ふ事、日本紀、又ハ大日経にも見へたり。されバ、牛馬を寵し助ること、」（八ウ）生身の弥陀・観音を供養するよりもその功徳大なりと、弘法大師も宣（ママ）ひりといへり。然るを、馬術未熟の輩、馬に齕し養育することハ疎にして、馬の息合も弁す、唯に責颿、己に乗して妄に走せ、終には乗殺す類もありと聞り。〈武馬秘用ニ曰、〈心なき人に乗るゝものならハ、重荷を負ふて山坂かましと。馬の生心を考読し歌なるへし。」（九オ）世に馬ほと不便なるものハなし。戦場に出てハ、汗を流して主人を助け、或ハ、主人の為に矢に中、鎗刀に貫れ、殺さるゝも多しと聞り。牛ハ車の下に命を縮、馬ハ重荷を負ふて山阪（ママ）を駈つかハれ、国人の為に血の汗を流し、昼夜となく力をつくせしに、其果ハ穢多ともの手にかゝり、生なから革を剝るゝも多しと聞も、中々おそろしきことどもなり。凡、世の中に功」（九ウ）有て咎なきものハ牛馬なるに、非業に苦ミ死する事、譬ハゞ大功有人の、讒者の為に重罪にあひる（ママ）か如し。誠に哀ともいはんかたなし。和漢、古今、士農工商の人々、貴賤となく、馬の恩力に預らざる事なし。爰を察して、今、京都大阪の人々の中に、老牛老馬を拼陀ともの手に渡さす、買求て田舎へ頼ミ、養ひ置人々も多しと聞り。且又、馬を相し撰人を、唐土」（十オ）にても我朝にても、古代は伯楽とも博労ともいふ。〈字典ニ曰、伯ハ博なり。莫駕の切し、音罵なりと。楽ハ楽なり。労も労なり。唐員（ママ）音通すれハなり。其行事ハ、年毎に牧場生産の馬を相し撰んて、国用となし、或ハ、耕作駅路の要用とす。博労家業の人々疎（ママ）に思ふ事なかれ。将又、諸国にて馬生産の世話ありといへとも、神代より、陸奥は馬生産根」（十ウ）元の地なるを以、時の帝、宮城郡荒野の牧へ馬櫪神を勧請まし〳〵て、馬の生育を守らせ玉ふ。今、国の名ニツに別れて羽州の名ありといへ共、もと奥州一国なり。爰を以、一国の名に寄る也。陸奥に産する馬、伯楽、博労の手に渡り、交易して諸国へ行渡り、天下国家の要用を弁理なさしむ。其潤助を以、馬を相する家業の人々ハ」（十一オ）勿論、四民ともに父母妻子を養ひ育事、各〳〵知る所なり。然らハ、第一其家業たる人々ハ勿論、貴も賤も、馬生産養育の世話あらずんバ、あるべからず。且又、兼日馬を非道に召使ひ、養育の世話薄き者ある時は、家業たる人々ハ勿論、其所の長たる人々ハ教悟して、馬の徳広大にして、神仏の守せ玉ふ名利を知らすべき事也。明和年中の頃、」（十一ウ）木曾八五原といふ駅に、小平次と云老人夫婦有て、馬を壱疋飼置、往来旅人の荷物を駄送し、其賃銭を以夫婦相続し、小平次朝暮荷物を附送、其賃銭請取度毎に、其駅にて餅を調ひ、馬に与ひ、馬にむかひ人に物いふ如く、山坂心労の礼射する事毎々にして、亦、宿に戻れハ、湯あらひ抔して厩に繋、飼草を与へ、夫婦もろとも馬の」（十二オ）前に膝まづき、今日心労の礼射する事、日毎人間に物言如し。然所、八五原峠といふは、木曾路にも名高き嶮岨なるが、或日、小平次往来の荷物を駄送して戻るさに、此峠にて大熊に出逢し処、此熊一挙に小平次を打殺、喰ハんと走り来るを、馬努て小平次をかばひ、熊とたゝかひ、終に熊を踏殺せしを、小平次荷縄にて其熊を結付、馬に負て」（十二ウ）我宿に戻り、其熊を代なし大金を得て、夫婦の者、行末安楽に暮せしといへり。是則、小平次夫婦、兼日馬をいたハりつかひし其恩寵を感じ、己を厭す小平次か急難を救ひ、熊とたゝかひ殺せしも、天の福する所也と、畸人伝ニ見得たり。唐土にても、主人の敵を殺せし馬有と聞り。如此いたハり仕ひし人々の」（十三オ）馬、其恩寵を報ぜし事、和漢、古今其例すくなからす。況、貴賤となく馬の恩力を受る事、士農工商各ともに同し事なり。故に、馬櫪神是を守護し玉ふなり。爰を以、馬を非道にする時は、豈天道是を免すべけんや。将また、海岸に生れ産業の為漁して、父母を養ひ妻子を育世わたる者、或ハ、万民の害となる禽獣」（十三ウ）を猟する類の者ハ、格別謂なき物の命を断ず、咎なき生類の命を助、人を恵救す事、是に増たる功徳なし。天道ハ還す事を成玉へは、善行を成人、其報恩を求すといへ共、天道是に報ハすんばあるべからす。或ハ寿命を延、福を増、或ハ病をさけ、禍を救玉ふ。若己に報ハすんば、必子孫に報ふべし。此故に、君子は天地の為に是を行ひ、謂なきもの、命を断ず、咎なき」（十四オ）物を救ひ助、臣家は主君の為にし、孝子は父母の為に是を行ひ、寿命を延、病をさけ、災をのかれて福を得る事、是より大成はなし。疎に思ふ事勿。太上感応編ニ曰、善悪の報ハ、影の形に随ふか如しと。道に随ひば吉也。逆ふ時は凶也。是影響の如しと。善悪を感じて禍福の応ずる事、髪の毛程も違事なし。形有時ハ影ある喩の如し。然るを、世の人、顔淵ハ」（一四ウ）賢人なれとも命短し、盗跖ハ悪人なれとも命長しとて、是を疑ふなり。善悪の報ハ、其身に報者有。亦、子孫に報ふ者あり。影の形に似たるも、亦遠近有。影遠きものは其形大なり。影近きものは其形小きなり。大小遅速ハあれと、違ふ事なし。速き時ハ報軽し。遅き時は報重し。悪行の者ハ悪敷報を受、善行の者ハ善報を受るといへり。或ハ、善心」（十五オ）漸退時は、福に依て禍を受、悪念を改る時は、禍に依て福を受る事ありといふ。唯、人ハ世渡る中に善行を積、其国に有てハ其国の条目を守り、法に違ハず礼儀を欠さる時は、其家無難にして、子孫の栄久心の如く成べしとなり。

馬櫪神由来記附録終」（十五ウ）

（弘化三年
四月吉日
館正）（墨書）

（裏表紙オ）

（縹色地）

（裏表紙ウ）

あとがき

本論文集『近世略縁起論考』刊行にあたり、編集の経緯を少しく紹介して、「あとがき」とする。

八年ほど前に、堤邦彦・橋本章彦両氏らを中心に京都で始められた縁起学研究会は、その数年後、東京でも研究会が発足し、寺社縁起研究会と改称し、関西・東京支部となった。最近、中京地区でも発足し、寺社縁起研究は盛んに行われている。

そういう寺社縁起の研究状況の中で、近年、特に略縁起の研究が注目され、平成十八年五月、佛教文学会本部例会（於大谷大学）で「寺院縁起〈略縁起〉をめぐって」というテーマで、加藤基樹・末松憲子・松本真輔三氏の研究発表が行われた。その際に、菊池政和・石橋義秀が司会を担当したが、その研究発表会に参加して発言された堤邦彦・渡辺信和・橋本章彦・和田恭幸各氏に協力いただき、本論文集を編集し、刊行することになった。

ちなみに佛教文学会では、過去に寺院縁起をめぐっての例会が二回――一回目は、平成十三年十月二十日に同志社女子大学今出川キャンパスで、二回目は、平成十六年九月二十五日に大谷大学で説話文学会と合同で――開催されている。その研究成果の一回目は、『寺社縁起の文化学』（森話社、二〇〇五年十一月）、二回目は、『説話文学研究』40（二〇〇五年七月）に掲載されている。

また、平成十八年三月には学習院女子大学で「寺社縁起の文化学―新たな縁起研究をめざして―」と題するシンポジウムが、平成十八年十二月には名古屋大学・同朋大学で「縁起と勧化の文化学―略縁起の可能性を探る―」と題する研究集会が開催された。

略縁起をめぐる研究会は以上の通りであるが、本論文集には、平成十八年五月「寺院縁起〈略縁起〉をめぐって」の研究発表の成果、あるいは平成十八年十二月「縁起と勧化の文化学—略縁起の可能性を探る—」の研究集会の成果が含まれている。

さらに、本論文集をより充実したものにするため、稲垣泰一・志村有弘両氏にお忙しいところ貴重な原稿をお寄せいただいた。御礼申し上げる。

最後になるが、困難な出版を快く引き受けてくださった和泉書院社長・廣橋研三氏に感謝申し上げたい。

平成十九年一月十日

石橋義秀
菊池政和

編　者

石橋　義秀（いしばし　ぎしゅう）　大谷大学教授
菊池　政和（きくち　まさかず）　花園大学非常勤講師

執筆者

稲垣　泰一（いながき　たいいち）　筑波大学大学院教授
加藤　基樹（かとう　もとき）　大谷大学任期制助教
三野　恵（さんの　めぐみ）　八洲学園大学非常勤講師
志村　有弘（しむら　くにひろ）　相模女子大学教授
末松　憲子（すえまつ　のりこ）　京都市非常勤嘱託員（所属・京都市立芸術大学日本伝統音楽研究センター）
堤　邦彦（つつみ　くにひこ）　京都精華大学教授
橋本　章彦（はしもと　あきひこ）　京都精華大学非常勤講師
松本　真輔（まつもと　しんすけ）　韓国慶熙大学校助教授
渡辺　信和（わたなべ　のぶかず）　同朋大学佛教文化研究所研究室長
和田　恭幸（わだ　やすゆき）　龍谷大学准教授

研究叢書 366

近世略縁起論考

二〇〇七年九月三〇日初版第一刷発行
（検印省略）

編　者　石橋義秀　菊池政和
発行者　廣橋研三
印刷所　太洋社
製本所　大光製本所
発行所　有限会社　和泉書院
大阪市天王寺区上汐五－三－八
〒五四三－〇〇〇二
電話　〇六－六七七一－一四六七
振替　〇〇九七〇－八－一五〇四三

ISBN978-4-7576-0428-5　C3395

研究叢書

書名	著者	番号	価格
浜松中納言物語論考	中西健治著	351	八九二五円
木簡・金石文と記紀の研究	小谷博泰著	352	一二六〇〇円
『野ざらし紀行』古註集成	三木慰子編	353	一〇五〇〇円
中世軍記の展望台	武久堅監修	354	一八九〇〇円
宝永版本観音冥応集 本文と説話目録	神戸説話研究会編	355	一三六五〇円
西鶴文学の地名に関する研究 第六巻 シュースン	堀章男著	356	一八九〇〇円
複合辞研究の現在	藤田保幸・山崎誠編	357	一一五五〇円
続近松正本考	山根爲雄著	358	八四〇〇円
古風土記の研究	橋本雅之著	349	八四〇〇円
韻文文学と芸能の往還	小野恭靖著	360	一六八〇〇円

（価格は５％税込）